Wanderungen
in Franken

Manfred Kittel

Wanderungen in Franken

50 Touren durch die fränkischen Naturparks
Mit Würzburg, Bamberg und Nürnberg

Mit 58 Farbfotos,
27 Schwarzweißfotos,
50 Kartenskizzen und
einer Übersichtskarte

Bruckmann

Einband/Vorderseite:
*Der Pottensteiner Ortsteil Tüchersfeld ist ein guter
Ausgangspunkt für Touren in der Fränkischen
Schweiz (Tour 35).*

Innenklappe:
*Sanfte Waldhöhen begleiten die fränkische Saale
im Fichtelgebirge (Tour 19).*

Einband/Rückseite:
*Die »Riesenburg« bei Engelshardsberg in der
Fränkischen Schweiz (Tour 33).*

Seite 2/3:
*Der romanische Kiliansdom in Würzburg (1040
begonnen, 1147 geweiht) ist ein bedeutender
Kirchenbau aus der Salierzeit.*

Die Zusammenstellung und Beschreibung der
Touren erfolgte mit größtmöglicher Sorgfalt und
nach bestem Wissen und Gewissen des Autors.
Nach dem Erscheinen des Buches kann sich an
Wegführung, Unterkünften, Adressen etc. einiges
ändern. Es wird um Verständnis dafür gebeten, daß
Autor und Verlag nicht für Schäden haften können,
die sich aus dem Nachvollzug der Touren oder ge-
änderten Bedingungen im Land ergeben.
Aus terminlichen Gründen war es leider nicht
möglich, die neuen Postleitzahlen der Verkehrs-
ämter und Stadtverwaltungen in diesen Führer auf-
zunehmen.

Gedruckt auf chlorarm gebleichtem Papier

Die Deutsche Bibliothek – CIP-Einheitsaufnahme

Kittel, Manfred:
Wanderungen in Franken: 50 Touren durch die
fränkischen Naturparks; mit Würzburg, Bamberg
und Nürnberg / Manfred Kittel. –
München: Bruckmann, 1993
(Erlebnis Wandern)
ISBN 3-7654-2582-6

© 1993 F. Bruckmann KG, München
Alle Rechte vorbehalten
Herstellung: Bruckmann, München
Printed in Germany
ISBN 3-7654-2582-6

Bildnachweis

Bayerische Verwaltung der staatlichen Schlösser,
    Gärten und Seen: 49
Foto Bornschlegel, Staffelstein: 55, 57, 59
Reinhard Feldrapp, Issigau: Innenklappe
Toni Höcht, Küps: 66
Manfred Kittel, Kissing: Einband/Rückseite, 8, 21,
    25, 27, 28, 30, 32, 39, 40, 43, 44/45, 61, 69, 77,
    78/79, 85, 99, 100, 103, 104/105, 110, 113,
    119, 120/121, 127, 147, 149, 151, 154/155,
    158/159, 161, 162, 165, 169, 180, 185, 188,
    189
Fremdenverkehrsamt Kirchenlamitz: 88
Foto Löbl-Schreyer, Bad Tölz: 118
Richard Mayer, München: Einband/Vorderseite,
    2/3, 7, 14, 17, 19, 34/35, 64, 93, 96 oben,
    114/115, 134/135, 172/173, 176
Stadt Rödental: 47
Werner Straßer, Augsburg: 11, 52, 60, 71, 72, 74,
    81, 82, 86, 89, 91, 125, 129, 131, 136, 139,
    140, 143
Römermuseum Weißenburg: 181.

Die Tourenkärtchen und die Übersichtskarte
zeichnete Sebastian Schrank, München.

Inhaltsverzeichnis

**Fröhliches Wandern im
freundlichen Frankenland**   7

Die fränkischen Naturparks   9

1 Das Wasserschloß im Spessart   12
*Mespelbrunn – Hohe Warte –
Volkersbrunn*

2 Über dem Kahlgrund   15
*Altenburg und das Engländerhaus
am Eselsweg*

3 Zwischen Sinn und Schondra   20
Von Burgsinn in den östlichen Forst

4 An Sinn und Saale   23
Zum Kloster Schönau

5 Vom Bad zum Franziskaner-
kloster   26
*Von Bad Brückenau zum Staatsbad
Brückenau und nach Volkers*

6 Schloß Saaleck über Altstadt   30
*Von Hammelburg an der
Fränkischen Saale zum Natur-
und Weinlehrpfad*

7 Zum Heimatblick bei
Fladungen   34
*Am nördlichen Zipfel der
bayerischen Rhön*

8 Zwischen Haßbergen und
Hesselbacher Waldland   38
Von Schloß zu Schloß

9 Über den Hermannsberg   41
*Von Sand am Main zur Limbacher
Wallfahrt*

10 Altenstein und Lichtenstein   44
*In den Waldhöhen über der
Weisach*

11 In den Froschgrund bei
Rödental   47
*Schloß Rosenau und Ruine
Lauterburg*

12 Über der bayerischen
Puppenstadt   51
Exkursion zum Muppberg

13 Durch den Banzer Wald   54
*Staffelstein – Kloster Banz –
Altenbanz*

14 Zwischen Burg und Klöstern   58
Lichtenfels und Vierzehnheiligen

15 Am Thüringer Wald südlich
von Probstzella   63
*Von der Burg Lauenstein zur
Thüringer Warte*

16 Von Burg zu Burg   65
*Ein Rundkurs zu historischen
Stätten westlich von Küps*

17 Am Fritz-Hornschuch-
Naturpfad   68
Rund um Kasendorf

18 Sanspareil heißt
ohnegleichen   71
*Von Wonsees zum Naturtheater
und zur Burg Zwernitz*

19 Auf den Spuren Jean Pauls   75
*Jean-Paul-Felsen – Petersgrat –
Fattigsmühle*

20 Zum Bauernhofmuseum
Kleinlosnitz   78
*Zwischen den Naturparks
Fichtelgebirge und Frankenwald*

21 Von der Zinn- und Kristallberg-
baustadt zum Rudolfstein   82
*Alte Egerquelle, Drei Brüder und
Burgplatz*

22 Die Burg Epprechtstein   84
Im Hallersteiner Forst

23 Luisenburg und Kösseine   88
Durch das Felslabyrinth

24 Zwischen Marienberg und
Würzburger Frankenwarte   92
Umweg über das »Käppele«

25 Mühlenwege rund um
Ochsenfurt   97
*Zu den Tälern von Thierbach
und Schafbach*

26 Wo der Kunigundenweg
beginnt   101
Archäologischer Rundkurs bei Aub

27 Zur Burg in der Mainschleife   104
*Zwischen Rebsorten- und Wein-
sortenlehrpfad*

28 Das Schloß der Schönborns
und der Englische Garten   107
*Volkach – Schönbornhöhe –
Gaibach*

29 Durch Rebenland zum
Schwanberg   111
*Iphofen – Schwanberg –
Rödelsee*

30 In der Stadt der Babenberger   116
*Bamberg – Michelsberger Wald –
Altenburg – Botanischer Garten
im Hain*

31 Giechburg und Gügel   120
*Durch das Burgholz über
Scheßlitz*

32 Der Walpurgisberg in der
Fränkischen Schweiz   123
*Wiesenthau – Ehrenbürg oder
Walberla*

33 Muggendorf – wo die
Fränkische Schweiz ent-
deckt wurde   126
*Auf dem Felsensteig zum Adler-
stein und in die Riesenburg*

34 Aussichtskanzel über
Ebermannstadt   130
*Zur Wallerwarte und Ruine
Neideck*

35 Teufelshöhle und Püttlachtal   133
*Burg, Kapellen, Mühlen und
Felsen um Pottenstein*

36 Über den Weißmainursprung   138
*Der Asenturm auf dem
Ochsenkopf*

37 Ins »Fränkische Wunderland«
bei Plech   141
*Zwischen Veldensteiner Forst und
Fränkischer Schweiz*

38 Himmelfahrtsberg und
Wildbad   144
*Im Wald, wo die Altmühl
entspringt*

39 Im Bocksbeutelland rund
um Ippesheim   148
*Burg Frankenberg und Bullen-
heimer Berg*

40 Wo Goethes »Götz von
Berlichingen« beginnt   151
*Von Schloß und Kloster
Schwarzenberg zur Einsiedelei*

41 An den Dechsendorfer Seen   154
*Weiherlandschaft zwischen
Forst und Aisch*

42 Maximiliansgrotte und
Veldenstein   157
*Neuhaus an der Pegnitz in der
Frankenalb*

43 Auf dem Steinpilzweg durch
den Naturpark Frankenhöhe   160
*Von Schillingsfürst über Dohm-
bühl und Kloster Sulz*

44 Durch das Schwabachtal
bei Heilsbronn   164
*Heilsbronn – Schwabachtal –
Weißenbronn*

45 Hohenzollernschloß und
Dillenburg   167
*Von Cadolzburg zur
Hammerschmiede*

46 Nürnberg zwischen Burg
und Germanischem
Nationalmuseum   170
*Durch des »Deutschen Reiches
Schatzkästlein«*

47 Zur Vogelinsel im Stausee   175
Naturschutzgebiet am Altmühlsee

48 Im Banne von Weißenburg
und Wülzburg   179
*Historischer Spaziergang aus der
Römerzeit in das 16. Jahrhundert*

49 Ausflug in die Geschichte   183
*Von Thalmässing zu den Spuren
der Vorzeit*

50 Rund um die Bischofs-
stadt Eichstätt   186
Beiderseits der Altmühl

Anhang   190

»Zum heil'gen Veit von Staffelstein komm' ich emporgestiegen und seh' die Lande um den Main zu meinen Füßen liegen…« Die Aussicht vom Staffelberg, die einst Victor von Scheffel zu seinem Lied begeisterte, ist heute noch genauso schön wie zu den Zeiten der deutschen Romantik.

Fröhliches Wandern im freundlichen Frankenland

Die Verwaltungsgrenzen Frankens sind nicht unbedingt identisch mit der fränkischen Landschaft. Politisch besteht die Region aus drei Regierungsbezirken, 25 Landkreisen und einer Reihe kreisfreier Städte. Es sind die Regierungsbezirke Oberfranken, Mittelfranken und Unterfranken.

Zu *Unterfranken* gehören in West-Ost-Richtung, also auf der Landkarte von links nach rechts und von oben nach unten gesehen, die Landkreise Aschaffenburg, Miltenberg, Main-Spessart, Bad Kissingen, Würzburg, Rhön-Grabfeld, Schweinfurt, Kitzingen und Haßberge. Kreisfrei sind hier die Städte Aschaffenburg, Schweinfurt und Würzburg.

Zu *Oberfranken* gehören die Landkreise Coburg, Lichtenfels, Bamberg, Forchheim, Kronach, Kulmbach, Bayreuth, Hof und Wunsiedel. Kreisfrei sind die Städte Bamberg, Bayreuth, Coburg und Hof.

Mittelfranken schließt im Süden an Unter- und Oberfranken an und hat die Landkreise

Der Marktplatz von Volkach wird von behäbigen Bürgerhäusern mit stattlichen Mansardendächern und reichlichem Stuckdekor umstanden. Vor dem Rathaus steht der Stadtbrunnen aus der Zeit um 1720.

Neustadt/Aisch, Ansbach, Erlangen-Höchstadt, Fürth, Roth-Schwabach, Weißenburg-Gunzenhausen und Nürnberger Land. Dazu kommen die kreisfreien Städte Ansbach, Erlangen, Fürth, Nürnberg, Schwabach.

Franken ist also geographisch der nordwestliche Teil Bayerns. Es ist das Land zwischen dem Spessart im Westen und dem Fichtelgebirge im Osten, der Rhön im Norden und der südlichen Frankenalb im Süden. Wesentliche Teile werden von den Naturparks eingenommen: von den Naturparks Bayerischer Odenwald, Spessart und Bayerische Rhön, Haßberge und Steigerwald, Frankenhöhe, Fränkische Schweiz – Veldensteiner Forst, vom Naturpark Frankenwald und Fichtelgebirge und schließlich von großen Teilen des Naturparks Altmühltal. Der überwiegende Teil der 17 bayerischen Naturparks liegt also in Franken. Sie sind Zeugnis einer vielfältigen und vielgestaltigen Landschaft, die im wesentlichen Mittelgebirgscharakter hat und doch eine erstaunliche Vielfalt aufweist: riesige Waldflächen im Spessart,

bizarre Felsformationen in der Fränkischen Schweiz, steile Weinhänge am Main, karge Bergkuppen in der Rhön und die von herbem Klima geprägten Höhen des Fichtelgebirges, Wechsel zwischen Romantik und pulsierendem Leben, Abgeschiedenheit und Dramatik.

Reich ist die Geschichte des Landes mitten in Deutschland, ja inmitten Europas, imponierend die kulturellen Zeugnisse aus allen Epochen der Vergangenheit, geprägt schon seit vielen Jahrtausenden von Menschen in den wirtlicheren Gegenden, erst im letzten Jahrtausend urbar gemacht, dort, wo der Spechtswald im Westen sich ausbreitet und der Urwald vom Böhmerwald bis zum Erzgebirge reichte.

Was heute Frankenland genannt wird, ist nur ein Teil des großen Stammesgebietes der Franken zwischen Rhein und Rezat. Längst ehe der Stamm der Franken in die Geschichte eintrat, haben Menschen der Altsteinzeit, der Jungsteinzeit, der Bronze- und Hallstattzeit hier ihr Nomadendasein geführt, Ackerbau und Viehzucht getrieben. Die Kelten haben sich hier niedergelassen und befestigte Höhensiedlungen angelegt, auf dem Gelben Berg bei Dittenheim beispielsweise; auf dem Hesselberg, auf der Houbirg bei Happurg. Im ersten Jahrhundert n. Chr. siedelten die Markomannen in fränkischen Gefilden. Die Römer kamen und befestigten durch den Limes ihre Eroberungen, bis dann Alemannen den rätischen Limes durchbrachen und Burgunder während der großen Völkerwanderung bis in die Maingegend vorstießen. Die nördlichen Teile Frankens kamen in den Einflußbereich der Thüringer, bis dann die merowingischen Franken vom Raum zwischen den Reichen der Thüringer, Alemannen und Bayern Besitz ergriffen. Nach dem Sieg Chlodwigs über die Alemannen und nach der Eroberung des Thüringer Reiches um das Jahr 500 n. Chr. wurde das Land zwischen Jura und Thüringer Wald in mehreren Siedlungswellen fränkisches Siedlungsgebiet.

Unter der Bezeichnung »*Franci*« waren verschiedene rheingermanische Volksstämme vereinigt, bis in der Zeit der Karolinger die neue Provinz Ostfranken in Gaue eingeteilt und mit einem Netz von Königshöfen überzogen wurde. Der Iffgau entstand, der Ehegau, der Gollachgau, der Rangau, das Sualafeld, der Radenzgau, der Maulachgau. Im 10. Jahrhundert war Ostfranken ausgesprochenes Königsland und wurde zum Kernland des Reiches. Von hier aus gestalteten Salier und Staufer ihre Politik. Nach der Gründung der Bistümer Würzburg und Eichstätt in der Mitte des achten Jahrhunderts kam die Christianisierung in vollen Gang. Um 1000 entwickelte sich das Bistum Bamberg zum dritten geistlichen Machtzentrum des Reiches. Mit Nürnberg entstand ein neuer Stützpunkt der Reichsgewalt.

Erst mit dem Zusammenbruch des staufischen Kaisertums erstarkten die Territorialherrscher im fränkischen Raum. Dazu gehörten die Burggrafen von Nürnberg, die späteren Fürstentümer Ansbach und Bayreuth. Zum Ausgang des Mittelalters teilten sich die Hochstifte Bamberg, Würzburg und Eichstätt, die Fürstentümer der Markgrafen Brandenburg-Ansbach und Brandenburg-Kulmbach-Bayreuth sowie die Reichsstädte Nürnberg,

Rothenburg, Dinkelsbühl, Weißenburg und Windsheim den größten Teil des fränkischen Landes. Als Bayern 1806 zum Königreich erhoben wurde, wurden die fränkischen Gebiete innerhalb kurzer Zeit einverleibt. Die Reichsstädte und reichsritterschaftlichen Territorien wurden ihrer Reichsunmittelbarkeit beraubt, die geistlichen Herrschaftsgebiete säkularisiert.

Was die vergangenen Epochen geschaffen haben, ist heute noch in vielfältiger und eindrucksvoller Form sichtbar: Städte mit historischen Bauten, Burgen und Schlösser, Kirchen und Kapellen, gestaltete und erschlossene Landschaft, lebenswerter Lebensraum voller Schönheiten und Sehenswürdigkeiten mit hohem Erlebniswert.

Das vorliegende Buch soll eine Anregung geben, vieles davon kennenzulernen.

Die fränkischen Naturparks

Zehn der 17 bayerischen Naturparks liegen in Franken. Es sind die Naturparks Bayerischer Odenwald, Spessart, Bayerische Rhön, Haßberge, Steigerwald, Frankenhöhe, Fränkische Schweiz mit Veldensteiner Forst, Frankenwald, Fichtelgebirge und Altmühltal.

Was sind nun »Naturparks« im Vergleich zu Nationalparks, Biosphärenreservaten und Biosphärenparks? Zunächst haben Naturparks die Aufgabe, die Erholung der Menschen in der freien Natur mit dem notwendigen Schutz und der Pflege von Natur und Landschaft sinnvoll zu verbinden. Es handelt sich nach der Definition des Bundesnaturschutzgesetzes um einheitlich zu pflegende und zu entwickelnde Gebiete, die großräumig sind, überwiegend Landschaftsschutz- oder Naturschutzgebiete sind, die sich wegen ihrer landschaftlichen Voraussetzungen für die Erholung besonders eignen und nach den Grundsätzen und Zielen der Raumordnung und Landesplanung für die Erholung und den Fremdenverkehr vorgesehen sind. »Nationalparks« dagegen müssen die Voraussetzungen eines Naturschutzgebietes erfüllen, sich in einem von Menschen nicht oder nur wenig beeinflußten Zustand befinden und vornehmlich der Erhaltung eines möglichst artenreichen heimischen Pflanzen- und Tierbestandes dienen. Nationalparks werden nur insoweit der Allgemeinheit zugänglich gemacht, wie es der Schutzzweck erlaubt. Der Begriff »Biosphärenreservat« ist anläßlich der 16. Generalkonferenz der UNESCO 1970 geschaffen worden. Dabei wurde ein zwischenstaatliches Programm mit dem Leitthema »Der Mensch und die Biosphäre« verabschiedet. Auswahlkriterien bei der Einrichtung von Biosphärenreservaten sind nicht nur die Schutzwürdigkeit oder die Einmaligkeit einer Naturlandschaft, sondern vielmehr, inwieweit die Landschaft für ein bestimmtes Ökosystem repräsentativ ist. Ziel des UNESCO-Programms ist es, ein weltumspannendes Netz von Biosphärenreservaten zu schaffen. Maßgebende Voraussetzungen für die Ausweisung eines Gebietes als Biosphärenpark sind neben Großräumigkeit und Repräsentativität natürlicher Ökosysteme Gebiete mit ungewöhnlichen Merkmalen, unter anderem die Eigenschaft eines Gebietes als harmonische, durch traditionelle Landnutzung geprägte Kulturlandschaft. Damit ist im Schutzgebietssystem eine Lücke geschlossen, die durch die bestehenden Kategorien, insbesondere die nach der Flächengröße am ehesten vergleichbaren National- und Naturparks, bislang formal nicht abgedeckt war.

Im fränkischen Raum gibt es weder einen Nationalpark noch einen Biosphärenpark, geschweige ein Biosphärenreservat. Dafür gibt es in dieser Region, Rodungsinseln gleich, nur wenige Flächen, die nicht zu Naturparks gehören. Der **Naturpark Bayerischer Odenwald,** ganz im Westen des Landes, grenzt an den hessischen Naturpark Bergstraße-Odenwald, im Süden an den baden-württembergischen Naturpark Neckartal-Odenwald und umfaßt knapp 40000 Hektar in den Landkreisen Aschaffenburg und Miltenberg links des Mains. Der Odenwald war schon in vorgeschichtlicher Zeit besiedelt. Häufige menschliche Spuren finden sich vor allem aus der jüngeren Steinzeit und der Bronzezeit. Fliehburgen stammen aus der jüngeren Eisenzeit, darunter die auf dem Greinberg bei Miltenberg. Die Kelten bewohnten das Gebiet, bis die Römer das Land besetzten. Der Odenwald war Jagdrevier der Nibelungen.

Der **Naturpark Spessart** ist das waldreichste Mittelgebirge Westdeutschlands. Im Süden bildet der Main die Grenze, im Osten die Sinn, im Nordwesten das Land Hessen. Der nördlich gelegene Vorspessart reicht bis zum Kinzigtal auf hessischer Seite. Die 171000 Hektar des Naturparks liegen in den Landkreisen Aschaffenburg, Miltenberg, Main-Spessart und der kreisfreien Stadt Aschaffenburg. Der innere Spessart war in vorgeschichtlicher Zeit unbesiedelt. Nur in den Randbezirken gab es frühgeschichtliche Siedlungen. Siedlungsbemühungen im Vorspessart und im Maintal haben die Römer versucht aufzuhalten. Im 6. Jahrhundert nahmen die Franken das Land in Besitz. Vom 10. Jahrhundert an waren das Kollegiatstift St. Peter und St. Alexander in Aschaffenburg und das Erzbistum Mainz Besitzer dieses Gebietes.

Auch der **Naturpark Bayerische Rhön** grenzt an Hessen. Im Nordosten bildet das Land Thüringen den Abschluß, im Südosten der Grabfeldgau, und im Süden ist der Weinort Hammelburg der Endpunkt. Die 124000 Hektar des Naturparks verteilen sich auf die Landkreise Bad Kissingen und Rhön-Grabfeld. Die Rhön wurde verhältnismäßig spät besiedelt, obwohl die Randgebiete seit der Altsteinzeit menschliche Spuren aufweisen. In der Bronzezeit erreichte der Siedlungsschub die Kuppen der Rhön und die Nordrhön. Die Kelten haben zahlreiche Ringwallanlagen hinterlassen, wahrscheinlich als Grenzanlagen zum Gebiet der Chatten (Hessen) und der Hermannduren (die späteren Thüringer). Die systematische Besiedlung begann mit der fränkischen Landnahme ab 500 n. Chr. Nach dem Zerfall des Frankenreichs kam die Region in den Besitz der Hochstifte Würzburg und Fulda und an die Grafen von Henneberg.

Über 80000 Hektar Fläche umfaßt der **Naturpark Haßberge.** Die Eckpfeiler sind Haßfurt und Hallstadt bei Bamberg im Süden, also das Maintal, und Bad Königshofen im Grabfeld im Norden. Im Nordosten begrenzt das Land Thüringen das Gebiet. Im Süden bildet das Maintal die Brücke zum benach-

Einen stimmungsvollen Kontrast zu den felsdurchsetzten Waldhöhen der Fränkischen Schweiz bilden Hochflächen mit Streuobstwiesen.

barten Naturpark Steigerwald. Die Haßberge sind das Land der Burgen und Schlösser. Dazu gehören Funde von 20 vorgeschichtlichen Fliehburgen und Wallanlagen, Reste von 15 Burgen und 26 Schlösser. Bis in die Zwischeneiszeit reichen Funde menschlichen Lebens. Zu den Besitzern im Mittelalter, nach der fränkischen Eroberung also, gehörten die Reichsabtei Fulda, das Hochstift Würzburg und das Hochstift Bamberg.

Der **Naturpark Steigerwald** wird im Norden vom großen Mainbogen im Raum Marktbreit, Schweinfurt und Bamberg umschlossen. Im Süden ist es die Aisch zwischen Bad Windsheim und Höchstadt, die eine natürliche Begrenzung bildet. Die bisher geborgenen menschlichen Besiedlungsfunde reichen bis in die letzte Eiszeit. Für die Zeitalter danach sind beeindruckende Bodendenkmäler, Fliehburgen und Wallanlagen erhalten. Ab 531 n. Chr. ließen sich die Franken hier nieder. Das 1127 gegründete Zisterzienserkloster Ebrach hatte danach wesentlichen Einfluß auf die Region.

Im Osten Mittelfrankens liegt der **Naturpark Frankenhöhe** mit einer Fläche von mehr als 110 000 Hektar. Baden-Württemberg bildet die westliche Grenze. Im Osten reicht der Naturpark bis an den Ballungsraum Nürnberg−Fürth−Erlangen heran. Die Südgrenze

ist markiert durch die Bundesstraße 14 zwischen Ansbach−Feuchtwangen und die Landesgrenze. Die sandigen Keuperhöhen im Naturpark wurden vermutlich bereits 4500 Jahre v. Chr. besiedelt. Eine Fliehburg und eine Reihe von Viereckschanzen sind die Hinterlassenschaft der Kelten. Ihnen folgten die Alemannen und im 5. Jahrhundert die Merowinger Franken. Die Staufer regierten bis ins 12. Jahrhundert. Rothenburg ob der Tauber wurde Zentrum eines Reichsgutes.

Der zweitgrößte Naturpark Deutschlands ist mit 234 000 Hektar Fläche der **Naturpark Fränkische Schweiz-Veldensteiner Forst.** Er wird im Nordosten durch das Maintal zwischen Lichtenfels und Bayreuth begrenzt. Im Osten liegt der Truppenübungsplatz Grafenwöhr. Im Süden bildet die Pegnitz bzw. das Weigental zwischen Lauf-Hersbruck und Sulzbach-Rosenberg den Abschluß. In den zahlreichen Grotten und Höhlen der Fränkischen Schweiz hat man frühe Besiedlungsspuren gefunden. Der größte Teil der Naturparkregion gehörte dem von König Heinrich II. gegründeten Fürstbistum Bamberg. Verwaltet wurde das Gebiet von den Schlüsselbergern und später von den Burggrafen.

Der **Naturpark Frankenwald** schiebt sich mit seinen 97 000 Hektar wie ein Keil in thüringisches Gebiet und bildet eine geologische Einheit mit dem Thüringer Wald bzw. dem Schiefergebirge. Teilhaber am Naturpark sind die Landkreise Kronach, Hof und Kulmbach und zu einem geringen Teil der Landkreis Bayreuth. Ausgrabungen haben nachgewiesen, daß um 1100 v. Chr. im Naturparkgebiet Menschen lebten. Es waren zunächst Slawen und Wenden. Später bestimmten die Hohenzollern die Geschicke, vertreten durch die Markgrafen von Ansbach-Bayreuth im Südosten und durch die Fürstbischöfe von Bamberg im Nordwesten.

Das **Fichtelgebirge** ist ein Gebirgsknoten zwischen dem Böhmerwald, dem Franken- und dem Thüringer Wald und dem Elster- und Erzgebirge. Die östliche Naturparkgrenze ist gleichzeitig die Staatsgrenze zur Tschechei. Das Land wurde verhältnismäßig spät besiedelt. Aber man vermutet, daß schon in vorgeschichtlicher Zeit Erze, nämlich Zinn, im Fichtelgebirge abgebaut wurden. Bayerischstämmige Siedler haben das Fichtelgebirge zwischen dem 9. und 11. Jahrhundert gerodet. Am westlichen Gebirgshang ließen sich fränkische Siedler nieder. Der Südabfall des Fichtelgebirges gehörte zum Einzugsgebiet der Wittelsbacher. Der Rest wurde nach 1600 von den Hohenzollern regiert. Weil das Land in sechs Ämter aufgeteilt war, entstand der Name »Sechsämterland«, der noch heute im Gebrauch ist.

Der größte Naturpark der Bundesrepublik ist der **Naturpark Altmühltal,** auch Südliche Frankenalb genannt. Er umfaßt über 290 000 Hektar Fläche. Den südwestlichen Eckpfeiler bildet die Harburg und im Nordwesten die Burg Spielberg. Im Südosten hat der Naturpark seine Grenze beim ehemaligen Römerkastell Abusina, heute Eining. Die Region ist uraltes Kulturland. Hier mischen sich alemannisches, fränkisches und bajuwarisches Kulturgut. Bereits in der Bronze- und Eisenzeit waren das Altmühltal und die Alb dicht besiedelt. In der La-Tène-Zeit lebten hier die Kelten. Auf dem Michelsberg bei Kelheim lag eine der größten Keltenstädte auf bayerischem Boden. Zwischen 90 und 166 n. Chr. war das Naturparkgebiet Grenzland am rätischen Limes. Eichstätt wurde durch Bonifatius im Jahre 741 Zentrum der Christianisierung.

1 Das Wasserschloß im Spessart

Mespelbrunn – Hohe Warte – Volkersbrunn

> **Tourencharakter:** Die Wanderung führt in der zweiten Hälfte vorwiegend durch Wald, immer auf guten Wegen.
> **Beste Jahreszeit:** Frühsommer bis Spätherbst.
> **Reine Gehzeit:** 3 Stunden.

Bis zur Neuzeit war der Spessart, das waldreichste Mittelgebirge Westdeutschlands, nahezu menschenleer, in vorgeschichtlicher Zeit sogar völlig unbesiedelt. Nur in Randbezirken gab es Siedlungen. Als keltische bzw. germanische Völkerschaften versuchten, im Vorspessart und im Maintal Lebensraum zu gewinnen, boten die Römer durch den Limesbau (bei Obernburg beispielsweise) Einhalt. Zu Beginn des 6. Jahrhunderts haben die Franken von der Region Besitz genommen. Sie wurde Eigentum der deutschen Könige und im 10. Jahrhundert von diesen als Lehen an das Kollegiatstift St. Peter und St. Alexander in Aschaffenburg vergeben. 982 übernahm das Erzbistum Mainz den größeren westlichen Spessartteil. Der Spessart wurde als Jagdgebiet genutzt und bewußt auch weiterhin von der Besiedlung freigehalten. Erst um 1400, zur Zeit der Glashütten, die sich in den Wäldern ansiedelten, gab es einen Wandel, auch durch den späteren Erzbergbau.

Die mißglückte Industrialisierung brachte im 18. und 19. Jahrhundert Not und Elend in das Land. 1803 kam das Spessartgebiet an das Kurfürstentum Aschaffenburg, 1810 an das Großherzogtum Frankfurt und schließlich nach dem Wiener Kongreß an das Königreich Bayern. Allerdings gehörte danach der nördliche Vorspessart Hessen-Kassel und seit 1866 Preußen. Heute ist er Bestandteil des Landes Hessen.

Der Hochspessart ist zu 85 Prozent bewaldet. Buchen und Eichen dominieren. Im sagenumwobenen Forst lebten ursprünglich sogar Auerochse und Wisent.

Sagen- und märchenhaft ist heute noch vieles im Spessart. Im Schloß zu Lohr hängt der Spiegel von Schneewittchens königlicher Stiefmutter. Mehr davon erzählt das Spessartmuseum. »Perle des Spessart« nennt sich Mespelbrunn, und das **Wasserschloß Mespelbrunn,** der Stammsitz der Echter, ist eine der romantischsten Sehenswürdigkeiten Deutschlands. Man zählte das Jahr 1412, als der Mainzer Erzbischof seinem Forstmeister im Spessart, Hamann Echter, in Anerkennung treuer Dienste die Wüstung Espelborn zum Geschenk machte. Aus der mittelalterlichen Wasserburg entstand unter dem Würzburger Fürstbischof Julius Echter (1545 bis 1617) der eindrucksvolle Renaissancebau des Schlosses Mespelbrunn. Seit 1737 ist es im Besitz der Reichsgrafen von Ingelheim. Die Dreiflügelanlage ist über einem quadratischen Grundriß errichtet. Sie hat zwei runde Ecktürme und einen runden Bergfried. Dieser entstand um 1430, die Wohnbauten in der zweiten Hälfte des 16. Jahrhunderts. Die Anlage wurde 1904 durch Friedrich von Thiersch restauriert. Im Schloßhof finden sich Nebengebäude des Schlosses, so das Forsthaus, der ehemalige Pferdestall, das Fischerhaus. Der Brunnen stammt aus dem 17. Jahrhundert. Die Gruftkapelle St. Maria ist im neuromanischen Stil 1874/75 gebaut worden.

Der Ort Mespelbrunn besitzt eine weitere Sehenswürdigkeit, und zwar im Ortsteil Hessenthal. Hier steht die **Wallfahrtskirche,** die auch als Begräbnisstätte der Familie Echter diente. Die Hessenthaler Wallfahrt ist eine der ältesten Unterfrankens und entstand möglicherweise im 13. Jahrhundert. Ein Ritter, der nicht an Wunder glauben wollte, fand öfters Blut an seinem Schwert und wurde auf diese Weise überzeugt. Er baute eine Kapelle mit einem Muttergottesbild. Als später eine größere Kirche errichtet wurde, kehrte das Gnadenbild immer wieder in die alte Kapelle zurück, so daß er gelobte, an jedem zweiten Pfingsttag eine Wallfahrt mit dem Bild zu der alten Kapelle zu unternehmen. Von da an blieb das Bild an seinem Platz in der neuen Kapelle.

Der Platz der alten Kapelle heißt »Herrenbild« und liegt 1 Kilometer nordwestlich des

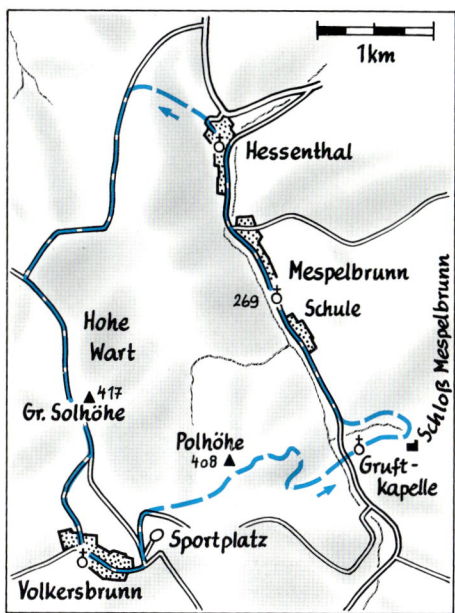

Kirchenhügels von Hessenthal. Zur Anlage auf dem Kirchenhügel gehört also die alte Gnadenkapelle, aber auch die alte und neue Wallfahrtskirche. Die Gnadenkapelle ist ein gotischer Bau. Sehenswert ist ein Altar von Tilman Riemenschneider, ebenso eine Kreuzigungsgruppe aus Stein des Bildhauers Hans Backoffen aus dem Jahre 1519. Die alte Wallfahrtskirche an der Ostseite der neuen wurde 1439 fertiggestellt und ist die einstige Grabkirche der Echters.

Der Wegverlauf

Wenn wir am *Haus des Gastes in Mespelbrunn* unsere Wanderung beginnen, halten wir uns westwärts zum Promenadenweg an der Elsava, folgen dem *Köhlereiweg* über den Bach und gehen auf der Bachstraße oder auf dem Köhlereiweg nordwärts nach *Hessenthal.* Bei der Kirche schwenken wir in den *Hessenthaler Weg,* kommen zur Grillplatzinsel und westwärts zum Waldrand, wo uns der Weg zur *Hohen Warte* aufnimmt. Er führt nach Süden in den Staatsforst. Zunächst geht es durch einen Waldvorsprung, dann durch eine Feldbucht in der Nähe des Erlenbrunnens. Bei einem Feldkreuz stoßen wir wieder

westwärts in den Wald. Der Weg knickt nach Südwesten ab und verläuft schließlich südwärts über die *Hohe Warte* und hier speziell über die *Große Solhöhe.* Vor *Volkersbrunn* verlassen wir den Forst, treffen im Ortszentrum auf die Dorfstraße, halten uns weiter ostwärts und biegen in Richtung *Sportplatz* ab. Wir wandern aber nicht zum Sportplatz (er bleibt rechts liegen), sondern bewegen uns erst am Waldrand entlang und dann im Rechtsbogen in den Wald hinein.

Im wesentlichen geht es jetzt in großen Schwüngen nach Osten. Es ist der *Ringweg,* dem wir folgen. Südostwärts erreichen wir den Waldrand. Der *Millionenweg* bringt uns zum *Minigolfplatz* an der Elsava. Hier passieren wir die Brücke und sind auf der Hauptstraße. An der Grillplatzleite vorbei kommen wir zur *Gruftkapelle* und schwenken nun rechts hinüber zum *Wasserschloß Mespelbrunn.* Auf der Schloßallee gelangen wir in den Ort. Bevor sie in die Hauptstraße mündet, biegen wir rechts in den Kapellenweg und gleich links in den *Julius-Echter-Weg.* In der Fortsetzung gehen wir auf der Jägerstraße weiter und stoßen am Steinbruch auf die Hauptstraße, auf der wir wieder zum *Haus des Gastes* kommen.

Nützliche Informationen

Ausgangsort und Zufahrt: Die Bundesstraße 8 von Aschaffenburg führt an Hessenthal vorbei. Die Bundesautobahn Frankfurt – Würzburg verläuft wenige Kilometer östlich, Abfahrt Weibersbrunn – Mespelbrunn.
Ausgangspunkt: Parkplätze im Ortszentrum und am Wasserschloß.
Gehzeiten: 3 Std.; 1 1/4 Std. zur Hohen Warte, 1/2 Std. nach Volkersbrunn, 1 Std. nach Mespelbrunn zum Wasserschloß und 1/4 Std. zurück.
Unterkunft und Verpflegung: In Mespelbrunn: Mespo-Restaurant, Gasthaus Rosen-

Das Wasserschloß bei Mespelbrunn im Spessart ist eines der meist fotografierten und bekanntesten Märchenschlösser Deutschlands. Die Anlage entstand um 1430, die Wohnbauten sind im 16. Jahrhundert dazugekommen. Friedrich von Thiersch hat das Schloß 1904 restauriert.

berger am Sonnenberg, Hotel Hobelspan, Zum Engel, Gasthof Köhler, Schloßhotel, Talblick, Gasthaus Spessart, Zur schönen Aussicht, Waldhaus.
Einkehr unterwegs: Gasthaus Hohe Warte, Gasthof zum Engel, Gasthof Spessartruh, Gasthaus Goldenes Faß.
Auskünfte: Fremdenverkehrsverein Mespelbrunn e.V., 8751 Mespelbrunn, Tel. 06092/319.
Sehenswürdigkeiten: Wasserschloß Mespelbrunn, geöffnet März bis November 9–12, 13.30–17.30 Uhr, an Feiertagen 9.30–17 Uhr, Tel. 06092/269; Wallfahrtskirche Hessenthal.
Wanderkarte: Topographische Karte 1:25000 des Landesvermessungsamtes, Blatt 6021 und Blatt 6121.

2 Über dem Kahlgrund

Altenburg und das Engländerhaus am Eselsweg

Tourencharakter: Etwas lange Wanderung vorwiegend durch Wald und meist auf guten Wegen.
Beste Jahreszeit: Frühsommer bis Spätherbst.
Reine Gehzeit: 3 1/2 Stunden.

Im bayerischen Teil des Naturparks Spessart, am nordöstlichen Rand des Landkreises Aschaffenburg, entspringt, umrahmt von dichten Wäldern, bei der Kahlmühle die Kahl, ein Flüßchen, das wenige Kilometer westlich bei der Stadt Kahl in den Main mündet. An den Zuflüssen vor allem im oberen Kahlgrund sind weitläufig zwischen Hahnenkamm und Eselshöhe im Rodungsgebiet eine Reihe von Ortschaften entstanden, die sich im Kessel des kristallinen Vorspessart zur Verwaltungsgemeinschaft **Schöllkrippen** zusammengeschlossen haben und auch Fremdenverkehr betreiben.

Mit ihren Höfen im oberen Kahlgrund bildete die fränkische Besiedlung während der Stauferzeit einen Teil der alten Cent vor dem

Spessart. Danach kam das Gebiet durch Aufsplitterung an kleine Territorialherrschaften. Seit Mitte des 13. Jahrhunderts gab es hier die Vogtei Geiselbach des Klosters Seligenstadt und ab 1665 das Schönbornsche Landgericht Krombach mit verschiedenen ehemaligen reichsritterschaftlichen Ortsteilen rechts der Kahl, die ursprünglich zur Wetterau gehörten. Die Kahl war seit 982 die Wassergrenze. Diese Grenze bildete die Trennung zwischen dem Erzstift Mainz und der Reichsritterschaft. Zum Königreich Bayern kam der obere Kahlgrund zwischen 1814 und 1816.

Schöllkrippen selbst war bis 1811 in vier Teile gespalten und gehörte zwischen 1810 und 1814/16 zum Großherzogtum Frankfurt. Die linke Kahlseite gehörte zu Mainz, und dieses Gebiet am Spessartrand umfaßte alle Orte der Verwaltungsgemeinschaft links der Kahl von Wiesen bis Blankenbach. Um 1450 hatte Kurmainz in Schöllkrippen einen Amtssitz für die damalige Forstaufsicht über Wald, Wild und Glashütten sowie Bergbau errichtet. Daraus ging das spätere Mainzer Amt Schöllkrippen hervor, das 1783 verlegt wurde. Die 1184 beurkundete Mutterpfarrei Ernstkirchen am Südausgang von Schöllkrippen gehörte bis 1808 zum Stift St. Peter und Alexander in Aschaffenburg. Die Altpfarrei Krombach dagegen war ab 1395 der Abtei Seligenstadt inkorporiert, hatte ab 1269 dort schon Patronatsrechte und wurde 1771 durch das Erzbistum wieder selbst übernommen.

Im Ort **Wiesen** steht noch das ehemalige Jagdschloß, das ursprünglich von den Grafen von Rieneck gegründet wurde. Die Fuhrleute von Wiesen haben bis zum Dreißigjährigen Krieg Fracht zwischen Antwerpen und dem Alpenrand transportiert.

Der **Eselsweg** folgt mit seiner heutigen Länge von 111 Kilometern der Route mittelalterlicher Salzkarawanen, welche die Ausbeute der Salinen von Orb auf dem Rücken von Eseln in den Süden transportierten. Weil man bei der Fracht Sumpfgebiete vermeiden mußte und auch den Spessarträubern nicht in die Hände fallen wollte, hat man die Wege auf den Spessarthöhen angelegt, anstatt die Routen in den bequemeren Niederungen zu wählen.

Der heute eingerichtete Weitwanderweg beginnt in Schlüchtern. Man kann ihn in sechs Tagen ohne Gepäck durchwandern. Weitere Stationen sind Alsberg, Flörsbach und Jakobsthal, wo das Engländerhaus steht. Dann geht es nach Weibersbrunn, und in Großheubach endet die Route.

Der Eselsweg ist nur einer von hunderten, die im Naturpark Spessart ausgeschildert wurden. Insgesamt gibt es hier ein Netz von über hundert Fernwanderwegen. Für jeden Geschmack ist etwas dabei. Es gibt sogar Rundwanderwege für Rollstuhlfahrer und Kinderwagen.

Der Wegverlauf

Wir können in *Sommerkahl* am *Kirchberg/ Ecke Schulstraße* unsere Wanderung beginnen und nordöstlich den Kirchberg hinaufsteigen in Richtung Vormwald. An den Sportanlagen des Turn- und Sportvereins vorbei, wo sich auch ein Parkplatz befindet, kommen wir zur Siedlung *Vormwald* und biegen links in die Lindenstraße. Nach rechts nimmt uns dann die Spessartstraße auf. Sie führt nach *Heigenbrücken*. Wir erreichen den Waldrand, und kurz nachdem wir in den Forst eingetaucht sind, zweigen wir links in eine Foststraße ab, die nach Nordwesten leitet und innerhalb des Schöllkrippener Forstes dem Hangfuß folgt, der sich über dem Kessel des oberen Kahlgrundes aufbaut. Im Quellbereich des Höllenbachs gelangen wir in eine Waldbucht und am Rand des Waldes zum *Rodberg*. Hier schwenken wir aus der bisherigen nordöstlichen Richtung nach Nordwesten, zunächst am Waldrand entlang.

Über dem *Röderhof* wandern wir wieder in den Wald hinein, biegen aber gleich rechts ab, folgen dem Bogen einer Foststraße hinauf in den Hang, zweigen nochmals rechts (nordwestlich) ab und kommen zum Fuß der *Altenburg*. Auf der 416 Meter hohen Kuppe ist ein keltischer Ringwall sichtbar. Unser Weiterweg führt nach Osten. Entwe-

Blick auf Vormwald und auf den Laudenberg im Kahltal, das sich von dem Ort Kahl im Spessart über Mömbris bis Aschaffenburg hinzieht.

der wir umrunden den Burgstall in dieser Richtung oder wir müssen, wenn wir den Burgstall weglos erstiegen haben, ostwärts auf den Grat hinausgehen und nach Norden zu diesem Weg queren. Der Forstweg bringt uns den Höhenlinien nach, also ohne große Steigungen und Gefälle, in ostsüdöstlicher Richtung in den *Buchwald* unter dem *Laudenberg*. Wir schwenken dann etwas mehr östlich weg und gelangen zu einer Kreuzung. Von nun an bewegen wir uns nach Süden und bergauf zur *Grashöhe*. Mit 484 Metern ist hier der höchste Punkt des Schöllkrippener Forstes erreicht.

Südwärts steigen wir von der Grashöhe hinunter und stoßen auf eine Forststraße, die uns links, ostwärts, weiterleitet. Im Bogen zieht sie über den *Ruhberg* nach Südwesten, nach Süden und wieder nach Südosten. Es geht also immer am Hang entlang, erneut den Höhenlinien folgend. In einer Spitzkehre kommen wir in südwestliche Richtung.

In einem Bogen nach Südosten verlassen wir den Wald in das Rodungsgebiet von Jakobsthal und treffen auf das *Engländerhaus*. Das ist ein beliebtes Wanderziel und war früher ein Pferdequartier am Eselsweg. Den Namen »Engländerhaus« (Flurname, 1845 erbaut durch König Ludwig I.) weiß man allerdings nicht zu deuten. Erzählt wird die Geschichte von einem englischen Soldaten, der nach der Schlacht bei Dettingen (1743) an dieser Stelle ermordet und beraubt worden sein soll. In einer anderen Erzählung heißt es: Ein Franzose habe an dieser Stelle einen Engländer erschossen. Ein Stein in der Nähe trägt übrigens den Namen »Franzose«.

Vom Wirtshaus aus halten wir uns im spitzen Winkel nach Westen und stoßen beim *Finkenborn* auf eine Forststraße, die uns nach links aufnimmt. Sie macht sofort wieder einen Bogen nach Westen. Beim nächsten Abzweig gehen wir rechts weg. Der Waldweg führt an Lichtungen vorbei und erreicht

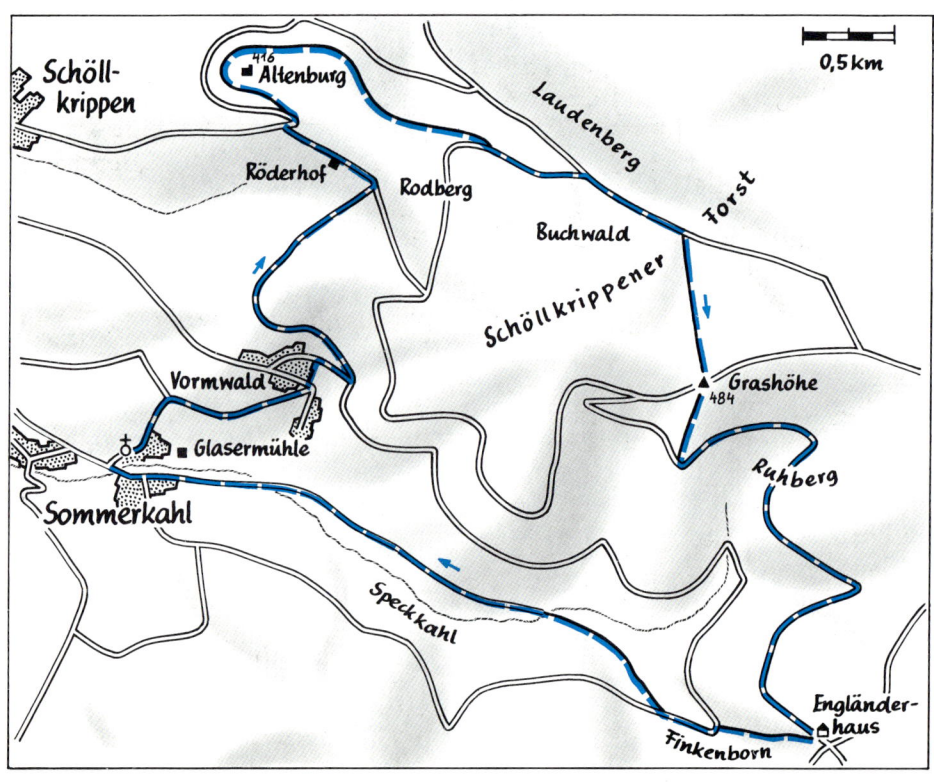

Das Engländerhaus ist Station am Eselsweg, einer alten Salzhandelsroute von Orb in den Süden, und ein beliebtes Ausflugslokal im Schöllkrippener Forst.

schließlich einen der Zuflüsse der Speckkahl. Wir wandern über die Brücke und auf dem Forstweg weiter zum Waldrand. Hier folgen wir der Rodungsbucht. Parallel zum Lauf der *Speckkahl* spazieren wir an Fischweihern, am Sportplatz und an der *Glasermühle* vorbei. Bald kommen wir nach Obersommerkahl. Die Wilhelmstraße bringt uns zum Ausgangsort zurück.

Nützliche Informationen

Ausgangsort und Zufahrt: Im Kahlgrund verläuft die Trasse einer Bahnlinie von Schöllkrippen nach Kahl am Main. Sommerkahl liegt südlich bzw. östlich dieser Trasse, abseits der großen Durchgangsstraßen. Von Aschaffenburg aus kann man den Ort in nördlicher Richtung auf Nebenwegen über Hösbach, Schimborn und die Kahltalstraße erreichen.

Ausgangspunkt: Kirchberg/Ecke Schulstraße bzw. Sportanlagen des Turn- und Sportvereins.

Gehzeiten: 3½ Std.; 1¼ Std. zur Altenburg, 1¼ Std. zum Engländerhaus und 1 Std. zurück nach Sommerkahl.

Unterkunft und Verpflegung: Gasthaus zum Hirschen, Gasthaus zum grünen Baum, Gasthaus zum Hasen; in Vormwald Restaurant Waldesruh und Gasthaus Guck ins Land.

Einkehr unterwegs: Engländerhaus in Jakobsthal.

Auskünfte: Verwaltungsgemeinschaft Schöllkrippen, Marktstraße 1, 8752 Schöllkrippen, Tel. 06024/3090.

Sehenswürdigkeiten: Burgstall Altenburg oberhalb des Hofes Reuschberg; altes Kupferbergwerk der ehemaligen Grube Wilhelmine, heute geologische Fundgrube. Im aufgeschlossenen Schöllkrippener Gneis erkennt man drei Kupfergänge aus der alten Bergbautätigkeit. Auf dem orangebraunen Muttergestein heben sich grüne und blaue Anfärbungen von Malachit und Azurit ab. Der geologische Aufbau von Vorspessart und Spessart ist im Kahlgrund erschlossen und am »Naturlehrpfad Altenburg« dargestellt.

Sehenswürdigkeiten der Umgebung: In Jakobsthal das Engländerhaus zwischen Steigkoppe und Hochkopf, eines der letzten charakteristischen Spessartforsthäuser; in Aschaffenburg Schloß Johannesburg, Stiftskirche, Stiftsmuseum, Kunstsammlung im Gentilhaus, Park Schönbusch; in Alzenau die spätgotische Burg; bei Alzenau der Ludwigsturm auf dem Hahnenkamm; ferner Schloß Mespelbrunn; in Großostheim das Bachgaumuseum, die Pfarrkirche St. Peter und Paul mit dem Riemenschneideraltar; in Kälberau die Wallfahrtskirche »Maria zum rauhen Wind«; bei Wasserlos der Vogelschutz- und Naturlehrpfad; das Freizeitgebiet Kahler Seenplatte; das Heimatmuseum Großkrotzenburg; in Heigenbrücken Mineraliensammlung aus fünf Erdteilen in der Schmucksteinschleiferei Narr, im fluoreszierenden Keller funkelnde Gesteine und Kristalle im ultravioletten Licht; Naturschutzgebiet Wiesbüttsee. Der See verdankt seine Entstehung dem im 18. Jahrhundert blühenden Bieberer Bergbau (Silber, Kupfer, Blei, Nickel, Eisen).

Wanderkarte: Topographische Karte 1:25000 des Landesvermessungsamtes, Blatt 5921.

3 Zwischen Sinn und Schondra

Von Burgsinn in den östlichen Forst

> **Tourencharakter:** Lange Wanderung ausschließlich durch Wald auf überwiegend guten Forststraßen.
> **Beste Jahreszeit:** Frühsommer bis Spätherbst.
> **Reine Gehzeit:** 4 Stunden.

Die Sinn entspringt in der Hochrhön. Der Fluß ist die Trennungslinie zwischen den südlichen Ausläufern der Rhön und dem nordöstlichen Höhenrücken des Spessart. Wo sich das Flußtal im Unterlauf weitet, fließt bei Burgsinn die Aura von Westen zu. 12 Kilometer schlängelt sich der Fluß dann noch bis nach Gemünden, wo er in die Fränkische Saale einmündet, unmittelbar bevor sich die Wasser dieses Flusses in den Main ergießen.

Burgsinn wird weiträumig von Wald umrahmt. Dem Marktflecken gehört der zweitgrößte Gemeindewald Bayerns, und das sind rund 40 Quadratkilometer. In diesem Forst wurden 250 Kilometer Rund- und Fernwanderwege angelegt. Aber auch der Ausgangspunkt zu diesen Wanderungen, Burgsinn, ist attraktiv, vor allem durch seine Wasserburg. Sie ist die älteste Befestigung der Gegend. Als man die Burg Rieneck 1168 erbaute und die Scherenburg oberhalb Gemünden, bestand sie schon. Der Burgturm geht auf das 10. Jahrhundert zurück. Er ist 22 Meter hoch und hat 2,60 Meter starke Mauern. Über Jahrhunderte wurde an der Anlage gebaut. Die Burgmauer stammt aus dem 14. Jahrhundert, der Südteil der Burg aus dem 16. Jahrhundert, und einige Gebäude, wie das Wohnhaus an der Nordseite, wurden im 17. Jahrhundert umgebaut bzw. neu errichtet.

Aus der alten Ortsbefestigung stammt noch das Rienecker Tor und der Torturm mit Resten der alten Stadtmauer. Das in der Nähe der Post stehende Rundbogentor, das Lusthäuschen, wurde 1750 gebaut. Im westlichen Ortsteil an der Aura steht das Fronhofschlößchen, ein Renaissancebau mit Treppenturm und viereckigem Erker. Es wurde 1607 durch Werner von Thüngen als Witwensitz für seine Gemahlin Philippine Agathe, geborene Stein, errichtet. Heute ist es ein Miethaus.

Im Spätrenaissancestil entstand 1620 das Neue Schloß. Hier stehen zwei Gebäudeflügel rechtwinklig zueinander. Im Innenwinkel erhebt sich ein Treppenturm, der das Wappen der Freiherren von Thüngen trägt. Heute noch wohnt die Familie von Thüngen im Neuen Schloß. Die Freiherren von Thüngen besitzen in Burgsinn auch einen eigenen Friedhof an der Friedhofstraße, und zwar in der Achse des am anderen Sinnufer gelegenen Neuen Schlosses. Die Grabkapelle wurde um 1900 gebaut. Im eigentlichen Friedhof

Von der alten Burg in Burgsinn sind die Grundzüge der Anlage und der Bergfried des 12. Jahrhunderts erhalten. Die Ringmauern stammen aus dem Jahre 1339, die Wohnbauten aus dem 17. und 18. Jahrhundert.

befindet sich die Thüngensche Gruft mit Grabmälern aus der Zeit ebenfalls um 1900.

Der Wegverlauf

Der eigentliche Ausgangspunkt unserer Wanderung ist der *Bahnhof*. Wir können aber auch vom Marktplatz aus starten und gehen über die Hauptstraße zur Bahnhofstraße. Unser Weg ist mit einem »*Roten Milan*« markiert. Wir halten uns nordwärts an den Bahngleisen entlang, die wir nach etwa 500 Metern überqueren können. Wir spazieren bergauf und folgen ostwärts einer Forststraße, die uns nach etwa 3 Kilometern mitten im Wald den Parkplatz »*Erlenruh*« an einer Forststraßenkreuzung erreichen läßt. Von hier bewegen wir uns nordöstlich auf einer gut ausgebauten Forststraße zum *Gegelsbacher Brunnen*. In dieser Richtung geht es am Gegelsbach weiter, bis wir im *Schondratal* – vor uns liegt der Schondrasteg – nordwärts abbiegen und zum *Geigenpeterbrunnen* kommen. Hier treffen sich vier Wege. Vor der Kreuzung zweigen wir links ab, immer

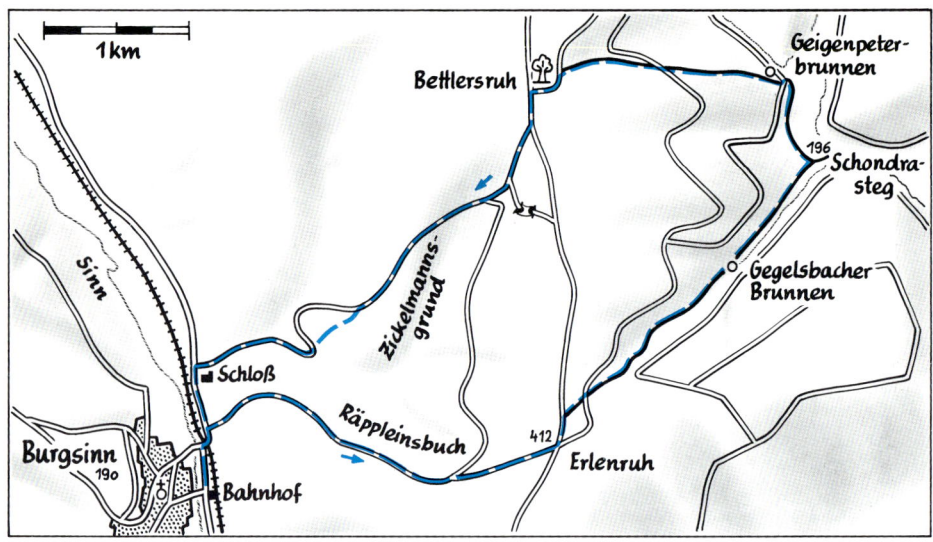

noch dem »Roten Milan« folgend. Wir steigen durch dichten Wald bergauf, genau westwärts, und gelangen, vorbei an einem Naturdenkmal, der 500 Jahre alten »Steineiche«, zur *Bettlersruh,* wo wir uns nach Süden wenden. Die Forststraße verzweigt. Südwestlich wandern wir in ein romantisches Tal hinein, den Zickelmannsgrund. Nun leitet uns die Markierung des Rhönclubs, ein »roter liegender Tropfen«, weiter. Unser Weg schwenkt westwärts aus dem Wald. Wir kommen in das Sinntal hinunter und gehen, vorbei am Neuen Schloß, südwärts zurück nach Burgsinn.

Nützliche Informationen

Ausgangsort und Zufahrt: Durch das Tal der Sinn verläuft die Trasse der Hochgeschwindigkeitsbahnlinie Würzburg – Fulda, die parallel zur regulären Bahnlinie angelegt wurde. Der Hauptort des unteren Sinntales ist 13 km von Gemünden entfernt, 27 km von Bad Orb und 37 km von Bad Brückenau.
Ausgangspunkt: Parkplätze gibt es am Alten Schloß. Hier findet sich auch die Touristinformation.
Gehzeiten: 4 Std.; 1 Std. bis »Erlenruh«, 1 Std. ins Schondratal, 45 Min. bis Bettlersruh und 1¼ Std. zurück nach Burgsinn.

Unterkunft und Verpflegung: Schloßhof-Restaurant, Hotel Bayernhof, Gasthof Bayrischer Hof, Gasthaus Stern.
Einkehr unterwegs: Keine.
Auskünfte: Fremdenverkehrsverein Burgsinn, Fellener Straße 6, Postfach 1136, 8784 Burgsinn, Tel. 09351/1293.
Sehenswürdigkeiten: Wasserburg; Park um die Wasserburg; Neues Schloß, ein Spätrenaissancebau; das Fronhofschlößchen; das Rienecker Tor; die Pfarrkirche St. Michael in der Kirchstraße; der Friedhof und der kleine Friedhof in der Friedhofstraße.
Sehenswürdigkeiten in der Umgebung: Burg Rieneck über dem Sinntal. Mit dieser Burg verknüpft sich die Sage von einer Kunigunde von Schönrein. Sie hatte ihren Ehemann, den Grafen Edilo, betrogen. Um den Weg für ein neues Verhältnis frei zu haben, reichte sie dem Burgherrn ein vergiftetes Essen. Bevor er starb, verfluchte er sie. Seitdem geht die Gräfin ruhelos um. Rengersbrunn im Auratal ist ein Marienwallfahrtsort. Am Marien- oder Königsbrunnen am Regisborn soll einst vor über tausend Jahren Kaiser Friedrich Barbarossa von Gelnhausen aus zur Jagd geritten sein und sich am Brunnen gelabt haben.
Wanderkarte: Topographische Karte 1:25000 des Landesvermessungsamtes, Blatt 5823 und Blatt 5824.

4 An Sinn und Saale

Zum Kloster Schönau

Tourencharakter: Bequeme Wanderung.
Beste Jahreszeit: Das ganze Jahr über, wenn es die Witterung zuläßt.
Reine Gehzeit: 3 Stunden.

Die Dreiflüssestadt **Gemünden am Main** wurde in der ersten Hälfte des 13. Jahrhunderts planmäßig als Burgstadt von den Grafen von Rieneck angelegt. Am Saaleübergang der Mainuferstraße gab es schon vorher ein Fischerdorf, das später den Namen Kleingemünden bekam. Die Burg, die Scherenburg, hoch über der turm- und mauerbewehrten Stadt, wurde auf dem Bergsporn angelegt, der sich zwischen Fränkische Saale und Main schiebt. Eine gemeinsame Wehrmauer wurde errichtet, die Stadt und Burg umfaßte. Als in der zweiten Hälfte des 15. Jahrhunderts Burg und Stadt an das Hochstift Würzburg kamen, ist der Name »Scherenburg« entstanden. Am Main in der Frankfurter Straße steht das restaurierte Renaissanceschloß, das einst Franz Ludwig von Hutten gehörte, das sogenannte Huttenschlößchen, ein dreigeschossiger Massivbau mit Ecktürmen, die Kuppeln haben. Nach 1726 war es würzburgisches Amtshaus. Heute ist hier das Verkehrsmuseum untergebracht. Interessant auch in der Stadt die Häuserkette am Mühlgraben, die »Kleinvenedig« genannt wird.

Der Zweite Weltkrieg hat der Stadt übel mitgespielt, aber den Stadtvätern und den Bewohnern ist es gelungen, das Gemeinwesen an den drei Flüssen – Main, Fränkische Saale und Sinn – wieder zu einem schmukken Städtchen zu machen, dessen besondere Lage am Fuße der Spessarthöhe, im fränkischen Weinland und im Naturpark Rhön auch landschaftliche Höhepunkte bietet.

Ein Natur- und Geschichtslehrpfad führt, wenn man den Alten Schloßweg zur Ruine Scherenberg hinaufgestiegen ist, vorbei am Burgstall mit den überwachsenen Gebäuderesten der Slorburg aus dem 13. Jahrhundert, die 1243 zerstört wurde, nach Reichenbach.

Der Wegverlauf

Wir treffen uns auf dem Marktplatz am *Gedenkstein* des alten Rathauses. Unser Weg geht über den Zebrastreifen zur *Saalebrücke*. Links sehen wir den *Fischmarkt* mit seinem Brünnlein, das die Nachbildung des einstigen Lachsfangsteges an der Sinn darstellen soll. Darüber ist das Wappen der Fischerzunft angebracht. Die Saalebrücke verbindet das Kleingemünden mit dem Stadtkern. Von weitem sehen wir bereits den stattlichen Bau des Huttenschlosses aus dem Jahre 1711. Eine Dampflok, Kilometersteine, Schiffsschrauben und alte Mainschiffe gehören heute zum Huttenschloß. Hier ist nämlich das Verkehrsmuseum untergebracht.

Eine Treppe leitet zum Fußweg entlang der Fränkischen Saale, vorbei an der Sinnmündung, über die *Sinnbrücke*. Durch die Unterführung der Saaletalbahn geht es zum *Josefshaus*, einst Glashütte, später Erziehungsheim für geistig Behinderte. Am Fuße des Harras verläuft ein ruhiger, angenehmer *Wanderweg entlang der Bahnlinie,* vorbei am alten *Akazienhain* (Festplatz des jährlich stattfindenden Anglerfestes). Hier spazieren wir mit schöner Aussicht auf den Stadtteil »Vor dem Mühltor«, der sich auf der gegenüberliegenden Hangseite des Saaletales entlangzieht. Eichen- und Buchenwaldbestände am Weg gehören zur Stiftung des Julius-Spitals Würzburg, die auf den bekannten Fürstbischof Julius Echter von Mespelbrunn zurückgeht. Der Wald im Sinn- und Saaletal ist sehr wildreich. Deshalb kommen wir zu einem *Wildgatter,* das man allerdings sofort hinter sich schließen sollte. Auf freiem Feld angelangt, haben wir einen großartigen Blick in das liebliche Saaletal.

Umgeben von Wäldern läßt sich der Wallfahrtsort *Schönau* erahnen. Auf einem kühlen Waldweg, über die Saalebahnbrücke, vorbei an Forellenweihern, über die eiserne, mit dicken Holzbalken belegte *Saalebrücke* erreichen wir das *Kloster Schönau*. Die historische Klosteranlage gehört heute der Ordenskongregation der Franziskaner. Das sehenswerte Kloster wurde 1189 als Zisterzienserinnenkloster von Philipp von Thüngen gegründet. Am 25. Mai 1190 bestätigte Papst Klemens III. die Gründung. In der Bestätigungsurkunde wurde das Kloster »Schönau« genannt. 1192 erfolgte die kaiserliche Bestätigung. Schon 1250 war das Kloster dem Ruin nahe, doch Gräfin Adelheid von Rieneck konnte wieder eine Blütezeit bewirken. Im Bauernkrieg wurde das Kloster 1525 geplündert, und eine Reihe der zum Kloster gehörenden Güter eigneten sich die Herren von Thüngen an. In der Folge kam das Kloster zum Orden der Franziskaner.

1687 taucht aus dem Franziskanerminoritenkloster der Schweizer Laienbruder Kilian Staufer auf. Er hatte sehr viel handwerkliches Geschick. Von ihm stammen die marmorierten Stuckarbeiten an den Säulen und die Bilderrahmen. Ein Klosterumbau und der Kirchenumbau wurden 1710 mit einer Kirchenweihe abgeschlossen. 1796 haben die Franzosen das Kloster geplündert. 1803 wurde es säkularisiert, aber von den Ordensbrüdern nicht verlassen. So hat das Kloster eine interessante und wechselvolle Geschichte erlebt. Sehenswert ist die Klosterkirche, in der viele künstlerische und baugeschichtliche Arbeiten zu bewundern sind, darunter auch kunsthistorisch wertvolle Figuren aus der Riemenschneider-Schule (Apostel Johannes, Maria mit dem Jesuskind, Johannes der Täufer).

Nach der Wanderung, dem Klosterbesuch und den vielen historischen Informationen könnte man eine Rast im Gasthaus »Zum alten Forsthaus« oder im Gästehaus *März* einlegen. Gut gestärkt treten wir den Rückweg an. Entlang der Staatsstraße, die wir am Ortsausgang überqueren, laufen wir in Richtung *Reichenbuch.* Nach wenigen Gehminuten zweigen wir rechts ab und kommen auf einen kleinen *Hangweg.* Er schlängelt sich durch Eichen- und Buchenwald oberhalb der Staatsstraße entlang nach Gemünden. An der sogenannten *»Bettlersruh«* überqueren wir eine Holzbrücke, gehen die Stufen hoch, wieder über Treppchen und auf einem schmalen Weg, bis wir auf eine breite Forststraße treffen. Oberhalb der neuen Siedlung Gemündens, »Vor dem Mühltor«, beeindruckt uns noch einmal der Blick ins idyllische Saaletal. Bald stehen wir auf dem Mühltorberg. Wir wandern durch die Siedlung talwärts. Auf halbem Weg führt links ein *Trep-*

penweg zur Ruine Scherenburg (Rast im Burgkeller). Oder wir gehen weiter und kommen durch den *Mühltorbogen;* das ist ein altes Stadttor, das bis 1945 den einzigen Verkehrsdurchgang ins Saaletal ermöglichte. Kurz danach sind wir wieder am Marktplatz.

Nützliche Informationen

Ausgangsort und Zufahrt: Gemünden ist ein Eisenbahnknotenpunkt. Die Bahnlinie Würzburg – Frankfurt führt hindurch. Es gibt eine Bahnverbindung von Schweinfurt her, eine weitere von Wildflecken über Bad Brückenau, nicht zu vergessen die ICE-Trasse über Würzburg nach Hamburg. Die Bundesstraße 26 folgt dem Lauf des Mains und führt durch Gemünden. Es gibt also für dieses in die Talengen gezwängte Gemeinwesen ausreichend Verkehrsanbindungen.

Ausgangspunkt: Parkmöglichkeiten an Lindenwiese und Mainlände.

Gehzeit: 3 Std. Der Hinweg ist 4,5 km lang, der Rückweg 3 km.

Unterkunft und Verpflegung: Gasthof Heimann, Klingenmühle, Hotel Koppen, Zur Linde, Hotel Schäffer.

Einkehr unterwegs: Gasthaus »Zum alten Forsthaus«, Gästehaus März in Schönau; Burgkeller der Ruine Scherenburg.

Auskünfte: Verkehrsamt, Haus des Gastes, 8780 Gemünden am Main, Tel. 09351/ 3830.

Sehenswürdigkeiten: Stadtbefestigung; Scherenburg: hier gibt es Theateraufführungen, und man kann im historischen Gewölbekeller der Ruine ein Landsknechtsessen genießen. Es wird, wie im Mittelalter, direkt auf die Tafel serviert. Dazu gibt es Musikunterhaltung. Das Huttenschlößchen in der Frankfurter Straße; die elfjochige Saalebrücke aus dem 16. Jahrhundert; die Stadtpfarrkirche St. Peter und Paul am Marktplatz.

Die Grafen von Rieneck haben die Stadt Gemünden in der ersten Hälfte des 13. Jahrhunderts am wichtigen Saaleübergang planmäßig angelegt. Nach Zerstörungen im Zweiten Weltkrieg hat man die Rathausruine beseitigt und den Marktplatz geöffnet.

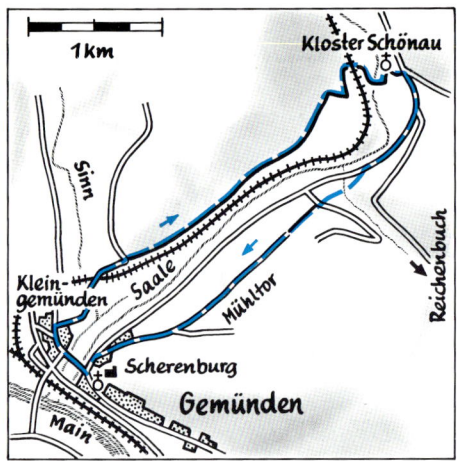

5 Vom Bad zum Franziskanerkloster

Von Bad Brückenau zum Staatsbad Brückenau und nach Volkers

> **Tourencharakter:** Auf guten Wegen weitgehend in Tälern.
> **Beste Jahreszeit:** Das ganze Jahr über.
> **Reine Gehzeit:** 2½ Stunden.

Sehenswürdigkeiten der Umgebung: Die ehemalige Zisterzienserinnenklosterkirche Mariä Empfängnis in Schönau; die frühmittelalterliche Wallanlage Seifriedsburg; das ehemalige Zoll- und Gasthaus in Zollberg; die fünfbogige Sinnbrücke bei Schaippach; der ehemalige würzburgische Spitalhof in Neutzenbrunn; die Ruine Schönrein; die ehemalige Rienecksche Burg an Stelle eines Klosters aus dem 11. Jahrhundert bei Hofstetten; die ehemalige Burg Adolphsbühl und die ehemalige Zollstätte in Adelsberg; die Altstadt und die Stadtbefestigung von Rieneck mit der Burg Rieneck: eine große Burganlage mit zwei Bergfrieden, einer romanischen Burgkapelle aus dem 12. Jahrhundert, um 1680 neugotisch umgestaltet; die Burgruine Homburg bei Gössenheim, eine der größten fränkischen Burgruinen, mit Resten eines dreiflügligen Wohnhauses aus dem 12./13. Jahrhundert, einer Vorburg mit Ringmauer und Türmen und Resten einer Burgkapelle aus der Zeit um 1300; das Schloß Höllrich, eine Dreiflügelanlage mit Ecktürmen und Torhaus aus der zweiten Hälfte des 16. Jahrhunderts, 1724 umgebaut; Altstadt und Stadtbefestigung von Lohr am Main mit dem Kurmainzer Schloß, das heute das Spessartmuseum birgt, dem Mainfischerviertel, der romanischen Pfarrkirche und dem Rathaus aus dem Jahre 1601/02.
Wanderkarte: Topographische Karte 1:25 000 des Landesvermessungsamtes, Blatt 5924.

1747 hat man die Heilquellen des heutigen Staatsbades Brückenau neu entdeckt. Daraufhin haben die Fürstäbte von Fulda, Amand von Buseck und Heinrich von Bibra, der Stadt Brückenau einen Kurort angegliedert. Beiderseits einer Hauptallee, die das Sinntal durchquert, sind bis 1749 Pavillonbauten entstanden. Seit 1818 kam Ludwig I. von Bayern (1786 bis 1868) 26mal hierher und vollendete den Ausbau des Bades zum Königsbad. 1847 verbrachte er in Brückenau zusammen mit Lola Montez den Sommer. Der erste Bau, das Bellevue, schließt die Achse ab, die das Tal vom gegenüberliegenden Fürstenhof aus durchquert. Der Kursaal gab der Anlage einen neuen Mittelpunkt. Die Quellen wurden saniert und neu gefaßt. Um 1900 entstand der neubarocke Prachtbau des Kurhotels. Danach wurden pavillonartige Villen im Jugendstil errichtet.

Die östlich gelegene, ebenfalls im Tal der Sinn sich ausbreitende **Stadt Bad Brückenau** hat ihre Stadtrechte 1310 bekommen. Das mittelalterliche Stadtbild mit den engen Gassen und den turmbewehrten Mauern ist beim großen Stadtbrand im Jahre 1867 weitgehend untergegangen. Vom Stadtbrand verschont wurde der Straßenzug, der ursprünglich »Neustadt« hieß und im Anschluß an die Stadtgründung des 13. Jahrhunderts angelegt worden war. Die Altstadt verläuft im rechten Winkel zur Hauptstraße der eigentlichen Stadt und ist mit Höfen bebaut, deren Wohnhäuser in geschlossener Giebelreihe die Straßenwände bilden. Die Bauten mit den Holzschindelfassaden gehen im Kern auf das 16./17. Jahrhundert zurück. Von der Stadtbefestigung aus dem 13. Jahrhundert hat sich nur ein Teilstück in der Kirchgasse erhalten.

Bad Brückenau hat fünf Quellen erschlossen: die Wernarzer Quelle, ein kochsalzfreier Säuerling mit harntreibender Wirkung, gut für Trinkkuren; die Sinnberger Quelle, ein Wasser mit viel Kohlensäure; die König-Ludwig-I.-Quelle, ein kohlensäurehaltiges Wasser mit hohem Eisen-, Calcium- und Magnesiumgehalt; die Georgiquelle, ein fluoridhaltiges Wasser mit günstiger Wirkung auf die Schleimhäute des Magens und Darmkanals sowie auf Blase und Nieren; die Siebener Quelle, eine schwefel- und eisenhaltige Quelle gegen rheumatische Leiden und Knochengelenkerkrankungen, auch bei Hautleiden angewandt. Drei der Quellen liegen im Bereich des Staatsbades: die Wernarzer Quelle, die Sinnberger Quelle und die König-Ludwig-I.-Quelle.

Der Arzt Melchior Adam Weikardt (1742 bis 1803) war einer der berühmtesten Badeärzte von Brückenau. Seine Brunnenschriften sind weltberühmt geworden, so daß er später Hofkammerarzt der Zarin Katharina II. wurde.

Der Wegverlauf

Wir können unsere Wanderung beim *Rathaus* beginnen. Wir folgen der *Ernst-Putz-Straße,* vorbei am Heimatmuseum, nach Westen. Zwischen dem Waldhang des westlichen Römershager Forstes und dem Sinnufer erreichen wir nach knapp 3 Kilometern die Anlagen des Staatsbades und kommen, vorbei am Kurmittelhaus, in die *H.-von-Bibra-Straße.* Nachdem wir uns im Staatsbad umgesehen haben, gehen wir wieder zum Beginn der Bibra-Straße, zweigen von hier nordwärts in die *Schlüchterner Straße* ab, wandern durch Wald und gelangen über die Badstraße nach *Züntersbach.* Wo diese Straße eine Spitzkehre nach Westen macht, halten wir uns rechts und folgen nordwärts dem Lauf des *Schluppbachs.*

Am Waldbeginn müssen wir von diesem Fahrweg abbiegen. Unser Weiterweg verläuft zunächst parallel zum vorhergehenden, wendet sich dann aber nach Nordosten und stößt auf eine Forststraße, die uns in der bisherigen Richtung aufnimmt. Wir bewegen uns über dem Eichelsgrund am Hang des For-

Die Stadt Bad Brückenau hat (im Gegensatz zum benachbarten Staatsbad Brückenau) eine Altstadt, die ursprünglich Neustadt hieß. Die Wohnhäuser, wie hier mit originell geschmücktem Vorgarten, stehen in geschlossenen Giebelreihen.

stes, der von der Ortschaft *Römershag* mit dem Pflegeheim im ehemaligen Schloß und der Benedictus-Kirche, der ehemaligen Schloßkapelle, den Namen hat. Am Ostende der Schlucht verlassen wir den Wald und gehen zunächst südöstlich am Rand entlang. Wir kommen nach *Volkers* und steigen von hier nordwärts auf den *Klosterberg.*

Die Kreuzwegstationen stammen aus dem Jahre 1754. Die Klosterkirche Hl. Kreuz wurde 1664 bis 1677 gebaut, 1707 erweitert. Das Franziskanerkloster ist eine dreiflügelige Anlage aus den Jahren 1664 und 1668. Im Klosterhof steht eine Zisterne mit einem Kuppeldach aus dem Jahre 1720. Innerhalb der Klostermauern gibt es eine Bildsäule aus dem 16. Jahrhundert. Eine Kreuzigungsgruppe befindet sich vor dem Kloster. Der Weiterweg bringt uns südwärts vom Klosterberg hinun-

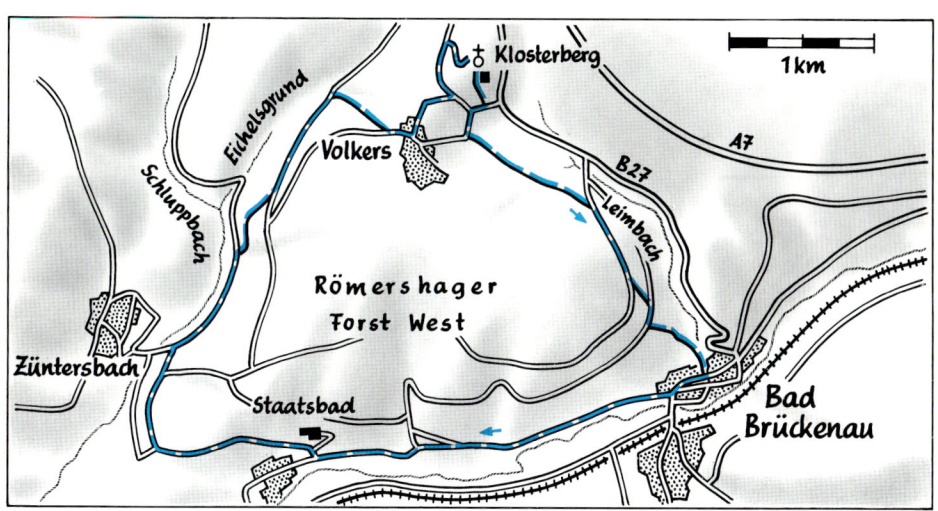

Die Kreuzwegstationen zur Klosterkirche Hl. Kreuz auf dem Volkersberg sind 1754 entstanden. Der baumgesäumte Hangweg bietet eine schöne Aussicht über die Rodungsinsel und auf die umliegenden Wälder.

ter. In Volkers halten wir uns links, parallel zur *Bundesstraße 27.* Wir tauchen in den Wald ein, treffen auf einen *Forstweg,* der von der Bundesstraße und aus dem Leimbachtal kommt, und folgen ihm erst nach Südosten, dann nach Süden bis zu einer *Kreuzung.* Hier schwenken wir links weg, bewegen uns zu einem parallel verlaufenden Forstweg hinunter und kehren über den *Schützenhausweg* nach Bad Brückenau zurück. Die Rupprechtstraße wird überquert. Aus der Kapellenstraße wandern wir in die *Ludwigstraße* und biegen hier rechts zum Ausgangspunkt ab.

Nützliche Informationen

Ausgangsort und Zufahrt: Bad Brückenau ist über die Ausfahrten Wildflecken und Volkers der A7 Würzburg – Fulda zu erreichen, aber auch über die Bundesstraße 27, die das Bad durchquert.

Ausgangspunkt: Parkplätze am westlichen Ortsausgang von Bad Brückenau.

Gehzeiten: 2½ Std.; ½ Std. bis Staatsbad Brückenau, 1 Std. bis Volkers, 1 Std. zurück nach Bad Brückenau.

Unterkunft und Verpflegung: Hotel Dorint, Hotel Fürstenhof, Restaurant zur Mühle, Hotel Ulmann, Landhotel Weißes Roß, Thüringer Hof, Hotel Sonnenhof, Hotel Bellevue, Gasthof zum schwarzen Roß, Gasthof zum Stern.

Einkehr unterwegs: Staatsbad Brückenau, Volkers.

Auskünfte: Kur- und Fremdenverkehrsamt, Rathaus, 8788 Bad Brückenau, Tel. 09741/804 bzw. 3669; Staatliche Kurverwaltung, Elisabethenhof, 8788 Bad Brückenau-Staatsbad, Tel. 09741/8020.

Sehenswürdigkeiten: Die katholische Pfarrkirche aus dem Jahre 1884 (Neurenaissance); Heimatmuseum, geöffnet Dienstag bis Freitag 9.30 bis 11 Uhr, Mittwoch und Sonntag 14 bis 17 Uhr; tausendjährige Königseiche.

Sehenswürdigkeiten der Umgebung: Staatsbad Brückenau: Haus Hirsch, 1747; Fürstenhof, 1775; Bellevue, 1819; Kursaalbau, 1833; Kurhotel aus dem Jahre 1900; Volkers: barocke Kirche mit Gemälden von van Dyck und Mirakelkreuz aus dem 15. Jahrhundert; Römershag: ehemaliges Schloß, jetzt Pflegeheim.

Bei Zeitlofs blühen im Frühjahr die unter Naturschutz stehenden und selten gewordenen Schachbrettblumen.

Wanderkarte: Topographische Karte 1:25000 des Landesvermessungsamtes, Blatt 5624.

6 Schloß Saaleck über Altstadt

Von Hammelburg an der Fränkischen
Saale zum Natur- und Weinlehrpfad

Tourencharakter: Vergleichsweise kurze
Wanderung auf guten Wegen, etwa 110
Höhenmeter überwindend.
Beste Jahreszeit: Das ganze Jahr über, so-
weit es die Witterung zuläßt.
Reine Gehzeit: 2 Stunden.

*An zahlreichen Häusern in Hammelburg, vor
allem in der Bahnhofstraße und in der Dalberg-
straße, wurden im 18. Jahrhundert an den Hausecken Madonnenplastiken angebracht.*

Die Wasser der Sintflut hatten die ganze Erde
bedeckt. Noah, der mit seiner Arche voller
Tiere unterwegs war, hielt Ausschau nach fe-
stem Land. Die Wasser begannen zu fallen,
und eines Tages saß die Arche fest. Als man
aussteigen konnte, sagte Noah: »So, den
Berg hätten wir!« Seitdem heißt der Berg
über dem Saaletal »Sodenberg«. Die Tiere
konnten die Arche verlassen und suchten
sich Weideplätze. Die Ochsen gingen nach
Ochsental, die Hammel nach Hammelburg,
die Wölfe nach Wolfsmünster, die Füchse
nach Fuchsstadt; die Hunde liefen bis
Hundsfeld, die Katzen nach Katzenbach, die
Schweine nach Schweinfurt; die Raubvögel
flogen bis Geiersnest. Und damit war die Gegend mit Tieren bevölkert, und die Orte hatten ihren Namen.

In einer Schenkungsurkunde vom 18. April
716 ist von einem »Hamolo Castellum« die
Rede. »Hamal« heißt »schroff abfallende Anhöhe« und deutet auf den Steilhang des
Hammelberges hin. 777 wurde das Krongut
Hammelburg mit den dazugehörigen Orten
von Karl dem Großen dem Kloster Fulda geschenkt. Weil in dieser Urkunde die ersten
fränkischen Weinberge genannt sind, gilt
Hammelburg als älteste Weinstadt Frankens.
Kein Wunder auch, daß Hammelburg die
drittälteste Winzergenossenschaft Frankens
hat; sie wurde 1904 gegründet.

Zu einer Weltanschauung ist die Flaschenform geworden, in welche die Weine Frankens gefüllt werden: der Bocksbeutel. In einem keltischen Grabfund aus dem Jahre
1400 v. Chr. taucht eine solche Flachkugel-
flasche aus Ton auf. Entsprechende Glasgefä-
ße setzten sich seit dem 15. Jahrhundert für
die Abfüllung von Weinen in Franken durch.
Die heutige Form findet sich in Gefäßen, die
im Weinkeller August des Starken (1670 bis
1733) gefunden wurden. Im Zusammenhang
mit einer Verfügung des Würzburger Stadtra-
tes aus dem Jahr 1728 ist die Flaschenform
das erste Mal in einer Urkunde nachweisbar.
Es geht dabei um die Steuerung von Handels-
mißbräuchen.

Über die Namensherkunft »Bocksbeutel«
ist viel gerätselt worden. Vielleicht hängt der
Name wirklich mit dem »Beutel« (Hoden)
des Bocks zusammen. Es lohnt sich, den
Frankenwein in diesen Flaschen zu erpro-
ben. Man kann die alten Faßgewölbe, den
Rats- oder Winzerkeller, in Hammelburg besuchen oder zum Städtischen Weingut
Schloß Saaleck hinaufsteigen und dabei fränkische Leibspeis' genießen: Schinken im

Brotteig aus dem Holzbackofen, Forellen aus der Thulba, Hausmacherwurst mit Bauernbrot, »Zwiebelplootz« oder »Dätscher«, ein Backwerk aus Schwarzbrotteig.

Weinanbau und Pflege in der Hammelburger Region sind mönchischen Ursprungs. Das Land gehörte dem Kloster Fulda, damals Zentrum des Wissens und der Kunst. Kirchlich war allerdings das Bistum Würzburg verantwortlich. Die Hammelburger Martinskirche wurde bereits 741 von Karlmann dem Bistum Würzburg überlassen. Der Ort hatte wegen seiner Lage an einer Furt der Fränkischen Saale strategische Bedeutung. So entstand über dem Saaleufer ein fränkischer Königshof, und Fulda baute auf den linkssaaligen Höhen die Burg Saaleck. Auf dem nahen Trimberg hatten die Henneberger eine Burg errichtet. 1234 wurde sie von den Würzburgern übernommen, worauf die Fuldaer die Hammelburg befestigten. König Albrecht verlieh 1303 Hammelburg die Stadtrechte. Aus dieser Zeit sind von der Befestigungsanlage noch der Hüterturm, der Mönchsturm und der Baderturm erhalten. Ursprünglich waren es elf Wehrtürme und drei Tortürme, welche die Stadt umschlossen.

Schloß Saaleck auf einem Bergsporn über der Saale, der nach drei Seiten steil abfällt, ist möglicherweise an Stelle einer frühge-schichtlichen Fliehburg im 12. Jahrhundert angelegt und durch Heinrich IV. von Erthal (1249 bis 1261) zur südlichen Grenzbefestigung des Hochstifts Fulda ausgebaut worden. Im Bauernkrieg und im Dreißigjährigen Krieg wurde die Anlage beschädigt. Sie wurde wieder aufgebaut und durch den letzten Fuldaer Fürstbischof Adalbert von Harstall in den Jahren 1792 bis 1797 renoviert. Nach der Säkularisation ist Saaleck bayerische Staatsdomäne geworden und 1851 in Privatbesitz übergegangen. 1964 hat die Stadt Hammelburg das Schloß übernommen. Es dient heute als Gastwirtschaft, Hotel und Weinkellerei, speziell für die am Süd- und Westhang des Schloßberges angebauten Saalecker Weine.

Vom Kloster Altstadt führen eine steile Treppe östlich um die Mauer des Klostergartens, 1733 als Stationenweg angelegt, und westlich des Klosters eine Serpentinenstraße hinauf zur **Burg.** Der Burgturm bietet eine großartige Rundumsicht über Saaletal und Hügelland der Vorrhön. Früher waren im Burghof zwei sagenumwobene Denkmäler aus frühgeschichtlicher Zeit aufgestellt: der *Wärzä-Stä,* ein Stein mit schalenförmiger Aushöhlung, in der das Wasser selbst bei großer Trockenheit nicht verdunstet ist, weshalb ihn der Volksmund »Warzenstein« genannt hat. Ihm wurde besondere Heilkraft nachge-

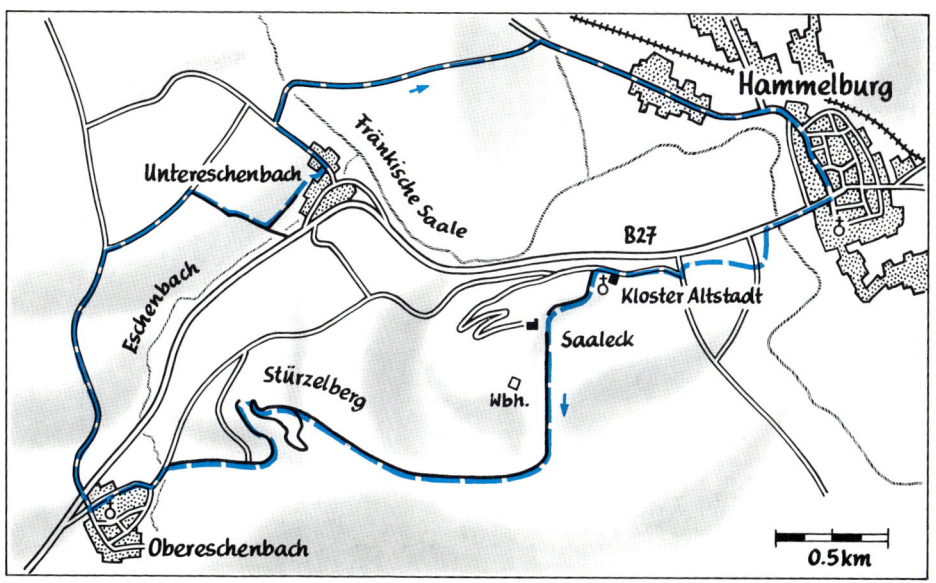

Über Kloster Altstadt thront auf einem Bergsporn Schloß Saaleck, im 12. Jahrhundert anstelle einer frühchristlichen Fliehburg durch den Fuldaer Abt Marquard I. angelegt. Im Dreißigjährigen Krieg wurde die Anlage beschädigt, von 1792 bis 1797 jedoch wieder aufgebaut.

sagt. Wer an Händen oder Füßen unter Warzen oder Geschwüren litt, benetzte die wunden Glieder mit dem Wunderwasser des Schalensteins, und sofort stellte sich ein auffälliger Heilerfolg ein; der zweite ist der *Brätä-Stä,* ein breiter und langer Stein. Beide befinden sich jetzt im Hof des Stadtmuseums in der Herrenmühle.

Bevor wir zur Saaleck hinaufsteigen, lohnt sich eine Umschau im Ortszentrum von **Hammelburg.** Als um die Mitte des 13. Jahrhunderts Hammelburg durch die Äbte von Fulda ausgebaut wurde, hat man zwei alte Siedlungsteile, einen Herrenhof und eine Kaufmannsniederlassung, zusammengeschlossen. In der Mitte der neuen Stadt ist der rechteckige Marktplatz entstanden. Er lag im Schnittpunkt der Fernwege. Zwar ist das mittelalterliche Stadtbild im großen Stadtbrand von 1854 untergegangen, aber der hochmittelalterliche Grundriß des Marktplatzes trägt heute eine Bebauung aus der maximilianischen Zeit. Im Schnittpunkt der hier einmündenden Straßen steht der Renaissancemarktbrunnen. Das Rathaus, ein neugotischer Massivbau mit Treppengiebeln, im Kern aus den Jahren 1526/29, wurde 1855/56 erneuert. Der seitliche Treppenturm und der Ge-

wölbekeller stammen noch aus dem Jahre 1526. In der Kirchgasse steht das ehemalige Schloß, eine barocke Vierflügelanlage, in das Teile der alten fürstäbtlichen Kellerei aus dem Jahre 1573 einbezogen wurden. Die Pfarrkirche St. Johann Baptist ist eine spätgotische Anlage aus den Jahren 1389 bis 1461. Die Anfänge des Chores gehen auf das Jahr 741 zurück.

Der Wegverlauf

Wenn wir am *Viehmarkt* parken, kommen wir südwärts zum Marktplatz und biegen nach Westen in die *Weihertorstraße.* Es ist die Bundesstraße 27. Wir passieren die *Brücke* der Fränkischen Saale, schwenken danach bei erster Gelegenheit *links* ab und wandern parallel zu B 27 und Umgehungsstraße B 287, vorbei an der Bogenschießanlage, zur *Siebenschläferkapelle.* Der Bau stammt aus dem Jahre 1746. Am Schloßberg geht es weiter zum Kloster Altstadt. Hier und daneben auf dem Gelände einer Brauerei ist die Bayerische Musikakademie untergebracht.

Die heutige Franziskanerklosterkirche »Unbefleckte Empfängnis«, eine Wandpfeilerbasilika, wurde in den Jahren 1698 bis

1700 gebaut. Die Klostergebäude sind 1656 bis 1658 entstanden. Wir können von hier aus über die Serpentinen der Saaleckstraße zum Schloß hinaufsteigen, den Kreuzwegstationen mit der Golgothakreuzgruppe folgen oder den steilen Treppenaufgang zwischen Kloster und Akademiegelände benutzen. Oben am *Burgschloß* lädt das Weinrestaurant zur Einkehr und die Weinkellerei zur Weinprobe (auf Anmeldung bei der Städtischen Weinkellerei, Tel. 0 97 32/8 02 26).

In südlicher Richtung halten wir uns zunächst über freies Feld, dann zum Rand eines Wäldchens. Rechter Hand hinter einem *Jugendzeltplatz* steht ein *Wasserbehälter*. Wir sind auf dem Natur- und Weinlehrpfad und achten auf seine Markierungen. Der Pfad wendet sich, die sogenannten Hainweinberge rechts liegenlassend, nach Westen, stößt, nachdem er ein Stück am Waldrand entlanggeführt hat, in den Forst des *Stürzelberges* hinein, erreicht wieder den Rand, biegt nordwestlich oberhalb der Weinlage Schloßberg zur Schutzhütte hinüber und schwingt im Bogen zum Waltertalweg, der uns nach *Obereschenbach* hineinbringt. Wir kommen zur *Klosterstraße*, gehen links zur Eschenbachstraße, schwenken links in den *Heergraben* und überqueren nordwärts die *Bundesstraße 27*. An den Hängen über dem Eschenbach bewegen wir uns nördlich in Richtung Diebach, zweigen aber bei einer Wegkreuzung in Höhe von *Untereschenbach* rechts, nordostwärts, ab und gelangen über den *Schottenweg* nach Untereschenbach. Wir halten uns am Kreuzberg links weiter und in Fortsetzung hinter den Zäunen zur *Sodenbergstraße* über dem Ufer der Fränkischen Saale. Wir verlassen den Ort nach Nordwesten und wandern bei erster Gelegenheit rechts über die *Saalebrücke*. In nordöstlicher Richtung erreichen wir die Saaletalstraße und, rechts abbiegend, *Hammelburg*. Die Bahnhofstraße führt uns, vorbei am Stadtmuseum Herrenmühle und an der Bürgerspitalkirche, zurück zum Marktplatz und zum Viehmarkt.

Nützliche Informationen

Ausgangsort und Zufahrt: Hammelburg liegt an der Einmündung der Bundesstraße 287, dem Zubringer zur Autobahn Würzburg – Fulda, in die Bundesstraße 27, eingebettet in die Landschaft der Südrhön und des Tals der Fränkischen Saale. Im Saaletal und durch Hammelburg verläuft die Bahnverbindung von Bad Kissingen her nach Gemünden am Main.

Ausgangspunkt: Parkplätze am Viehmarkt, an der Turnhouter Straße, am Weihertorplatz und am Bleichrasen vor der Stadt.

Gehzeiten: 2 Std.; ½ Std. zum Schloß Saaleck; ½ Std. nach Obereschenbach, ½ Std. nach Untereschenbach, ½ Std. zurück nach Hammelburg.

Unterkunft und Verpflegung: Gasthof-Hotel Zum Engel, Am Marktplatz; Hotel Bayerischer Hof, Bahnhofstraße.

Einkehr unterwegs: Hotel-Restaurant Schloß Saaleck.

Auskünfte: Tourist-Information Hammelburg, Kirchgasse 4, 8783 Hammelburg, Tel. 0 97 32/8 02-49.

Sehenswürdigkeiten: Ensemble Marktplatz und Bahnhofstraße; drei Wehrtürme der ehemaligen Stadtbefestigung; die ehemalige Herrenmühle, Turnhouter Straße 15, heute Stadtmuseum mit der speziellen Thematik »Brot und Wein«, geöffnet Dienstag bis Donnerstag 10 bis 12 und 14 bis 16 Uhr, Freitag bis Sonntag 14 bis 16 Uhr, Auskunft: Stadtmuseum Hammelburg, Postfach 12 20, 8783 Hammelburg, Tel. 0 97 32/8 02 76. Kellerei; Schloß mit Winzerkeller in der Kirchgasse, hier auch die Pfarrkirche St. Johann Baptist; Klosteranlage von Altstadt mit der Franziskanerklosterkirche; die Kreuzwegstationen zwischen Kloster Altstadt und Schloß Saaleck.

Sehenswürdigkeiten der Umgebung: Schloß Greifenstein in Bonnland (innerhalb des Truppenübungsplatzes); Ruine der Trimburg bei Trimberg; die Schwedenschanze zwischen Feuerthal und Elfershausen; die Kreuzkapelle bei Machtilshausen; die Wehrkirchen in Untereschenbach und Diebach; die Kreuzkapelle am Sodenberg; zahlreiche Bildstöcke in der Umgebung.

Wanderkarten: Topographische Karte 1:25 000 des Landesvermessungsamtes, Blatt 5825; Stadtplan Hammelburg aus dem Städte-Verlag.

7 Zum Heimatblick bei Fladungen

Am nördlichen Zipfel der
bayerischen Rhön

Tourencharakter: Wanderung zu einem
der interessantesten Aussichtspunkte der
bayerischen Rhön.
Beste Jahreszeit: Frühsommer bis Spätherbst.
Reine Gehzeit: 4 Stunden.

Wer das dörfliche Leben in Unterfranken, so
wie es in den vergangenen Jahrhunderten
war, nachvollziehen will, kann sich darüber
im **Fränkischen Freilandmuseum Fladungen**
informieren. Ausgewählte alte Bauernhäuser
und -höfe, die an ihrem Standort von Verfall
oder Abbruch bedroht waren, sind auf dem
Museumsgelände in zwei Gruppen wieder
aufgebaut worden. Entsprechend ihrer ehemaligen Nutzung sind sie mit Mobiliar und
Einrichtungsgegenständen, mit bäuerlichem
und handwerklichem Gerät ausgestattet und
zeigen die Lebens- und Arbeitswelt der Menschen in Unterfranken. In einem fränkischen
Dorf gab es nicht nur Bauernhöfe, sondern
eine Vielzahl gemeindlicher Bauten, die von
den Dorfbewohnern genutzt wurden oder
Ausdruck ihrer dörflichen Gemeinschaft waren: das Gemeindehaus, das Backhaus, das
Brauhaus, die Schäferei, das Armenhaus, ge-
faßte Brunnen und Weiher. Man hat auch
versucht, die alten Funktionen wieder gängig
zu machen. Im Brauhaus wird also z.B. ab
und zu Bier gebraut.

Fladungen kann aber mit einer weiteren
Attraktion aufwarten: Das **Rhönmuseum** hat
eine bedeutende Sammlung Rhöner Volkskunst zusammengetragen und zählt wohl zu
den besten Heimatmuseen im nordbayeri-
schen Raum. Es bietet einen umfassenden

*Fladungen liegt mitten im Naturpark Bayerische
Rhön. Das Ortsbild wird geprägt von der gut
erhaltenen Stadtmauer mit den fünf Wehrtürmen,
von der Stadtpfarrkirche (Bildmitte), dem Rathaus
(rechts daneben) und dem Fränkischen Freilandmuseum (im Vordergrund).*

und aufschlußreichen Einblick in die Kultur und Lebensweise der Bevölkerung dieses Landstriches und zeigt anschaulich die Lebens- und Arbeitswelt vergangener Generationen.

Der bayerische Teil der **Rhön,** der einen wesentlichen Teil Unterfrankens ausmacht, ist Naturpark. Er grenzt im Nordwesten an das Land Hessen und im Nordosten an Thüringen, wo sich die Rhön fortsetzt. In den Landkreisen Bad Kissingen und Rhön-Grabfeld sind 124000 Hektar unter Schutz gestellt. Es ist ein Gebiet, das verhältnismäßig spät besiedelt wurde. Zwar waren Randgebiete seit der Altsteinzeit bewohnt, aber erst zu Beginn der Bronzezeit kamen Menschen auch in den Bereich der Kuppenrhön und der Nordrhön. Die Kelten haben Ringwallanlagen hinterlassen. Die systematische Besiedlung begann mit der fränkischen Landnahme ab 500 n. Chr., verbunden mit der Christianisierung durch den Frankenapostel Kilian. Die Hochrhön wurde erst im Hochmittelalter stärker besiedelt. Das Gebiet ist vulkanischen Ursprungs, und die Basaltsäulen, die wie Pfeifen einer uralten Weltorgel aufragen, die mächtigen Basaltfelsen aus geborstenen Pfosten und Platten gehören zu den besonderen Naturschönheiten dieses Gebirges. Groß sind die Höhenunterschiede, die von 300 bis 900 Meter reichen. Hochwälder wechseln mit Feldfluren, Moore mit Blumenwiesen. Hecken und ausgedehnte Magerrasen sowie Heideflächen zeichnen die Landschaft aus. Besonders eindrucksvoll ist die Landschaft der Hochmoore.

Im nördlichen Zipfel des bayerischen Teils liegt **Fladungen,** 789 erstmals in einer fuldischen Urkunde erwähnt und 1218 mit Marktrechten ausgestattet. Stadtrechte wurden am Weißen Sonntag des Jahres 1335 durch Kaiser Ludwig den Bayern verliehen. Die Stadtbefestigung entstand, und heute noch kann man die gut erhaltene Mauer mit ihren fünf Wehrtürmen bewundern, die das Ortsbild prägen. Das Ackerbürger- und Handwerkerstädtchen hat einen quadratischen Umriß. Der Stadtbach durchzieht den Ort von West nach Ost und hat ursprünglich die Mühlen der Handwerker betrieben. In der Ludwigstraße steht die mittelalterliche

Chorturmkirche St. Kilian. Am Marktplatz sind das ehemalige Zehnthaus und der Marktbrunnen zu sehen.

Auch das nördlich anschließende **Oberfladungen** war befestigt. Im 16. Jahrhundert sind die Mauerzüge rings um den Ort entstanden. Die St.-Josephs-Kirche ist ein Saalbau aus dem Jahre 1694. An der Feldseite der Friedhofsmauer finden sich Kreuzwegstationen aus dem Jahre 1900.

Der Wegverlauf

Von *Fladungen* (Straße nach Leubach) spazieren wir in nordwestlicher Richtung nach Oberfladungen. Hier folgen wir dem Fahrsträßchen nach *Leubach,* wo wir die spätbarocke *St.-Vitus-Kirche* aus dem Jahre 1795 besuchen können. Die Seitenaltäre stammen aus dem Kloster Maria Bildhausen. In der dreigliedrigen Fassade stehen die Heiligen des Frankenlandes: Kilian, Kolonat und Totnan. Unser Weg führt links von der Kirche den Hang hinauf und verläuft durch Ackerfluren. Schließlich mündet er in einen asphaltierten *Fahrweg.* Es geht zunächst rechts weiter und nach der ersten Serpentine geradeaus aufwärts. Der Wanderweg verläßt die asphaltierte Strecke und biegt rechts zum Waldrand. Wo drei befestigte Wege zusammenstoßen, folgen wir dem Schild »*Heimatblick*« bergauf. Oberhalb des Fichtenwaldes beginnen die Rhönwiesen mit Borstgras und Wetterbuchen. Von hier reicht der Blick nach Süden über Fladungen hinweg in das Streutal bis zum Heidelberg.

Wir kommen zum *Plateau des Heimatblicks* am Schwedenwall unterhalb des Rhönkopfes und wandern über Mähwiesen völlig hinauf, wo Gedenkstätte, Schutzhütte und Sitzgruppen zur Rast laden. Die Freifläche hier oben erlaubt einen weiten Blick über das Streutal und hinüber ins Thüringer Land, auf die Vulkankegel der Alten Mark und auf die Diesburg mit dem Turm. Vom Heimatblick bewegen wir uns erst über Wiesen abwärts, dann steil hinunter durch Hangwälder auf das *Hofgut Huflar* zu, also südostwärts. Hier am alten Schloß können wir noch die Ringmauer mit dem Tor bewundern. Der Steinbau des Schlosses stammt aus den Jah-

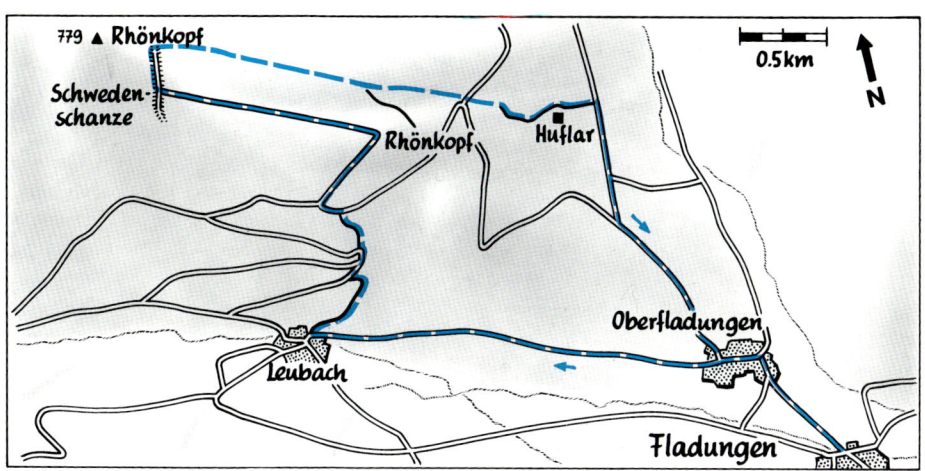

ren 1797 bis 1799, die Mauer aus dem Jahre 1801. Der Gartenpavillon wurde um 1800 gebaut. Von Huflar halten wir uns südwärts hinunter nach Fladungen und zurück zum Ausgangspunkt.

Nützliche Informationen

Ausgangsort und Zufahrt: Fladungen liegt an der Bundesstraße 285, die von Mellrichstadt herkommt und über die einstige Grenze nach Dorndorf in Thüringen führt. Fladungen war Endpunkt einer inzwischen stillgelegten Eisenbahnlinie von Bad Neustadt her.
Ausgangspunkt: Parkmöglichkeit an der Straße nach Leubach.
Gehzeit: 4 Std., von 435 m auf 772 m Höhe (12 km).
Unterkunft und Verpflegung: Café Sonnentau; Rhönstübchen; Gasthof Löwen, der älteste Gasthof im Ort, ursprünglich aus dem 16. Jahrhundert; Gasthof Goldener Adler.
Einkehr unterwegs: Leubach und Sennhütte.
Auskünfte: Stadtverwaltung Fladungen, 8741 Fladungen, Tel. 09778/8024. Am Rathaus von Fladungen befindet sich eine Informationstafel mit einer Übersicht über die freien und belegten Zimmer der Gästevermieter. Touristinformation Rhön, Postfach 1820, Obere Marktstraße 6, 8730 Bad Kissingen, Tel. 0971/801119-22.
Sehenswürdigkeiten: Die Stadtbefestigung von Fladungen aus dem Jahre 1335 mit fünf Wehrtürmen, von denen der Maulaffenturm der bekannteste ist. Der alte Wehrgang ist zum großen Teil wieder freigelegt. Vier der ursprünglich 16 Reitertürmchen sind fertiggestellt; die Fachwerkhäuser aus dem 17. Jahrhundert. An den Hausecken der meisten Häuser sind reich geschnitzte Eckbalken mit Gesichtern und Symbolen zu sehen; die Stadtpfarrkirche, in den Jahren 1656 bis 1659 erbaut und dem heiligen Kilian geweiht, mit prächtiger Rokokoausstattung; das Rathaus mit den Renaissancegiebeln aus dem Jahre 1628. Es diente als Amtssitz und Centgericht, dem 18 Ortschaften angehörten. Hier ist seit 1921 das Rhönmuseum untergebracht. Es bietet Arbeitsgeräte, Möbel, Kleinschnitzkunst sowie Karten zur politischen und kulturellen Entwicklung. Öffnungszeiten: 1. April bis 31. Oktober: 9 bis 11.30 und 13 bis 16.30 Uhr, vom 1. 11. bis 31. 3. nach Voranmeldung, Montag Ruhetag, Tel. 09778/1575; das Gemeindebackhaus: auch heute noch wird hier bei der Mittelmühle Brot gebacken; das Freilandmuseum in Fladungen, Tel. 09778/688 und 673, geöffnet täglich außer montags vom 1. April bis 30. September von 9 bis 18 Uhr, im Oktober von 9 bis 17 Uhr. Ab 1993 gibt es hier auch das Wirtshaus »Zum schwarzen Adler«.
Wanderkarten: Topographische Karte 1:25000 des Landesvermessungsamtes, Blatt 5426; Fritsch Wanderkarte »Naturpark Rhön«, 1:50000, Blatt 68.

8 Zwischen Haßbergen und Hesselbacher Waldland

Von Schloß zu Schloß

Tourencharakter: Unterhaltsamer Spaziergang auf guten Wegen.
Beste Jahreszeit: Das ganze Jahr über, soweit es die Witterungsverhältnisse zulassen.
Reine Gehzeit: 2½ Stunden.

Zehn Gemeindeteile gehören zur Muttergemeinde Markt **Stadtlauringen** im Nordosten des Landkreises Schweinfurt, zwischen den südwestlichen Ausläufern der Haßberge und dem Hesselbacher Waldland im Süden. Der Markt mit seinem Rathaus in fränkischem Fachwerk aus dem Jahre 1563 und der Ortsbefestigung, die in den Jahren 1613 bis 1617 weitgehend erneuert wurde, ist ein Gemeinwesen, das 1484 durch Fürstbischof von Scherenberg das Stadtrecht verliehen bekam, in dem sich um das Ensemble des Marktplatzes bedeutende Fachwerkbauten gruppieren und dessen Ortsteile nicht minder sehenswert sind. Der **Pfarrhof von Altenmünster** gilt als einer der schönsten Frankens. Er war Wirkungsstätte des 1974 seliggesprochenen Priesters Liborius Wagner. In **Oberlauringen** verbrachte der Dichter, Gelehrte und Orientalist Friedrich Rückert zwischen 1792 und 1802 zehn Jahre seines Lebens. Rückert, am 16. Mai 1788 in Schweinfurt geboren, schrieb 1807 seine ersten Gedichte in Seßlach bei Coburg. 1848 ging er in Neuses bei Coburg in den Ruhestand, wo er 1866 verstarb.

In **Birnfeld** steht eine alte Linde, die Stätte des Dorfgerichts und Versammlungsplatz der Gemeinde war, als es noch keine Rathäuser gab. Im seltenen Regencestil prunkt das gestuckte Laub- und Bandwerk an der Ballinghäuser Pfarrkirche. Sehenswert ist auch die Pfarrkirche in **Wetzhausen,** wo das Totenbuch der Truchsesse von Wetzhausen, ein Mausoleum aus 31 Epitaphen, beeindruckt. Hier befindet sich auch das »Lebenszentrum für die Einheit der Christen«. Zu diesem ökumenischen Zentrum gehören das Schloß Craheim und der Franziskushof. Das Wetzhauser Schloß, eine Vierflügelanlage, wurde im 16./17. Jahrhundert im Renaissancestil ausgebaut, während das Schloß Craheim im neubarocken Stil zwischen 1908 und 1910 entstand. Das Oberlauringer Schloß ist ein spätklassizistischer Bau aus der Zeit um 1860. In den Schloßpark führt ein Barocktor. Auch der Ortsteil Birnfeld hat ein Schloß, das 1719 gebaut wurde. Dabei stehen das ehemalige Zehnthaus und ein Brunnenhäuschen. Das Schloßareal mit dem Schloßpark und den Gartenpavillons ist ummauert.

Die waldreiche Mittelgebirgslandschaft mit ihrem hügeligen Vorland ist ein idealer Standort für das gut ausgebaute Fuß- und Radwanderwegenetz. Von Schweinfurt über Stadtlauringen nach Coburg führt der 143 Kilometer lange Rückert-Wanderweg. Die Straße der Fachwerkromantik leitet nach Stadtlauringen, ebenso die Ostroute der Main-Franken-Bierwege. In Fuchsstadt kann man in diesem Zusammenhang das Brauhausmuseum besichtigen.

Der Wegverlauf

Parkmöglichkeiten und Startplatz für die Wanderung bieten sich am *Schulsportplatz in Oberlauringen* zwischen der Straße »An der Hüll« und der Dr.-Burkhard-Straße. Haus Nr. 5 besitzt eine Barockpforte aus dem Jahre 1752, an der die Erinnerungstafel für Friedrich Rückert angebracht ist. Wir verlassen den Ort ostwärts über die *Dr.-Burkhard-Straße,* biegen vor dem Waldbeginn rechts ab, gehen über die *Leinach* und zweigen beim Waldvorsprung gleich links, wieder ostwärts, weg. Wir folgen dem Waldrand, umrunden dabei die Waldinsel des *Rauhen Bühl.* Der Weg schwenkt nach Süden und stößt auf einen Forstweg, der uns links, ostwärts, aufnimmt. Wir durchqueren das Waldstück *»Kammerholz«* bis zu einer Waldbucht. Hier kommen wir südwärts aus dem Wald und wandern auf das *Schloß Craheim* zu, das zwischen Birnfeld und Mailes liegt.

Ein paar Schritte vom Schloß entfernt beginnt *Wetzhausen.* Hier gehen wir an der Kirche vorbei und westlich zum Schloß und zum Schloßweiher. Wir verlassen den Ort in

Vom Wetzhausener Schloß Craheim hat man eine schöne Aussicht auf die Gemeinde Stadtlauringen.

südwestlicher Richtung auf der Fahrstraße nach Sulzdorf. Nach den *Fischweihern* bleiben wir noch ein Stück auf der Fahrstraße, um dann rechts, nördlich, in die *Buschallee* abzubiegen. Sie knickt ab und führt nordwestlich weiter. Bei einer Kreuzung überqueren wir den *Mailesbach* und halten uns im Schimpfengrund in der bisherigen Richtung weiter. Zwischen buschbestandenen Hügeln wendet sich der Weg nach Norden und bringt uns zu einem Teich, der unmittelbar neben der Lauer aufgestaut ist. An der *Ochsenmühle* vorbei kommen wir zurück nach Oberlauringen.

Nützliche Informationen

Ausgangsort und Zufahrt: Die Gemeinde Stadtlauringen liegt nordöstlich von Schweinfurt. Die Entfernung zur Steigerwaldhöhenstraße, Ausfahrt Haßfurt, beträgt 10 km, die Entfernung zur nächsten Bundesstraße bei Schweinfurt 20 km. Knapp 20 km sind es auch bis zur Bundesstraße 19 bei Bad Kissingen.

Ausgangspunkt: Parkmöglichkeiten am Schulsportplatz oder am Friedhof »An der Hüll«.

Gehzeit: 2$^1/_2$ Std.

Unterkunft und Verpflegung: Örtliche Gaststätten; Gaststätte am Ellertshäuser See; Campingplatz am Ellertshäuser See; Jugendzeltplatz.

Auskünfte: Markt Stadtlauringen, Rathaus, 8721 Stadtlauringen, Tel. 09724/2025.

Sehenswürdigkeiten: Fachwerkhaus aus dem Jahre 1563 mit Ensemble um den Marktplatz Stadtlauringens und Ortsbefestigung; ehemalige Amtskellerei und ehemaliges Amtshaus in der Kellereistraße aus dem Jahre 1606;

In Wetzhausen befindet sich das »Lebenszentrum für die Einheit der Christen«. Sitz dieses ökumenischen Zentrums ist das neubarocke Schloß Craheim (1908 bis 1910 erbaut).

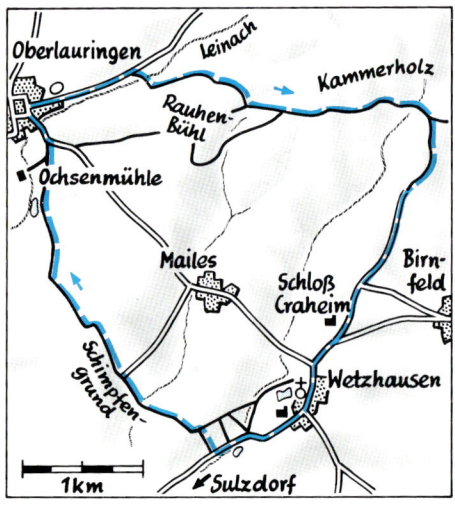

spätgotische Pfarrkirche St. Johannes der Täufer aus der Zeit um 1600; nordöstlich der Kirche die Abschnittsbefestigung »Alte Burg« (Aussichtspunkt).

Sehenswürdigkeiten der Umgebung: In Altenmünster der alte Pfarrhof aus dem Jahre 1670 und der Pilgerhof; in Birnfeld das ehemalige Schloß und die Gerichtslinde; in Oberlauringen die Kirchenburganlage, das Schloß und die Rückert-Pforte; in Wetzhausen die evangelische Kirche mit Epitaphen und das Schloß Craheim; der Ellertshäuser See; das Brauhausmuseum in Fuchsstadt; die Pfarrkirche in Ballinghausen; die Pfarrkirche in Wettringen.

Wanderkarte: Topographische Karte 1:25000 des Landesvermessungsamtes, Blatt 5728 und Blatt 5828.

9 Über den Hermannsberg

Von Sand am Main zur
Limbacher Wallfahrt

Tourencharakter: Verhältnismäßig kurzer, aber interessanter Rundweg.
Beste Jahreszeit: Fast das ganze Jahr über, soweit es die Witterungsverhältnisse zulassen.
Gehzeit: 2 Stunden.

Es war das Jahr 1727, als die Hirtin Katharina Schwalbinger, an einer Augenkrankheit leidend, zur Gottesmutter Maria Limbach pilgerte. Hier sagte ihr eine Stimme, sie solle ihre Augen mit dem Wasser aus dem Graben bei der Kirche waschen. Tatsächlich wurde sie geheilt. Das sprach sich herum. Die Quelle wurde gefaßt, und die Wallfahrt riß nicht mehr ab. Heute noch wird **Maria Limbach** »Fränkisches Gloria« genannt.

Die Kirche ist eines der letzten großen Werke Balthasar Neumanns. Ihr Bau wurde 1751 unter seiner Leitung begonnen und war drei Jahre später vollendet. Den Hochaltar schuf Peter Wagner. In ihm befindet sich das heutige Gnadenbild, eine Darstellung der Maria Himmelskönigin aus dem Jahre 1760. Die Kirche hat aber noch ein anderes älteres Gnadenbild aus der Zeit um 1420. Es steht in einem Schnitzrahmen von Thomas Wagner. Ein erster Bildstock ist schon aus dem Jahre 1023 bezeugt. 1430 hat man die erste Wallfahrtskirche gebaut. Sie liegt zwischen dem Main und dem Hermannsberg.

Der Schilfsandstein hier birgt zahlreiche Fossilien. Im Steinbruch kann man ab und zu die langgestreckten Teile des Stammes einer Pflanze erkennen, die von den Steinbrucharbeitern früherer Zeit als Schilf gedeutet wurden. Daher stammt der Name »Schilfsandstein«.

Nördlich unter dem Hermannsberg liegt die Gemeinde **Sand am Main**. Die Gründung des Ortes geht sicher weit in die Zeit vor dem Jahre 1000 zurück. Durch eine Schenkung an den Dom zu Würzburg ist Sand in die Abhängigkeit von zwei Herren geraten. Die geistlichen Angelegenheiten wurden von Würzburg aus geregelt, die weltlichen vom Hochstift Bamberg. In einer Urkunde aus dem Jahre 1139 ist Sand »Santa« benannt. Althochdeutsch bedeutet »Sant« der Sand. Damals hat das Kloster Michelsberg in Bamberg ein Gut bei Sand bekommen. Die Originalurkunde für die bis heute erste bekannte Erwähnung des Dorfes wurde leider nicht aufgefunden. Eine Abschrift im Kopialbuch des Klosters Michelsberg ist vermutlich die einzige, noch existierende Überlieferung. Erst nach der Säkularisation wurde der Ort dem Königreich Bayern angegliedert. Nach einer Urkunde aus dem Jahre 1231 war Ludwig von Raueneck einer der Grundherren von Sand. In Eltmann, östlich von Sand, war das Zehntgericht untergebracht, in Sand das Helfgericht. Den Zehnt mußten die Bürger von Sand nach Zell ins Schloß Ebersberg liefern. In der Reformationszeit war der Ort 29 Jahre lang evangelisch.

Die heutige Pfarrkirche St. Nikolaus geht auf einen Barockbau aus den Jahren 1727/33 zurück. Das Langhaus entstand 1928. Die frühbarocken Altäre stammen aus Bamberg. Der Hochaltar trägt neben der Figur des Kirchenpatrons die Figur des heiligen Kaiserpaares Heinrich und Kunigunde. Im Jahre 1750 begann in Sand das Korbmacherhandwerk. Zwei Ausgewanderte hatten diese Kunst ins Dorf gebracht und verbreitet. Zuvor verdienten manche Sander ihren Unterhalt durch die Flößerei. Aber der Main wurde im Jahre 1838 umgeleitet, so daß die Korbmacherei zum Haupterwerbszweig der Bevölkerung wurde. Im trockengelegten Mainbett hat man Weiden angepflanzt und jährlich an die Korbmacher versteigert. 1911 wurde die Mainbrücke gebaut. Zur Gemeinde gehören eine Reihe von Altmainfischgewässern, insgesamt ca. 10 Hektar im Naturschutzgebiet Altmain und Sand, Magerrasen bei Limbach sowie ein Baggersee mit rund 40 Hektar Wasserfläche.

Der Wegverlauf

Die Wanderung beginnt am *Parkplatz Altmain*. Wir kommen über die Maingasse und den Kirchplatz, am Waldschlößchen vorbei,

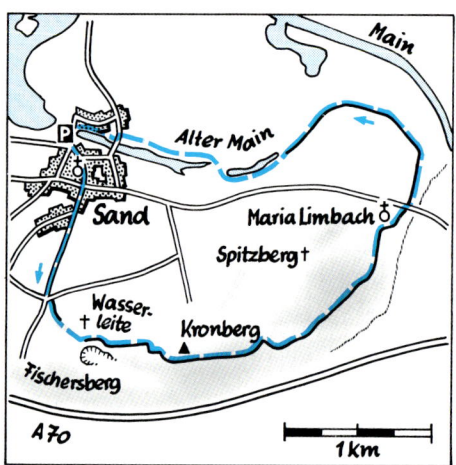

zur *Waldhöhe* und wenden uns aus der südlichen in die östliche Richtung. Zwischen Fischersberg und Wasserleite erreichen wir, die Steinbrüche durchquerend, den 382 Meter hohen *Kronberg*. In den Teichen, die sich in den Steinbrüchen gebildet haben, kann man Amphibien beobachten. Der Aussichtsplatz nördlich des Steinbruchs mit dem Kreuz erlaubt eine Rundumschau, bei klarem Wetter fast über das ganze Maintal bis in die Rhön. Sand am Main liegt ja an der Grenze zwischen dem Steigerwald und den Haßbergen.

Durch die Weinberge geht es ostwärts weiter. Linker Hand steht am Spitzberg das *Wetterkreuz.* Wir erreichen die *Wallfahrtskirche Maria Limbach,* wo die reiche Innenausstattung und das klangvolle Orgelwerk begeistern. Nach der Besichtigung wandern wir nach Norden und gelangen in das Altmaingelände, vorbei am *Baggersee der Firma Blum,* an dem man versteinertes Holz finden kann. Danach stoßen wir an den Nordufern des Altmaingeländes auf die *Amphibienbiotope.* Am Nordufer des Obermains geht es in westlicher Richtung, an der *Kleingartenanlage* vorbei, zum Untermain und an dessen Südufer entlang zurück zum Ausgangspunkt.

Nützliche Informationen

Ausgangsort und Zufahrt: Sand am Main liegt zwischen dem Naturpark Steigerwald und dem Naturpark Haßberge an der Bundesautobahn A 70.
Ausgangspunkt: Parkplatz am Altmain.
Gehzeit: 2 Std.
Unterkunft und Verpflegung: Hotel-Weingut Goger, Gaststätte Theo Schmitt, Sportheimgaststätte, Gasthaus Zur Insel, Gasthaus Zum Storchen, Gaststätte Zum Schiff, Ransch, Pizzeria La Gondola.
Im Laufe des Jahres werden ca. 10 Heckenwirtschaften zu unterschiedlichen Öffnungszeiten betrieben.
Einkehr unterwegs: Waldschlößchen. Maria Limbach wird nicht mehr bewirtschaftet; nur temporärer Ausschank anläßlich von Wallfahrten.
Auskünfte: Gemeindeverwaltung, Rathaus am Kirchplatz, 8729 Sand am Main, Tel. 09524/1636; Touristinformation Steigerwald, 8602 Ebrach, Tel. 09553/217; Haßbergverein e.V., 8729 Königsberg/Bayern.
Sehenswürdigkeiten: Schilfsandsteinbrüche; Wallfahrtskirche Maria Limbach; Korbflechterbetriebe mit Ausstattung in Sand; Naturschutzgebiet Altmain; Gewässerlehrpfad am Obermain.
Wanderkarten: Topographische Karte 1:25000 des Landesvermessungsamtes, Blatt 6029; Fritsch Wanderkarte »Naturpark Steigerwald«, 1:25000; Topographische Karte 1:50000 des Bayerischen Landesvermessungsamtes »Naturpark Haßberge«; Freizeit- und Wanderkarte »Eltmann, Knetzgau, Oberaurach, Rauhenebrach und Sand am Main«, 1:50000.

Die Wallfahrtskirche Mariä Heimsuchung, auch Maria Limbach genannt, ist von 1751 bis 1754 nach Plänen von Balthasar Neumann gebaut worden.

10 Altenstein und Lichtenstein

In den Waldhöhen über der Weisach

> **Tourencharakter:** Etwas lange, anstrengende Wanderung, weitgehend auf guten Wegen und im Wald.
> **Beste Jahreszeit:** Frühsommer bis Spätherbst bei guten Witterungsbedingungen.
> **Reine Gehzeit:** 3 Stunden.

Das Gemeindegebiet von **Maroldsweisach** liegt im Nordosten des Naturparks Haßberge und grenzt im Norden an Thüringen. Im Osten schließt das Coburger Land an. Die überwiegend waldreiche Landschaft in Höhenlagen von 450 Metern kann mit einem frühmittelalterlichen Ringwall, »Alte Burg« genannt, und einem Burgstall ebenfalls in der Waldabteilung »Alte Burg« aufwarten, vor allem aber mit einer ganzen Reihe von Schloßanlagen, ehemaligen Schlössern und Ruinen. Das Schloß in Maroldsweisach selbst ist ein Rokokobau aus der Zeit um 1768.

Eindrucksvoll ist die Schloßanlage in **Birkenfeld,** ein Rokokobau in französisch-klassischen Formen mit festlichen Sälen. 1738 begann Johann David Steingruber mit dem Bau. Auf beiden Seiten des Schloßhofes stehen Hoftrakte mit Eckpavillons. Das Schloßtor hat einen Portallöwen. Im Garten finden sich zwei weitere Pavillons. Außerdem gibt es einen Schloßpark.

In Neurenaissance um 1880 ist die Schloßanlage von **Ditterswind** entstanden, im Kern auf einer Bausubstanz aus dem 16./17. Jahrhundert. Diese Schloßanlage wurde zwischenzeitlich renoviert und dient heute als Pflegeheim für geistig und körperlich Behinderte.

In **Hafenpreppach** steht eine Schloßanlage aus dem 16./17. Jahrhundert, die sich jetzt in Privatbesitz befindet. Das Schloß in **Pfaffendorf** ist heute Dominicus-Savo-Heim.

Der Ortsteil **Altenstein** ist ein Bergdorf, das auf einem 450 Meter hohen Kegel liegt und eine Burgruine mit Baufragmenten aus dem 13. Jahrhundert sowie eine spätgotische Kapellenruine aus dem 15. Jahrhundert besitzt.

Altenstein ist ein Bergdorf. Mitten darin auf einem Hügel die gotischen Mauerreste der Burg und der Kapelle aus dem 13. Jahrhundert.

Sie erhebt sich majestätisch über dem Tal der Weisach. Auf der Burg saß bis ins 18. Jahrhundert ein bedeutendes Würzburger Vasallengeschlecht. Die gewaltigen, 1525 im Bauernkrieg und 1632 im Dreißigjährigen Krieg zerstörten Mauern zerfallen seit dem Ende des 18. Jahrhunderts unwiederbringlich. Der Burgplatz bietet einen Panoramablick über eine abwechslungsreiche Landschaft um Haßberge, Rhön und Thüringer Wald.

Der Wegverlauf

Das Bergdorf *Altenstein* ist Ausgangspunkt unserer Wanderung. Parkplätze bieten sich

neben dem Bad. Nachdem wir die südwestlich gelegene Ruine besichtigt haben, gehen wir ostwärts zum Ortsteil *Ebene,* einer Rodungslichtung am Goßberg. Der Weg führt entlang einer Hangkante. Bei den letzten Häusern biegen wir rechts ab. Auf dem Forstweg geradeaus können wir die mittelalterliche *Wallanlage* erreichen.

Wir kommen zum Waldrand, folgen ihm ein Stück nach Osten und tauchen dann, auch ostwärts, in den Wald ein. Es ist der *Lichtensteiner Wald.* Im Verlauf der Forstwanderung passieren wir eine besonders beeindruckende Felsgruppe, die aus Rhätsandstein besteht und »*Diebskeller*« heißt. Wir sind inzwischen nach Südosten geschwenkt und stoßen auf eine Forststraße aus Nordosten, die uns in unserer bisherigen Wegrichtung aufnimmt. Bald gelangen wir nach *Lichtenstein.* Das Durchwandern der Ruine und

des Felslabyrinths lassen wir uns nicht entgehen. Rechts der Kirche, einem Saalbau mit Dachreiter aus den Jahren 1710 bis 1729, erhob sich die romanische *Nordburg,* die bis ins Jahr 1525, also bis zur Zeit der Bauernkriege, besetzt war. Sie hat einen rechteckigen Bering mit vorgeschobenem Torbau und Kapelle, einen quadratischen Bergfried und Türme, die um 1200 zum Teil aus staufischen Buckelquadern gebaut wurden. Daneben ragt die trutzige *Südburg* auf. Die verschachtelten gotischen Bauten drängen sich um den mächtigen Bergfried aus dem 13. Jahrhundert. Ein vierfaches Tor aus dem 15. Jahrhundert hat die Südseite gesichert. Um 1570 kam ein Wohntrakt dazu, ein Renaissancebau mit Zwinger und Wehrgang. Der gemeinsame trapezförmige Bering ist in Teilen erhalten.

Wir bewegen uns südwärts aus dem Ort,

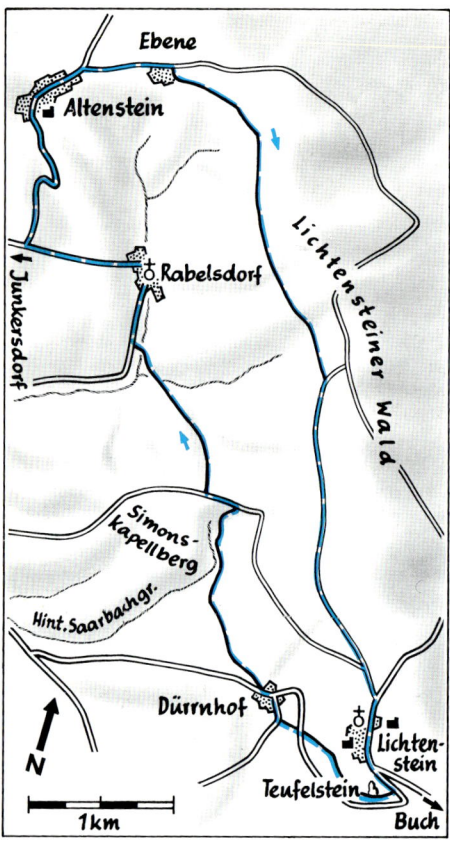

Hier wandern wir im Bereich von Quellen zwischen den Waldhöhen des Lichtensteiner Waldes und dieser Waldinsel in nordwestliche Richtung, passieren danach den Schellenbacher Graben und folgen dem Fahrsträßchen nordwärts nach *Rabelsdorf,* wo die Filialkirche St. Bartholomäus aus dem 17. Jahrhundert steht. Wir bewegen uns nun auf der Fahrstraße nach Westen in Richtung *Junkersdorf,* biegen aber vor dem Dorf rechts, nördlich, ab und gehen in Serpentinen unterhalb des Naturschutzgebietes *Galgenberg* zurück nach Altenstein.

Nützliche Informationen

Ausgangsort und Zufahrt: Altenstein kann über die Bundesstraße 279, Abzweig in Junkersdorf, oder über die Bundesstraße 303 erreicht werden.

Ausgangspunkt: Parkmöglichkeit neben dem Freibad.

Gehzeiten: 3 Std.; Altenstein – Lichtenstein: 1 Std., Lichtenstein – Rabelsdorf – Altenstein: 2 Std.

Unterkunft und Verpflegung: Gasthaus Enser-Hofmann, Gasthof Thüringer Hof; Jugendunterkunft CVJM-Heim in Altenstein.

Einkehr unterwegs: Burggasthof Lichtenstein.

Auskünfte: Fremdenverkehrsverein Altenstein, Leo-Enser-/Wilhelm-von-Stein-Straße 2, 8617 Maroldsweisach, Tel. 095 35/3 91.

Sehenswürdigkeiten im Gemeindebereich: Burgruine Altenstein; Burg Lichtenstein; Alte Burg Altenstein.

Sehenswürdigkeiten der Umgebung: Schloß Birkenfeld; Schloß Ditterswind; das ehemalige Schloß in Ermershausen; Schloß Hafenpreppach; das ehemalige Schloß in Pfaffendorf; Kirchenburg Pfarrweisach, spätgotische dreischiffige Hallenkirche mit Chor aus den Jahren 1516/19 und Turm an der Nordseite aus dem Jahre 1449 sowie Torhaus zum Kirchhof aus dem Jahre 1609; ferner Veste Coburg, Feste Heldburg, Wildpark Tambach.

Wanderkarten: Topographische Karte 1:50 000 des Bayerischen Landesvermessungsamtes »Naturpark Haßberge«; Topographische Karte 1:25 000 des Landesvermessungsamtes, Blatt 5830.

kommen erneut in den Wald und biegen nicht links in Richtung Buch, sondern in die Straße zum *Dürrnhof* ein. In einer Spitzkehre wandern wir zunächst am *Teufelstein* vorbei, dann durch Hohlwege in westlicher und nordwestlicher Richtung, schließlich westwärts hinaus zum *Dürrnhof.* Haus Nr. 11 ist die ehemalige Forstgehilfenwohnung, im Kern ein Vorwerk der Burg Lichtenstein. Von hier folgen wir nicht der Straße nach Kraisdorf, sondern halten uns im Weiler rechts, nordwestlich, durch eine Buschlandschaft. Der Weg knickt etwas in nördliche Richtung ab und läßt uns den Wald erreichen. Wir gehen nordwärts in den Wald hinein und durch das Naturschutzgebiet *Simonskapellberg.*

Im Quellgebiet des Hinteren Saarbachgrabens treffen wir auf ein querverlaufendes Sträßchen, überqueren es und steuern den Rand der vor uns liegenden Waldinsel an.

Auf dem Schloßberg nördlich von Oberwohlsbach kann man die Mauerreste der Lauterburg besichtigen.

11 In den Froschgrund bei Rödental

Schloß Rosenau und Ruine Lauterburg

Tourencharakter: Rundweg zu zwei besonderen Sehenswürdigkeiten.
Beste Jahreszeit: Das ganze Jahr über, soweit es die Witterungsverhältnisse zulassen.
Reine Gehzeit: 3 Stunden.

Nördlich von Coburg, auf die Thüringer Grenze zu, gibt es zwei Talgemeinden. Die östliche davon, **Rödental,** umfaßt 50 Quadratkilometer Fläche. Die Waldhöhen werden vom Tal der Itz, in dem der Froschgrund und der Froschgrundsee zur Grenze leiten, durchbrochen. Die Höhen beiderseits steigen um 120 bis 200 Meter an und tragen im Westen zwei bedeutende Schloß- bzw. Burganlagen. Von der einen hat die Herzogin Luise im Jahre 1817 gesagt: »Das Schloß liegt auf einem Berge und sieht genauso wie die alten Ritterburgen, welche man in Romanen und Rittergeschichten beschreibt, aus...« Das im Kern mittelalterliche **Schloß Rosenau** ist erstmals 1439 in einer Urkunde erwähnt. Der Name kommt von den Herren von Rosenau; das waren Coburger Münzmeister, von denen man schon in der zweiten Hälfte des 13. Jahrhunderts gehört hat und die im 15. Jahrhundert die reichsten Grundherren des Coburger Umlandes waren.

Im 16. Jahrhundert sind die Güter an die Landesherren, das waren damals die Kurfürsten und seit 1547 die Herzöge von Sachsen aus der Ernestinischen Linie des Hauses Wettin, gefallen. Ihnen waren die Herren von Rosenau lehenspflichtig. Ein Sylvester von Rosenau, er lebte von 1528 bis 1564, war mit Luther und Melanchthon bekannt. Die Rosenauer Familie mußte das Lehen im Jahre 1611 an Herzog Johann Casimir von Sachsen-Coburg veräußern. Während des Dreißigjährigen Krieges ging der Besitz noch einmal an einen Herrn von Rosenau. 1704 mußte die Familie das Schloß endgültig abgeben.

Der neue Herr war der aus tirolischem Adel stammende gotha-meiningische Geheimrat Johann Ferdinand Adam Freiherr von Pernau, der als Ornithologe weit über die Grenzen Coburgs hinaus bekannt wurde. 1721 hat Herzog Friedrich II. von Sachsen-Gotha das Schloß gekauft. Nach Erbstreitigkeiten kam Rosenau in den Besitz von Herzog Franz Anton von Sachsen-Coburg-Saalfeld. Erneuert wurde das Schloß aber von Herzog Ernst III., der auch den Landschaftsgarten im englischen Stil anlegen ließ.

Das Schloß, ein Satteldachbau mit vorgesetztem Rundturm, ist neugotisch angelegt. Die Terrassen haben neugotische Brüstungen an der Ostseite und an der Nordseite Spolien und Brunnen. Es gibt noch Teile der Befestigung des spätmittelalterlichen Burgbezirks. Malerisch ist der Park mit dem einstigen Wasserfall, den Teichen und den Parkbänken. Im Park befindet sich eine Turniersäule, ein gemauerter Pfeiler mit Wappenschildern. Die Orangerie ist heute ein Zweigmuseum der Kunstsammlungen der Veste Coburg und das einzige Museum für zeitgenössisches Glas der Bundesrepublik Deutschland. Ausgestellt werden über 400 Objekte aus der ganzen Welt von den fünfziger Jahren bis heute, und zwar Glas des täglichen Gebrauchs sowie Skulpturen und Objekte, daneben ständig wechselnde Exponate. Im Schloßbereich gibt es noch das Parkwächterhaus, ein Kastellanhaus, ein Kavaliershaus und das Parkrestaurant, eine Eremitage. Der Röhrenbrunnen war die ehemalige Pferdetränke.

Neben dem Schloß Rosenau gibt es im Gemeindebereich noch weitere Schlösser, so das **Neue Schloß** in Weißenbrunn vorm Wald aus dem 18. Jahrhundert und nördlich von Oberwohlsbach auf dem Schloßberg die **Ruine Lauterburg.** Sehenswert ist zumindest das Abtshaus des ehemaligen **Benediktinerklosters Mönchröden,** ein geschlossener Baukomplex des ausgehenden Mittelalters, 1526 vollendet. Im Klosterhof steht die 1788 umgebaute, spätgotische evangelische Pfarrkirche und der Kornbau oder Refektorium, ein Satteldachbau aus dem Jahre 1516.

Auch der Ausgangsort unserer Wanderung, **Oeslau,** hat eine spätgotische Kirche, die 1517 eingeweiht worden sein soll. Das Oeslauer Gut ist eine mehrflügelige Anlage mit Wirtschaftsgebäuden und Viehstallungen. Die Bauten stammen im Kern aus dem 16. Jahrhundert und wurden 1639 teilweise zerstört, 1848 durch Brand beschädigt.

Der Wegverlauf

Wir parken in *Oeslau* am Bahnhof, entweder am Bahnhofsplatz oder am Festplatz in der Coburger Straße, ein paar Schritte westlich, und wandern nach Norden über den Lindenplatz in die Schalkauer Straße. Bei erster Gelegenheit passieren wir die Itzbrücke und gehen auf dem Fußweg, der gleichzeitig »Rundwanderweg Naturlehrpfad« ist, zum *Schloß Rosenau,* den Fluß noch dreimal überschreitend. Vom Schloß halten wir uns nach ausgiebiger Besichtigung südwestwärts zum Restaurant und zur Fasanerie und spazieren durch den Park Rosenau nordwärts auf den Schwanenteich zu, den wir umrunden, dann östlich zur Rosenauer Straße hinaus.

In nördlicher Richtung durchqueren wir *Unterwohlsbach* und verlassen über den Schulweg den Ort. Wir kommen auf dem Fußweg parallel zur Itz nach Oberwohlsbach, wandern nordwärts durch den Ort und steigen zum *Schloßberg* hinauf, wo die Ruinen der gesprengten Burg Lauterburg zu se-

Schloß Rosenau in der Gemeinde Rödental stammt im Kern aus dem 16. Jahrhundert. Zwischen 1809 und 1817 wurde es neugotisch ausgebaut. In dieser Zeit ließ der Herzog von Sachsen-Coburg-Saalfeld auch den Landschaftsgarten im englischen Stil anlegen.

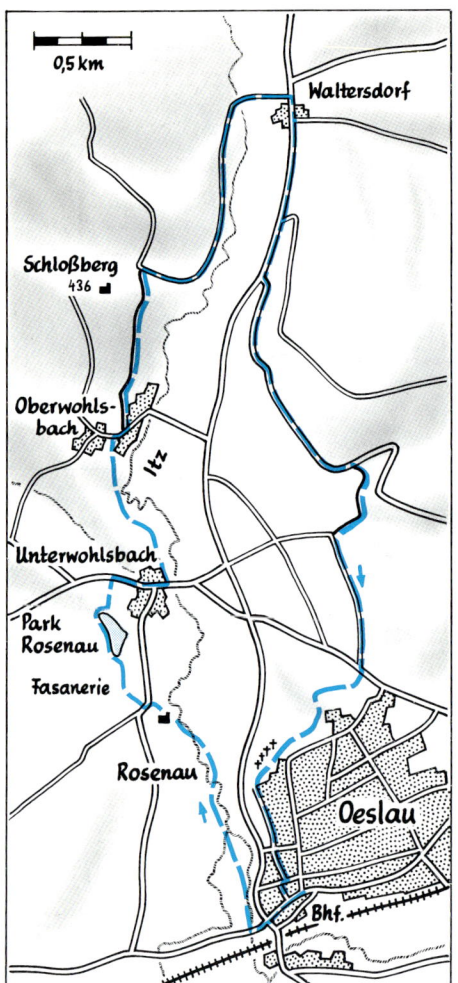

dem Fußweg rechts, südwärts, hinunter zu den *Fischweihern.* Zwischen Waldstücken hindurch kommen wir zu einem Fahrweg, der uns südwärts auf die *Gnaileser Straße* stoßen läßt. Hier gibt es übrigens Parkplätze. Wir überqueren die Straße links versetzt und bewegen uns auf dem Fußweg weiter, steuern rechts auf ein Waldstück zu, halten uns am Ende wieder südwärts aus dem Forst und bleiben am Waldrand. Wir sind auf der Branigleite und gehen am *Friedhof* vorbei. Auf der Straße *»Am Steinbruch«* erreichen wir die *Martin-Luther-Straße,* überqueren sie rechts versetzt, spazieren in der Brunnengasse weiter zur *Oeslauer Straße* und biegen hier rechts ab zum *Lindenplatz* und zum Ausgangspunkt.

Nützliche Informationen

Ausgangsort und Zufahrt: Die Stadt Rödental liegt nördlich von Coburg, am Südhang des Thüringer Waldes und an der Bahnverbindung Coburg – Sonnenberg/Thüringen.
Ausgangspunkt: Parkmöglichkeiten am Bahnhof bzw. am Festplatz.
Gehzeit: 3 Std.
Unterkunft und Verpflegung: Brauerei und Gasthof Grosch in Oeslau, Ruhetag Montag.
Einkehr unterwegs: Parkrestaurant Rosenau, Ruhetag Montag.
Auskünfte: Stadt Rödental, Bürgerplatz 1, 8633 Rödental, Tel. 09563/960.
Sehenswürdigkeiten: Benediktinerkloster Mönchröden aus dem 12. Jahrhundert; restaurierte St.-Johannes-Kirche in Oeslau; Schloß und Park Rosenau, Geburtsstätte des Prinzen Albert von Sachsen-Coburg-Gotha, Gemahl der Königin Victoria von England, die sich hier mehrmals aufhielt. Führungen Dienstag bis Sonntag um 10, 10.45, 11.30, 13.30, 14.15, 15, 15.45 Uhr, ab April auch 16.30 Uhr, Tel. 09563/4747; Museum für modernes Glas in der Orangerie Schloß Rosenau, geöffnet täglich außer Montag, Tel. 09563/1606; Burgruine Lauterburg.
Wanderkarten: Topographische Karte 1:25000 des Landesvermessungsamtes, Blatt 5632 und Blatt 5732; Fritsch Wanderkarte »Oberes Maintal, Coburg – Lichtenfels – Staffelstein«, 1:50000, Blatt 50.

hen sind, ehe wir rechts, ostwärts, bergab einen Forstweg erreichen, der uns ein Stück nach Norden führt. Beim nächsten Abzweig halten wir uns erst ostwärts hinunter zum Itzufer, dann am Waldrand nach Norden, parallel zum Itzlauf, bis wir bei *Waltersdorf* die Itz überqueren und ostwärts in den Ort hineingehen. Im Ort biegen wir nach Süden, steigen nach dem Ortsende in den Wald hinauf und folgen dem Straßenverlauf, bis uns kurz vor Waldende ein Hohlweg nach links aufnimmt. Er zieht am Hang innerhalb des Waldes weiter und schwenkt nach Südosten. Wo er sich nach Osten wendet, wandern wir auf

12 Über der bayerischen Puppenstadt

Exkursion zum Muppberg

Tourencharakter: Kurze, aber interessante Wanderung auf guten Wegen.
Beste Jahreszeit: Das ganze Jahr, soweit es die Witterung zuläßt.
Reine Gehzeit: 2 Stunden.

Über der Talebene von Neustadt bei Coburg erhebt sich beherrschend der föhrenbestandene **Muppberg**. Er ragt wie ein Grenzwächter aus der Muschelkalklandschaft. Es ist ein aus 185 Metern mächtigen Buntsandsteinschichten bestehender Aussichtsberg, von dessen 516 Meter hohem Gipfel sich ein umfassender Blick über die nähere und weitere Umgebung bietet. Das sind die Höhen des Thüringer Waldes, des Frankenwaldes, des Fichtelgebirges und der Frankenalb. Über den Steigerwald und die Haßberge schweift der Blick bis zur Rhön und auf die Gleichberge.

Die Talebene um Neustadt ist eine eingesunkene Scholle, zerfurcht durch die Erosionsarbeit von Witterung und Flüssen, durch geologische Verwerfungen und vulkanische Tätigkeit, beispielsweise der nahen Rhön. So ist aus der einstigen wellenförmigen Hochfläche des fränkischen Vorlandes das heutige Gesicht der Landschaft entstanden. Wie geschliffene Steine auf der Muppbergebene bezeugen, ist über das aus seiner Umgebung herausragende Massiv einst Wasser geflossen. Die auf der Anhöhe lagernden Schichten von Keuper und Muschelkalk wurden weggeschwemmt. Der Muppberg ragte als Insel aus den einstigen Wassermassen hervor und wurde immer höher, je mehr das Wasser abnahm, immer breiter, je mehr die Kraft des Wassers erlahmte und erhebt sich nun etwa 200 Meter über den Flüssen Röden und Steinach.

Zwischen dem Berg und dem Mönchrödener Forst entstand die neue Stadt, 1248 erstmals in Urkunden erwähnt. Sie lag an der Judenstraße, einer alten Handelsstraße im Herzen Deutschlands, die über den Thüringer Wald führte. Stadtrechte bekam Neustadt mit dem Beinamen »Auf der Haide« 1317. Ein Fünftel der Bewohner kam während des Dreißigjährigen Krieges um. Stadtbrände verwüsteten fast sämtliche Häuser in den Jahren 1636 und 1839. Der Wiederaufbau im Jahre 1840 wurde durch eine Verordnung der herzoglichen Landesregierung in Coburg geregelt. Der Marktplatz wurde zu einem nahezu regelmäßigen Rechteck umgestaltet und der Zugang zur Pfarrkirche freigelegt. Auch die umliegenden Straßen wurden auf das Marktplatzzentrum bezogen. So bildet die Kirchgasse jetzt eine Blickschneise zur Pfarrkirche. Die Pfarrkirche erhielt nach Entwürfen von Karl Alexander von Heideloff eine neugotische Gestalt. Die Privatbauten wurden in klassizistisch-biedermeierlicher Form aufgebaut. Von dem Ensemble eingeschlossen ist der Rathausneubau.

Auffallend frühzeitig haben sich die Bürger der Stadt mit dem Schnitzen von Gebrauchsgegenständen beschäftigt. Sie haben hölzerne Krüge und Kannen hergestellt. Anfang des 18. Jahrhunderts begann die professionelle Fertigung von Puppen und Spielwaren. Damit entstand eine Industrie, die heute noch das Gesicht der Stadt prägt.

Das Museum der deutschen Spielzeugindustrie mit der Trachtenpuppensammlung zeigt die Entwicklungsgeschichte der heimischen Spielzeugindustrie von der Holzverarbeitung bis zur modernen Kunststoffverarbeitung. Es werden die weiterverarbeitenden Berufe und Zulieferer vorgestellt. Und eine einzigartige Sondersammlung zeigt etwa 800 Trachtenpuppen aus hundert Ländern und Gebieten. Dazu gibt es ein Kindermuseum mit der Werkstatt des Weihnachtsmannes, Spielzimmer und Tonbildschau sowie jährlich wechselnde Veranstaltungen.

In der Märchenschau in der Eisfelder Straße werden bekannte deutsche Märchen in einem großen Gartengelände gezeigt. Hier gibt es Kinderunterhaltungsgeräte, Autoskooter, Kindereisenbahn, Seilbahn, und es werden Spielwaren aus heimischer Produktion verkauft.

Rund um das Kind wird also in Neustadt viel geboten, was auch das bekannte Kinderfest im Juli beweist, das auf das 15. Jahrhun-

dert zurückgeht. Ein Erlebnis für jung und alt ist das Glasweihnachtsland. Hier gibt es zweimal täglich um 10 und 15 Uhr außer freitags jeweils 15 Minuten lang Glasbläservorführungen. Das Glasweihnachtsland befindet sich in der Dieselstraße 7. Öffnungszeiten: April bis Juli Montag bis Donnerstag 9 bis 12 und 14 bis 17 Uhr, Freitag 9 bis 12 Uhr und September bis Dezember Montag bis Freitag 9 bis 12 und 14 bis 17 Uhr, ab 1. November zusätzlich Samstag 9 bis 13 Uhr. Geboten werden hier unter anderem Weihnachtsschmuck, Volkskunst, Originelles rund um das Weihnachtsfest, Glasgeschenkartikel und Gebrauchsgläser sowie Plüschspielwaren. Fabrikverkauf von Erzeugnissen der Puppenstadt bietet die Lissi-Puppenschau gegenüber dem Puppenmuseum mit Puppen, Plüschtieren, Christbaumschmuck und Füllartikeln.

Der Wegverlauf

Am Marktplatz, in der Augustastraße und in der Sonneberger Straße gibt es Parkmöglichkeiten. Es bietet sich aber an, die Wanderung bei der *Märchenschau* zu beginnen, die von der Eisfelder Straße aus zu erreichen ist. Es geht dann über die Eisfelder Straße nach Süden und von hier in die Coburger Straße. Beim *Alexandrinenplatz* biegen wir links zum Marktplatz, um dieses Ensemble zu betrachten. Danach spazieren wir auf der Heubischer Straße hinaus, welche die Fortsetzung vom Alexandrinenplatz nach Süden bildet, und zweigen rechts in die Eckhardstraße zum *Hindenburgplatz* ab, wo wir das Museum der deutschen Spielzeugindustrie besichtigen. Weiter wandern wir auf der Thüringer Straße wieder zur *Heubischer Straße* und halten uns hier ein paar Schritte links, um rechts in die *Grüntalstraße* abzuzweigen. Wir stoßen auf die Verbindung Schützenplatz/Hermann-Löns-Weg und bewegen uns vom Hermann-Löns-Weg aus nach Osten.

Der aus mächtigen Buntsandsteinschichten bestehende Muppberg ist insgesamt 516 Meter hoch und bietet eine unbegrenzte Rundumsicht auf Thüringer Wald, Frankenwald und Fichtelgebirge. Dicht mit Föhren bestanden sind die Hänge.

Ein breiter Forstweg führt uns steil den Hang des Muppbergs hoch. Wir kommen im Bereich der Rodelbahn, »Grünes Tal« heißt es hier, zum *Hochbehälter*. Eine Kehre leitet nach Norden. Dann verläuft der Weg am Hang wieder nordostwärts, bis uns eine Kehre nach Westen bringt und den *Prinzregententurm* erreichen läßt. Das ist ein Rundturm mit einem Sockelgeschoß in Jugendstilformen und mit vier Steinreliefs Coburger Herzöge versehen. Bernhard Bosecker hat den Turm nach einem Entwurf von Max Derra in den Jahren 1904/05 gebaut.

Westlich vom Turm treffen wir auf die *Arnoldhütte*. Wir sind im Landschaftsschutzgebiet Muppberg und gehen nordwärts weiter. Der Weg schwingt bald nach Nordosten und zieht in Kehren hinunter. Bei der dritten Kehre halten wir uns rechts, nordöstlich, in einen Waldweg, der sich nach Südosten und schließlich nach Süden wendet. Wir haben die *Sprungschanze* passiert. Nochmals wandern wir in Schwüngen südostwärts und südwärts, bis der Weg nach Westen biegt. Bei der nächsten Kreuzung zweigen wir im spitzen Winkel nach Südosten ab, steigen steil hinunter zum Waldrand und bewegen uns außerhalb des Waldes auf der Fahrstraße links, vorbei an der *Bergmühle*. Wir gelangen nach *Ebersdorf* und durchqueren den Ort, wobei wir aus der Oberländer Straße links in die Ebersdorfer Straße schwenken. Am Ortsende erreichen wir wieder den Waldrand und folgen diesem, vorbei an den Sportplätzen, bis zur Sonneberger Straße, wo wir links in südwestlicher Richtung zum *Alexandrinenplatz* gehen und von hier rechts über die Coburger und die Eisfelder Straße zurück zum Ausgangspunkt.

Nützliche Informationen

Ausgangsort und Zufahrt: Neustadt bei Coburg liegt 15 km nordöstlich von Coburg, direkt an der Landkreisgrenze und an der Grenze zu Thüringen. Neustadt hat einen Bahnhof. Es gibt aber auch Busverbindungen nach Coburg und Sonneberg.
Ausgangspunkt: Parkplätze bei der Märchenschau in der Eisfelder Straße, weitere in der Heubischer Straße und in der Mühlenstraße.

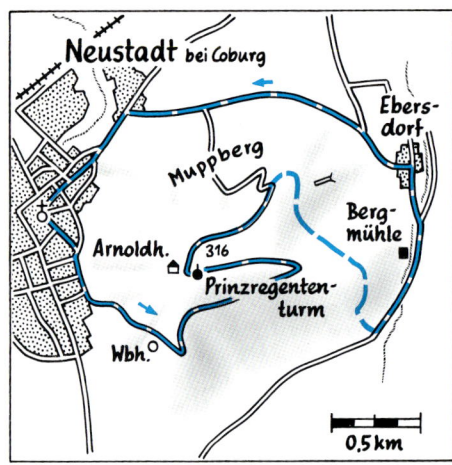

Durch den Banzer Wald

Staffelstein – Kloster Banz – Altenbanz

> **Tourencharakter:** Ein Rundweg voller Sehenswürdigkeiten.
> **Beste Jahreszeit:** Das ganze Jahr über; wenn es die Schneeverhältnisse zulassen, auch im Winter.
> **Reine Gehzeit:** 3 Stunden.

»Zum heil'gen Veit von Staffelstein komm'
ich emporgestiegen
und seh die Lande um den Main zu meinen
Füßen liegen.
Von Bamberg bis zum Grabfeldgau
umrahmen Berg und Hügel die breite, strom-
durchglänzte Au.
Ich wollt', mir wüchsen Flügel.«

Victor von Scheffel hat dieses Gedicht 1859 geschrieben. Valentin Eduard Becker hat es 1870 vertont. Verse und Lied sind einer Landschaft gewidmet, die an Schönheiten, großer Vergangenheit, kulturellen Höhepunkten ihresgleichen sucht. Vielleicht war es der Blick vom Staffelberg, auf dem die alt-ehrwürdige Wallfahrtskapelle der heiligen Adelgundis steht und in dessen Gipfelnähe eine keltische Opidum gefunden wurde, der Scheffel anregte, das »Lied der Franken« zu dichten.

Eindrucksvoll liegt das Maintal zu Füßen **Staffelsteins,** in dessen Mauern Adam Riese geboren wurde – der sein Leben allerdings im erzgebirgischen Annaberg verbrachte und dort auch starb. Heute ist es Kur- und Badestadt, weil man 1975 in 1600 Metern Tiefe eine eisen- und kohlensäurehaltige Thermalsole erbohrt hat, mit 51 Grad Celsius die heißeste Bayerns. Jenseits des Mains liegt im Norden der Banzer Wald, an dessen Südrand eines der Hauptwerke des europäischen Barock, das Kloster Banz, zu finden ist. Der Ort an der alten Handelsstraße von Bamberg nach Mitteldeutschland war ein bereits im 12. Jahrhundert als bedeutend genannter Marktplatz. Die Stadtmauern aus dem 15. und 16. Jahrhundert begrenzen die Altstadt,

Gehzeiten: 2 Std.; 1 Std. auf den Muppberg, 1 Std. zurück.
Unterkunft und Verpflegung: Alte Post, Coburger Tor, Dimitra, Eckstein, Zur Linde, Jägersruh.
Einkehr unterwegs: Arnoldhütte auf dem Muppberg; Grüntal, Hermann-Löns-Weg; Bermühle, Ebersdorfer Straße; Thüringer Stuben, Schützenplatz.
Auskünfte: Fremdenverkehrsamt, Rathaus, Georg-Langbein-Straße 1, 8632 Neustadt bei Coburg, Tel. 09568/81132 und 81133. Öffnungszeiten: Montag 8 bis 12 und 16 bis 17 Uhr, Dienstag bis Freitag 8 bis 12 und 14 bis 16 Uhr.
Sehenswürdigkeiten im Gemeindebereich: Museum der deutschen Spielzeugindustrie mit Trachtenpuppensammlung, Hindenburgplatz 1, geöffnet täglich von 10 bis 17 Uhr, Tel. 09568/5600; Märchenpark, Eisfelder Straße 34, geöffnet von Mitte März bis Oktober täglich von 10 bis 18 Uhr, Tel. 09568/7218; Lissi-Puppenschau; Aussichtsturm auf dem Muppberg; Waldfriedensee.
Sehenswürdigkeiten der Umgebung: Veste Coburg, Veste Kronach, Deutsches Spielzeugmuseum Sonneberg, Schloß Rosenau im Rödental, Thermalbad Rodach.
Wanderkarten: Topographische Karte 1:25000 des Landesvermessungsamtes, Blatt 5632; Fritsch Wanderkarte »Oberes Maintal, Coburg – Lichtenfels – Staffelstein«, 1:50000, Blatt 50.

Vom Staffelberg oder Staffelstein, den Victor von Scheffel durch sein Gedicht unsterblich gemacht hat, bietet sich eine großartige Aussicht auf das Maintal.

in deren Marktmitte das dreigeschossige Rathaus aus dem Jahre 1685 steht. Eindrucksvoll auch die Stadtpfarrkirche aus dem 14. Jahrhundert, die zusammen mit Rathaus und Bamberger Torturm die Silhouette von Staffelstein prägt. Das nahegelegene **Kloster Banz** wird mit Staffelstein und der benachbarten Basilika Vierzehnheiligen das »Fränkische Dreigestirn« genannt.

Einst stand auf dem Banzberg eine Burg, eine Grenzfeste, deren Herrscher die Markgrafen von Schweinfurt waren. Sie sind schon in der ersten Hälfte des 10. Jahrhunderts in Urkunden bezeugt. König Heinrich hat die Burg befestigen lassen. Der neuntürmige Bau war eine Bastion gegen die einfallenden Ungarn. Gräfin Alberada und Markgraf Hermann von Vohburg haben dann 1069 die Burg den Benediktinern gestiftet. Es sollte ein Kloster entstehen, das den Heiligen Petrus und Dionysus geweiht wurde. Anfang des 12. Jahrhunderts versiegte in den Wirren des Investiturstreits das klösterliche Leben in Banz, bis Bischof Otto I. von Bamberg die Erneuerung vorantrieb. Mitra und Stab trugen die Banzer Äbte seit 1241. 1250 bereits erhielt der Konvent Zollfreiheit. Die erste Banzer Chronik entstand aus der Feder Abt Heinrichs. Ein Schadenfeuer äscherte das Kloster 1505 ein. Bauernkrieg und Reformation brachten schier unlösbare Probleme. Die nächsten Existenzsorgen gab es im Dreißigjährigen Krieg. Als die Schweden abzogen, war das Kloster verwüstet.

Ein neuer Aufstieg kam mit Abt Otto de la Bourde: 1698 wird die Anlage aufgebaut, und unter Leitung des oberbayerischen Baumeisters Leonhard Dientzenhofer entsteht eine Symphonie in Barock. Sein Bruder Johann setzt das Werk fort. 1719 wird die Klosterkirche geweiht. 1772 entstehen unter den Staffelsteiner Architekten Thomas Nißler und Sebastian Weber und unter Mitwirkung des Barockbaumeisters Balthasar Neumann Toranlage und Wirtschaftsgebäude. Gewaltig ist die künstlerische Innenausstattung. Die Gebrüder Vogel schaffen den prachtvollen Stuck. Barockmaler Sebastian Reinhard ist Schöpfer zahlreicher Deckengemälde. Schönstes Beispiel ist der Kaisersaal. Über die Grenzen des Reiches hinaus bekannt ist die Banzer Klosterschule, vielbeachtet die Zeitschrift von Banz, und zu der berühmten Bibliothek mit über 15 000 Bänden gehören eine umfangreiche Gemäldesammlung, ein Naturalien- und ein Physikalienkabinett. Künstlerisch und wissenschaftlich begabte Mönche ziehen katholische und protestantische Forscher nach Banz. Der aufklärerische Zeitgeist spaltet den Konvent. Die Säkularisation kommt. 1802 wird das bayerische Wappen am Klostertor angeschlagen, 1803 die Abtei durch den Reichsdeputationsausschuß aufgehoben. Sammlungen und Kunstschätze samt der Bibliothek werden in alle Winde zerstreut, Teile der Gruft zum Kuhstall degradiert, Teile der Torflügel eingerissen. Ungenutzte Gebäude beginnen zu zerfallen.

1814 kauft Herzog Wilhelm von Bayern Banz auf und errichtet hier seine Sommerresidenz. Die Benediktinerabtei wird Wittelsbachisches Schloß. Die Gebäude werden renoviert, die Bildungstradition fortgesetzt. Heute noch kann man eine seiner zahlreichen Sammlungen besichtigen: die umfangreiche Petrefaktenausstellung. Herzog Max ergänzt sie durch eine Ägyptensammlung. Berühmte Gelehrte und Künstler halten sich in Banz auf, auch Victor von Scheffel.

Nach dem Ersten Weltkrieg verpachten die Wittelsbacher den Besitz zunächst an die Trappisten. 1933 erwirbt der Missionsorden der Gemeinschaft von den Heiligen Engeln das Kloster. Als nach dem Zweiten Weltkrieg Bausanierungsmaßnahmen anstehen, übersteigen die Kosten die Finanzkraft des Ordens. Die Hanns-Seidel-Stiftung zieht in das Kloster ein und errichtet eine Begegnungs- und Bildungsstätte für Erwachsene.

Der Wegverlauf

Am Nordwestrand von *Staffelstein* liegt vor dem Ufer des Mains eine Seengruppe, die aus Baggerseen entstanden ist: der Ostsee, der Mittelsee, der Westsee, der Schlammsee und der Angerlosesee. Mitten darin Oberau. Östlich davon, beim *Rothof,* gibt es eine Mainbrücke, die nach Unnersdorf leitet. Wir wandern auf der Straße durch den Ort nach Norden. Unser Weg schwenkt vor dem Abzweig zum Forsthaus Banz nach Osten und

Nach Plänen von Leonhard Dientzenhofer und Balthasar Neumann entstand Kloster Banz ab 1698 in drei Bauphasen nach dem Dreißigjährigen Krieg zu einer der prächtigsten Klosteranlagen in Franken.

läßt uns *Neubanz* erreichen. Wir gehen durch den Ort und kommen zum *Kloster Banz*. Nun halten wir uns nordwestlich zum Waldrand, folgen dem *Ringwall* aus dem frühen Mittelalter und tauchen, immer noch in nordwestlicher Richtung, in den Wald ein. Wir gelangen zur Kreuzung bei der »*Roten Marter*«, wo wir links, westwärts, abbiegen.

Der Weg schwingt sich im Rechts- und im Linksbogen durch den Banzer Wald und verläuft weiter nach Nordwesten. Beim »*Steinernen Kreuz*« verlassen wir den Forst und stoßen nordwärts auf die ersten Häuser von *Altenbanz*. Hier können wir die *Pfarrkirche St. Laurentius* besichtigen. Das ehemalige Schulhaus stammt aus dem Jahre 1766. Beim Gasthaus »*Zur Traube*« findet sich ein Sandsteinbrunnen aus dem mittleren 18. Jahrhundert. Unweit steht eine ehemalige Zehntscheune aus dem Jahre 1725.

Der Weiterweg führt uns zunächst zurück zum Wald. Wir gehen aber nicht beim Steinernen Kreuz in den Forst hinein, sondern bleiben vorerst in südlicher Richtung am Waldrand, bis der Weg dann doch zwischen die Bäume leitet. Bevor es steiler wird, zweigen wir rechts in den Pfad ab, der uns südwestwärts, parallel zum Außenrand des Waldes und am Vogelherd vorbei, zum *Burgstall am Steglitz* bringt. In Richtung Stadel kommen wir aus dem Wald. Hier gibt es eine Reihe von *Hügelgräbern*. Wir wandern aber nicht in den Ort hinein, sondern schwenken in Waldrandnähe direkt nach Süden. Halblinks geht es in eine Waldbucht und hier bei den »*Drei Reuteln*«, einem Naturdenkmal, nach Süden. Wir bewegen uns durch das »*Schafholz*« und treffen östlich des Neuhofs bei einer *Kapelle* auf eine querverlaufende Straße, der wir ein paar Schritte links folgen, um dann rechts nach *Nedensdorf* abzubiegen. Am Mainufer gehen wir links in eine Straße, die parallel zum Main verläuft und zurück nach *Unnersdorf* führt.

Nützliche Informationen

Ausgangsort und Zufahrt: An Staffelstein führt die Bundesstraße 173 vorbei. Im Maintal verläuft auch die Bahnlinie, die die Stadt

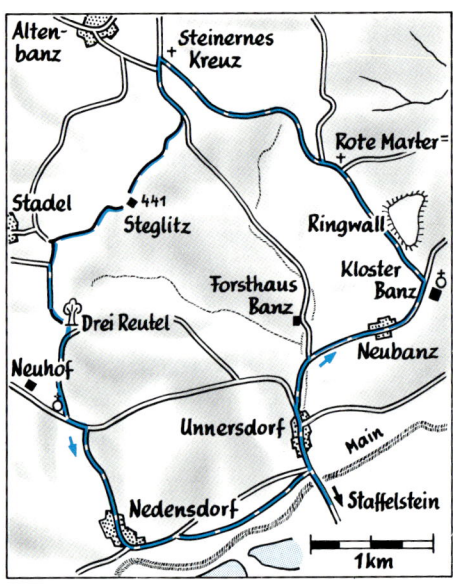

14 Zwischen Burg und Klöstern

Lichtenfels und Vierzehnheiligen

Tourencharakter: Etwas lange und anstrengende Wanderung, die, bedingt durch die Sehenswürdigkeiten in der Stadt und am Wege, viel Zeit erfordert.
Beste Jahreszeit: Das ganze Jahr über, soweit es die Witterungsverhältnisse zulassen.
Reine Gehzeit: 4½ Stunden.

Es gibt Altäre, Kapellen und Kirchen, die den 14 Nothelfern geweiht sind. Kaum jemand kennt ihre Namen. Es sind Christophorus, Georg, Erasmus, Blasius, Dionysius, Cyriakus, Pantaleon, Achatius, Eustachius, Vitus, Ägidius, die heilige Barbara, die heilige Margaretha und die heilige Katharina. Die Verehrung, zumindest in Deutschland, ging von der Dominikanerkirche in Regensburg aus und hat wohl um 1320 begonnen. In Bamberg erscheinen die Nothelfer 1441 in der Karmelitenkirche.

Die großartigste und imposanteste Wallfahrtskirche, die den 14 Heiligen geweiht ist, steht südlich von Lichtenfels. Die Entstehung des Wallfahrtsortes ist im ersten Wallfahrtsbuch aus dem Jahre 1519 festgehalten. Demnach hütete der Schäfer Hermann Leicht im Sommer 1445 auf einem Acker eines Frankenthaler Hofes die Schafe. Da sah er ein kleines Kind weinend vor sich auf dem Boden sitzen. Er wollte es trösten, aber es war plötzlich verschwunden. Wenige Tage später wiederholte sich die Erscheinung. Diesmal standen neben dem Kind zwei brennende Kerzen. Und als der Schäfer zum dritten Mal die Vision hatte, sah er das Kind mit einem roten Kreuz auf der Brust, umgeben von 14 anderen Kindern. Als er die Kinder ansprach, antworteten sie: »Wir sind die 14 Nothelfer und wollen eine Kapelle haben.« Als kurz darauf eine todkranke Frau nach Anrufung der 14 Nothelfer gesund wurde, wurde mit dem Bau der ersten Kapelle begonnen.

Zwanzig Jahre später, 1466, entstand neben der Kapelle eine Propstei. Im Bauern-

mit der nahen Kreisstadt Lichtenfels verbindet.
Ausgangspunkt: Parkplätze in Unnersdorf.
Gehzeiten: Nach Kloster Banz ½ Std., nach Altenbanz 1 Std. und zurück 1½ Std.
Unterkunft und Verpflegung: Hotel-Gasthaus Grüner Baum, Gasthaus Drei Kronen, Hotel-Restaurant Rödiger.
Einkehr unterwegs: Altenbanz.
Auskünfte: Stadt Staffelstein, Verkehrsamt, Marktplatz 1, 8623 Staffelstein, Tel. 09573/410, Fax 09573/4113.
Sehenswürdigkeiten: Reste der Stadtbefestigung von Staffelstein; Rathaus am Marktplatz aus dem Jahre 1685 bis 1687 auf spätmittelalterlichem Erdgeschoß; das ehemalige Amtshaus des Bamberger Domkapitels in der Lichtenfelser Straße; die Stadtpfarrkirche St. Kilian und Georg, ein Bau aus dem 14. Jahrhundert auf älterer Bausubstanz; das ehemalige Spital in der Bamberger Straße und hier auch der Bamberger Torturm, ein fünfgeschossiger Sandsteinquaderbau aus dem 16. Jahrhundert.
Sehenswürdigkeiten der Umgebung: Kloster Banz; Basilika Vierzehnheiligen.
Wanderkarte: Topographische Karte 1:25000 des Landesvermessungsamtes, Blatt 5831 und Blatt 5832.

krieg wurde die Kapelle zerstört, 1543 wieder aufgebaut. Diese Kapelle gab es bis ins 18. Jahrhundert. Weil die Pilgerzahlen stark angestiegen waren, entsprach das Kirchlein längst nicht mehr den Anforderungen. Abt Stephan Mösinger von Langheim hat deshalb den Neubau der heutigen barocken Vierzehnheiligenkirche angeregt. Johann Dientzenhofer und später Balthasar Neumann wirkten am Bau mit. Die Achse der **Wallfahrtskirche Vierzehnheiligen** ist auf das nahe Kloster Banz ausgerichtet, und beide gemeinsam ergeben ein Bild, das zur Bezeichnung »Gottes Garten am Obermain« geführt hat. Vierzehnheiligen bei Lichtenfels ist eine der bedeutendsten Wallfahrtskirchen Deutschlands. Seit 1839 liegt die Wallfahrtsseelsorge in den Händen der Franziskaner.

So eindrucksvoll die Wallfahrtskirche Vierzehnheiligen ist, die nahe Kreisstadt **Lichtenfels** steht, was Zahl und Bedeutung der Sehenswürdigkeiten betrifft, dem nicht nach. Sie entstand wohl im Zusammenhang mit der Burg über dem Main, die 1142 an das Hochstift Bamberg ging und an das Geschlecht der Andechs-Meranier. Die Burgherren haben die Stadt darunter planmäßig angelegt, und der Name stammt vom kahlen (»lichten«) Fels hier am Burgberg. Lichtenfels bekam schon 1206 Marktrecht und 1231 Stadtrecht. Den ersten Palisadenbefestigungen des 13. Jahrhunderts folgte der feste Mauerring im 14. Jahrhundert mit drei Toren. Erhalten ist das 1353 erstmals erwähnte Obere Tor und der 1403 erwähnte Bamberger Torturm. Aber auch Teile der Stadtmauer und einige Reste des alten Stadtgrabens sind zu sehen. Das Schloß südöstlich des Marktplatzes wurde 1555 von den Herren von Sternberg neu aufgebaut. Dientzenhofer, der Architekt der Wallfahrtskirche Vierzehnheiligen, hat auch das Rathaus am Marktplatz geschaffen und den Fabiansbrunnen.

Zu den besonderen Sehenswürdigkeiten im Stadtkern gehören die Spitalkirche zur Schmerzhaften Muttergottes aus dem 14. Jahrhundert, eine ehemalige Chorturmkirche, das ehemalige Kommunbrauhaus, die ehemalige Fronfeste in der Coburger Straße von Ferdinand Freiherr von Hohenhausen, die Stadtpfarrkirche Mariä Himmelfahrt aus

Um den Pilgerstrom zu den 14 Nothelfern angemessen aufnehmen zu können, entwarf Balthasar Neumann 1742 eine kreuzförmige, dreischiffige Basilika mit einer Doppelturmfassade und eingezogenem Chor. Die Bauzeit betrug rund zwanzig Jahre.

dem 15. Jahrhundert, die Kapelle St. Jakob am Kapellenberg, der ehemalige Kastenhof am Marktplatz aus dem Jahre 1608, das ehemalige Haus am Mühlgraben, der Obere Torturm am Marktplatz, der Rote Turm in der Stadtknechtgasse und der alte Kalvarienberg in der Walhei.

Der Wegverlauf

Wir können am *Bergschloß* parken. Von hier gehen wir westlich den Burgberg hinunter auf die *Bamberger Straße* zu, die parallel zur Bahnlinie verläuft, und folgen ihr südwestlich, bis wir links in die *Alte Bamberger Straße* einbiegen können. Sie führt uns unter der Bundesstraße 173 hindurch zum Siedlerplatz (das ist ein einzeln stehendes Haus) und über die Allee nach Süden auf den Wald zu. Un-

Im Innern der Wallfahrtskirche Vierzehnheiligen dominiert nicht der Chor, sondern der ins Schiff gezogene Gnadenaltar. Er ist ein Werk J. M. Feichtmayrs von 1767/68 und steht an der Stelle, wo einem Hirten Christus und die 14 Nothelfer zuerst erschienen waren.

ser Weg knickt leicht nach links ab. Wir kommen über den *Stegebach* und bewegen uns, parallel zum Bach, erst am Waldrand entlang, dann in den Wald hinein und erreichen nach Durchquerung des Forstes *Vierzehnheiligen*. Hier können wir einkehren und uns vor allen Dingen im Klosterbereich und in der Wallfahrtskirche umschauen, ehe wir nach Osten weiterwandern.

Am Ende der Lichtung durchschreiten wir wieder ein Waldstück. Schließlich halten wir uns links, nordöstlich, am Waldrand entlang.

Unter dem Hohen Rangen tauchen wir erneut in den Forst ein. Der Weg schwenkt rechts, ostwärts, ab und leitet zu einem querverlaufenden Weg am jenseitigen Waldrand. Hier gehen wir ein paar Schritte nach links, um dann unter dem bewaldeten Prügelberg dem *Kloster Langheim* zuzusteuern. Hier steht die Filialkirche St. Maria, Petrus und Bernhard, die ehemalige Friedhofskirche, die um 1626 errichtet wurde. Hier finden wir auch die ehemaligen Klostergebäude, das ehemalige Untere Tor, den Ökonomiehof,

Vierzehnheiligen ist eine der großartigsten Schöpfungen Balthasar Neumanns. Das Propsteigebäude aus dem Jahre 1746 ordnet sich der dominierenden Kirche unter und vervollständigt zusammen mit Gasthäusern und Kiosken das Bild der barocken Wallfahrt.

die Wagenremise, das Konventhaus, die Ochsenmühle, das Bräuhaus. Es lohnt sich also ein Rundgang, ehe wir im Tal des Leuchsenbaches auf dem Fuß- und Radweg rechts der Kreisstraße nordwärts nach *Mistelfeld*

wandern, wo uns die St.-Andreas-Kirche aus dem Jahre 1319 auffällt.

Wir durchqueren den Ort, haben also einen Abstecher von der Fahrstraße gemacht, und kommen unter dem Heidelsberg wieder

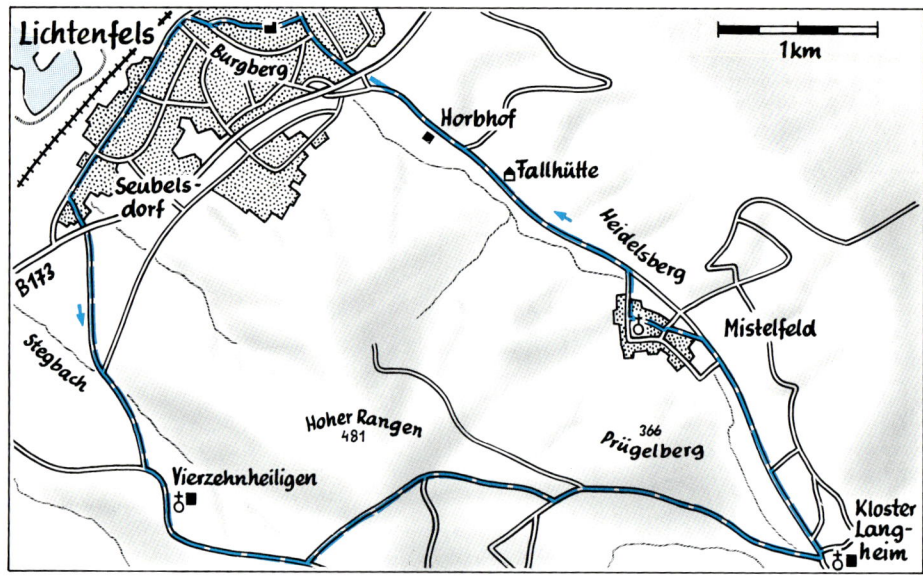

auf die *Fahrstraße*. In nordwestlicher Richtung passieren wir die *Fallhütte* und den *Horbhof* und gelangen nach Unterquerung der Bundesstraße 173 über die Langheimer Straße/Adolf-Kolping-Straße zurück zum *Bergschloß*.

Nützliche Informationen

Ausgangsort und Zufahrt: Lichtenfels liegt an der Bundesstraße 173 und an der Bahnlinie Berlin – Nürnberg – München, am Rande des Naturparks Fränkische Schweiz und im Tal des Main.
Ausgangspunkt: Parkplätze direkt am Bergschloß.
Gehzeiten: Bis Vierzehnheiligen 1 Std., 1 1/2 Std. bis zum Kloster Langheim, 1 1/2 Std. über Mistelfeld zurück nach Lichtenfels und innerhalb der Stadt 1/2 Std.
Unterkunft und Verpflegung: Hotel-Restaurant Preußischer Hof, Hotel-Restaurant Mainlust, Hotel-Restaurant Krone, Gasthof Müller, Gasthof Lindner, Brauerei-Gasthof Wicklespeter, Gasthöfe Zum goldenen Hirschen, Schardt, Kreuzbühl, Scheffelklause, Hans Fischer, Haugeneder.
Einkehr unterwegs: Gasthof Klosterhof im Kloster Langheim, Vierzehnheiligen.

Auskünfte: Städtisches Verkehrsamt, Marktplatz 1, Rathaus, 8620 Lichtenfels, Tel. 09571/7950.
Sehenswürdigkeiten: Rathaus nach Plänen von Justus Heinrich Dientzenhofer; Kastenhof, einst Bürgerhaus, ab 1608 Dienstsitz des Kastners (Stadtverwalters); Pfarrkirche Unserer Lieben Frau, ältester Teil aus dem 14. Jahrhundert; Oberer oder Kronacher Torturm, 41 Meter hoch; die evangelisch-lutherische Pfarrkirche nach Plänen von Gustav Häberle; der Kastenboden, auch »Knopsbergschloß« oder »Stadtschloß« genannt, über den Häusern am Marktplatz, 1555 von Kaspar von Sternberg als Schloß errichtet, 1612 an das Bistum Bamberg verkauft; der Rote Turm, dem Kastenboden gegenüber, am höchsten Punkt der alten Stadtbefestigung, aus dem 14. Jahrhundert; der Kalvarienberg, der schon 1518 errichtet wurde; die katholische Spitalkirche, der Schmerzhaften Muttergottes geweiht; das Untere oder Bamberger Tor aus dem 14. Jahrhundert.
Sehenswürdigkeiten der Umgebung: Die Wallfahrtskirche Vierzehnheiligen; das ehemalige Kloster Langheim.
Wanderkarte: Topographische Karte 1:25000 des Landesvermessungsamtes, Blatt 5832.

15 Am Thüringer Wald südlich von Probstzella

Von der Burg Lauenstein zur
Thüringer Warte

Tourencharakter: Bequeme Wanderung
auf guten Forststraßen.
Beste Jahreszeit: Das ganze Jahr über,
soweit es die Witterungsverhältnisse
zulassen.
Reine Gehzeit: 2½ Stunden.

Ludwigsstadt ist die nördlichste Gemeinde
des Landkreises Kronach. Drei Seiten der Ge-
meindegrenzen waren identisch mit den
Grenzen zur ehemaligen DDR, heute zum
Land Thüringen. Dieser Teil des Frankenwaldes gehört geologisch zum Thüringer Wald,
und zwar zum ostthüringisch-fränkischen
Schiefergebirge. Der Frankenwald ist ein Bin-
deglied zwischen dem Thüringer Wald und
dem Fichtelgebirge. Im Osten geht er ins
Vogtland über. Im Süden trennt ihn die fränkische Linie von den Ausläufern des ober-
mainischen Hügellandes.

Das Gebiet hier gehört zum **Naturpark
Frankenwald,** der 111 600 Hektar Fläche
umfaßt, die weitgehend mit Wald bedeckt
ist. Es wachsen Tannen, Fichten, Buchen,
Eichen und sogar uralte Eiben. Die höchste
Erhebung ist der Döbra mit 795 Metern. Der
Peterlestein zwischen Marktleugast und Kup-
ferberg ist als Magnetberg bekannt. Die
Steinachklamm soll der Sage nach der Ger-
manengott Thor eigenhändig mit seinem
Donnerkeil geschaffen haben.

Der Frankenwald ist Wasserscheide zwischen Rhein und Elbe. An den Wasserläufen,
die dem Main zufließen, blühte im 12. Jahrhundert bereits der Floßhandel, und im 13.
Jahrhundert sind zahlreiche Mühlen entstanden. Die Erzeugnisse des Frankenwaldes
wurden ins Rheinland und bis nach Holland
verfrachtet, darunter Sandstein, Marmor,
Stockheimer Kohle und Schiefer aus Lehe-
sten.

Durch den Frankenwald führten zahlreiche Verkehrswege nach Thüringen. So bewachte hoch über dem Lockwitztal die **Burg
Lauenstein** nördlich von Ludwigsstadt eine
solche Straße. Hochmittelalterlich ist der
Kern dieser stattlichen Zweiflügelanlage, die
im 16. Jahrhundert umgebaut wurde. Der
Thüna-Flügel entstand 1551/54. Die innere
Ringmauer ist datiert auf das 12. Jahrhundert.
Der äußere Bering ist eine Anlage des 15.
Jahrhunderts. Erweiterungsbauten fanden
vom 17. bis ins 19. Jahrhundert statt. Heute
ist in der Burg ein Burghotel eingerichtet, lädt
ein Restaurant zur Einkehr. Besichtigungen
sind möglich.

Der Wegverlauf

Parkmöglichkeiten gibt es am Waldschulheim bzw. es empfiehlt sich der *Großraumparkplatz* unterhalb der *Burg Lauenstein* an
der Burgstraße. Wir gehen von der Burgstraße in die *Erhard-Meß-Straße,* also westwärts,
und wandern in der Fortsetzung auf der *Grä-
fenthaler Straße* weiter. Eine Gruppe von
Weihern befindet sich rechter Hand. Wir bewegen uns durch einen *Hohlweg* und biegen
dann von der Straße, die zum Geheg führt,
rechts ab. Wir kommen zum Waldrand und
unmittelbar an die ehemalige Grenze. Hier
halten wir uns nordwärts hinauf auf der sogenannten *Ringstraße,* bis sich die Wege ver-
zweigen. Der linke äußere ist der Salzlecke-
weg.

Nordwärts geht es auf dem *Geierhorstweg*
bzw. auf dem *Ratzenbergweg* weiter. Wir
folgen dem Geierhorstweg und erreichen die
Thüringer Warte, einen Aussichtsturm, der
1963 errichtet wurde und einen Rundblick
weit über die Höhen des Thüringer Waldes
und des Frankenwaldes erlaubt. Von hier
wenden wir uns nach Süden und stoßen auf
die *Ringstraße,* wo ein großer Parkplatz angelegt wurde. Ostwärts gelangen wir zu einem weiteren Parkplatz. Nun bringt uns ein
Vita Parcours zum *Springelhofweg,* der dem
Verlauf der ehemaligen Grenze zur DDR
folgt. Rechter Hand auf 622 Metern Höhe
stand einst die Alte Burg.

Unser Weg biegt von der Ost- in die Süd-
richtung. Der Falkensteinweg zweigt links
ab. Wir wandern rechts auf dem *Springelhofweg* zum *Springelhof.* So wird der nördliche
Ortsteil von Lauenstein bezeichnet. Wir tref-

fen auf die Probstzellaer Straße, halten uns
links, vorbei am Waldschulheim, und kommen links zurück in die *Burgstraße*.

Nützliche Informationen

Ausgangsort und Zufahrt: Lauenstein liegt an
der Bundesstraße 85 und nördlich von Lud-
wigsstadt. Hier ist auch die Bahnstation. Par-
allel zur Bundesstraße verläuft die Bahnlinie
von Kronach nach Saalfeld.
Ausgangspunkt: Großraumparkplatz Oberes
Dorf Lauenstein.
Gehzeit: 2¹/₂ Std.
Unterkunft und Verpflegung: Posthotel,
Burghotel, Gasthaus Goldener Löwe, Jugend-
waldheim Lauenstein.
Einkehr unterwegs: Springelhof, Café Bauer.
Auskünfte: Verkehrsamt, Marktplatz 1, 8642
Ludwigsstadt, Tel. 092 63/6 36.
Sehenswürdigkeiten: Burg Lauenstein, Be-
sichtigung täglich, außer Montag und an Fei-
ertagen, 1. April bis 30. September, 9 bis
11.30 und 13 bis 16.30 Uhr, vom 1. Oktober
bis 31. März, 10 bis 11.30 und 13 bis 15
Uhr; Aussichtsturm Thüringer Warte, geöff-
net April bis Oktober von 9 bis 17 Uhr;
Schiefermuseum, geöffnet April bis Oktober
sonntags von 10.30 bis 12 Uhr oder nach
Vereinbarung unter Tel. 092 63/6 36.
Sehenswürdigkeiten der Umgebung: In
Steinwiesen die restaurierte Teichmühle und
Mühlenmuseum; in Unterrodach das Flößermuseum; in Glosberg die Wallfahrtskirche,
an der auch Balthasar Neumann gebaut hat;
in Ludwigsstadt eine Rundkapelle aus der
Zeit der Christianisierung; in Nordhalben die
Klöppelschule; die Ködeltalsperre; in Stein-
bach/Haide das Schiefermuseum, geöffnet
von Anfang April bis Ende Oktober sonntags
von 10.30 bis 12 Uhr. Information: Tel.
092 63/6 36 oder 15 24.
Wanderkarte: Topographische Karte
1:25 000 des Landesvermessungsamtes,
Blatt 5434.

*Die im Kern mittelalterliche Burg Lauenstein
wurde im 15. und 16. Jahrhundert von den Herren
von Orlamünde und von Thüna zu einer ansehnli-
chen Ritterburg ausgebaut. Heute beherbergt sie
ein Hotel und kann besichtigt werden.*

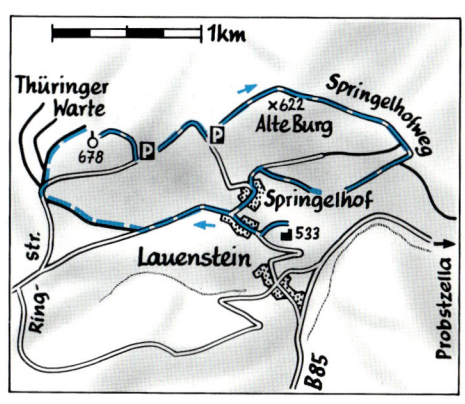

16 Von Burg zu Burg

Ein Rundkurs zu historischen Stätten
westlich von Küps

Tourencharakter: Überwiegend gute Wege bis auf ein Wegstück zwischen Mannsgereuth und Nagel.
Beste Jahreszeit: Das ganze Jahr über, soweit es die Witterung zuläßt.
Reine Gehzeit: 3 bis 3¹/₂ Stunden.

Beim **Markt Küps** öffnet sich das Rodachtal
nach dem Zusammenfluß von Haßlach, Kronach und Rodach und leitet vor den Toren
des Frankenwaldes in eine Hügellandschaft
über, die vom Übergang Frankenwald–
Maintal geprägt wird. Die Geschichte des
Marktes geht, soweit es in Urkunden bezeugt
ist, auf das Jahr 1151 zurück. Damals errichtete Bischof Eberhard von Bamberg die Burg
Nordekke an der Steinach als Stützpunkt für
die Christianisierung des Frankenwaldes. Anläßlich eines Hoftages in Regensburg wurde
die Schenkung des Gebietes, zu dem auch
die Region von Küps gehörte, beurkundet.
   Erinnerungen an die reiche Geschichte
und an die Bedeutung der Gemeinde Küps
als Marktflecken finden sich im Zentrum um
die Pfarrkirche St. Jakob aus dem 16. Jahrhundert mit den sie umgebenden herrschaft-
lichen und bürgerlichen, meist verschieferten
Fachwerkbauten des 17. Jahrhunderts, aber

auch in den Schloßbauten im Ort selbst und in der Umgebung. Das **Neue Schloß** in Küps geht auf die Herren von Redwitz zurück, die 1248 wohl widerrechtlich Klostergrund in Besitz nahmen und die Burg Wildenberg bei

Das Neue Schloß in Küps wurde von den Herren von Redwitz 1730 über einem spätmittelalterlichen Kern errichtet. Der dreigeschossige Bau hat Ecktürmchen, ein Torbau schließt sich im Nordwesten an.

Küps bauten. Dieses Adelsgeschlecht bestimmte die Geschicke der Gemeinde. Ihr letztes großes Bauwerk entstand 1730 auf dem im Bauernkrieg zerstörten ehemaligen Castrum als Neues Schloß. Auf dem Eisturm finden sich noch das streitbergische Wappen und die Jahreszahl 1549.

Das **Haus Schemenau** ist das ehemalige Amtshaus der Herren von Redwitz und ein schloßähnliches Gebäude aus dem 16. Jahrhundert. 1886 hat die Firma Gagel und Schemenau den Komplex gekauft, daher der Name.

Auf dem Wall, der Kirche vorgelagert, steht das **Mittlere Schloß** von Küps. Es soll die erste Niederlassung des Wolfram von Chubece gewesen sein. Er war 1151 Lehensmann des Grafen von Henneberg.

Westlich von Küps liegt **Nagel.** Das **Jagdschloß** gehört zum Besitz der Herren von Redwitz. Erworben wurde es 1625 von Hans Heinrich von Künsberg. Im Schloßpark steht eine tausendjährige Eiche, die einen Stammumfang von 12 Metern hat.

Im Nordwesten des Marktortes finden wir **Schloß Schmölz.** Urkunden darüber gehen auf das Jahr 1194 zurück. Das Schloß wurde in den Bauernkriegen zerstört und entstand danach wieder. 1861 wurde es von dem Dichter Oskar von Redwitz an die Freiherren von Egloffstein verkauft. 1972 erwarb es die Familie Prümer.

In **Theisenort,** östlich von Schmölz und nördlich von Küps, steht ein weiteres Schloß, eine Burg mehr. Eine Urkunde aus dem Jahre 1284 nennt einen Jakob von Redwitz zu Redwitz und Theisenort. Die Kapelle hier wurde 1357 von Eyring von Redwitz gebaut. An der südwestlichen Spitze eines Hügels über Theisenort stand das **Alte Schloß.** Es war durch eine Laufbrücke (1539 erbaut) mit dem Neuen Schloß verbunden. Weil der damalige Besitzer Veit von Redwitz und Trunstadt sich im Dreißigjährigen Krieg auf die Seite des Schwedenkönigs gestellt hat, fielen seine Güter dem kaiserlichen Fiskus anheim. Wallenstein schenkte sie dann 1632 der Stadt Kronach. Diese Schenkung wurde aber praktisch nie vollzogen.

Die Rundwanderung zu den Schlössern verspricht also interessant zu werden.

Der Wegverlauf

Wenn wir bei der *Kirche am Marktplatz* starten, gehen wir nordwestlich auf der *Bahnhofstraße* hinaus, über die Brücke des Rodacharms und über die *Bamberger* bzw. *Kronacher Straße,* die wir überqueren. Dann kommen wir unter den Bahngleisen hindurch und wandern bei nächster Gelegenheit rechts ab in Richtung Johannisthal, also *parallel zur Bahnlinie.* Nach den *Fischweihern* biegen wir links (nordwärts) in den Fußweg, der uns am *Lerchenhof* und an weiteren Fischweihern vorbeiführt. Vor Theisenort erreichen wir beim *Sportplatz die Staatsstraße 2200.*

Durch die Kellergasse stoßen wir auf die *Dorfstraße,* die wir überqueren. Über den Schloßberg gelangen wir zur *Burg.* Dann geht es auf der Oberen Dorfstraße, an *Ekkertsruh* vorbei, auf *Schmölz* zu. Die *Johann-Georg-Herzog-Straße* bringt uns, am Schloß entlang, in den Ort. In der *Coburger Straße* finden wir die *Pfarrkirche St. Laurentius* und die *Kriegergedächtniskapelle,* ein um 1500 als Beinhaus errichteter Sandsteinquaderbau. Sehenswert ist auch der Kräuterlehrgarten im *Pfarrgarten,* Schulstraße 17 bis 19.

Nachdem wir alles besichtigt haben, zweigen wir von der Coburger Straße westwärts in die *Flurstraße* ab, die sich nach Süden wendet. Wir verlassen den Ort in südwestlicher Richtung und kommen nach *Mannsgereuth.* Vor Ortsbeginn schwenken wir im spitzen Winkel nach links, dann auf einem Fußweg, zunächst am Waldrand, in eine Feldbucht, tauchen in den Wald ein und verlassen ihn am *Kümmelberg.* Große Teile des Forstes befinden sich in privatem Besitz des Barons von Künsberg, der in Küps-Oberlangenstadt wohnt.

Nun queren wir hinüber zum Eichenhain des *Jagdschlosses Nagel* am nördlichen Ortsende von Nagel. Die *Kümmelbergstraße* führt über den Golfplatz bei Nagel aus dem Ort. Wir wandern unter den Bahngleisen hindurch und steuern über die Nageler Straße *Oberlangenstadt* an. In der Alten Poststraße findet sich das *Schloß* von Karl-August von Künsberg (1862 bis 1864 erbaut). Hier überqueren wir die Rodach und halten uns links

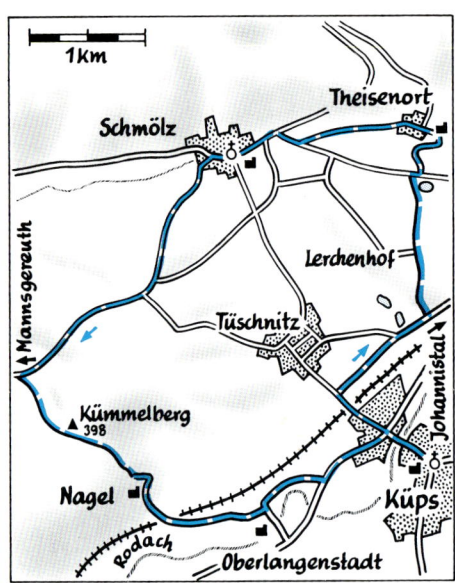

17 Am Fritz-Hornschuch-Naturpfad

Rund um Kasendorf

Tourencharakter: Verhältnismäßig kurze, aber anstrengende Wanderung.
Beste Jahreszeit: Frühsommer bis Herbst.
Reine Gehzeit: 3 1/2 Stunden.

Geheimrat Fritz Hornschuch, der Begründer der Kulmbacher Spinnerei, war maßgeblich an der Anlage des Naturpfades um **Kasendorf** beteiligt, der 1936 der Öffentlichkeit übergeben wurde. Der Ort am nördlichen Rand des Fränkischen Jura nennt sich auch »Tor zur Fränkischen Schweiz«. Es ist ein geschichtsträchtiger Ort. Hügelgräber aus der Hallstattzeit und Reste einer keltischen Ringwallanlage beweisen die frühe Besiedlung der Region, die neben einer Fülle von Naturschönheiten zahlreiche Zeugnisse der Vergangenheit bewahren konnte. Der Naturpfad berührt viele dieser Sehenswürdigkeiten. Hinweistafeln auf Geologie, Botanik, Vor- und Frühgeschichte erzählen davon.

Viel Interessantes bietet der Ort selber, so die evangelische Pfarrkirche St. Johannes der Täufer, die Meister Heinrich 1492 »neu« gebaut hat. Bei der Kirche stehen auch noch das ehemalige Pfarrhaus aus dem 18. Jahrhundert und das ehemalige markgräfliche Rentamt (1730). 1873 wurde die Mühle gebaut. Ein stattlicher Sandsteinquaderbau aus dem 18. Jahrhundert ist das Rathaus am Marktplatz. Hier steht auch der noch ältere Bau des Gasthauses. Vom Marktbrunnen weiß man, daß er auf das Jahr 1737 zurückgeht. Im Gemeindebereich fallen die Centsteine auf; das sind Grenzsteine der Herrschaft Thurnau, sämtlich aus dem Jahre 1699. Am Altenberg beeindruckt die Bogenbrücke der ältesten vornapoleonischen Straßenführung. Der Magnusturm, den wir von unserem Weg aus sehen können, ist ein Rundturm, der wohl ursprünglich Bergfried einer mittelalterlichen Burg war. 1498 hat man den Turm in das markgräfliche Signalsystem aus Feuerwachttürmen einbezogen. Wenn wir uns auf unseren Rundkurs bege-

in den Rodach-Wanderweg. Das ist ein Fußweg am *Rodachufer,* der uns, vorbei am Neuen Schloß, nach *Küps* zurückbringt.

Nützliche Informationen

Ausgangsort und Zufahrt: Der Markt liegt wenige Kilometer südwestlich von Kronach, im Tal der Rodach, an der Bundesstraße 173 und an der Bahnlinie nach Lichtenfels.
Ausgangspunkt: Parkplätze gibt es beim Pfarramt am Hirtengraben, am Plan und am Rathaus an der Bahnhofstraße.
Gehzeit: 3 bis 3 1/2 Std.
Unterkunft und Verpflegung: Gaststätte Bauer, Bahnhofstraße; Gastwirtschaft Hanft.
Einkehr unterwegs: Burggaststätte Theisenort; Gasthof – Metzgerei Häublein; Gasthof Bauer in Schmölz; Gasthof Bauer, Oberlangenstadt; Hotel Hubertus, Oberlangenstadt; Gaststätte Brüggemann, Oberlangenstadt.
Auskünfte: Markt Küps, Gemeindeamt, Bahnhofstraße 1, 8643 Küps, Tel. 0 92 64/6 80.
Sehenswürdigkeiten: Neues Schloß, Haus Schemenau, Mittleres Schloß.
Wanderkarte: Topographische Karte 1:25 000 des Landesvermessungsamtes, Blatt 5733 und Blatt 5833.

Auf dem Marktplatz des geschichtsträchtigen Städtchens Kasendorf steht der 1737 geschaffene Herkulesbrunnen mit dem achtseitigen Becken.

ben, kommen wir zuerst in den Pfarrwald, der einen **Friedhof aus der Hallstattzeit** (700 bis 450 v. Chr.) mit 79 Hügelgräbern birgt. Was hier in den Jahren 1934/35 ausgegraben wurde, ist im Museum von Kulmbach zu finden. Hier, im von Laubbäumen bewachsenen Pfarrwald, beginnt der geologische Teil des Naturpfades mit Sandsteinschichten des Braunjuras; das sind Dogger- und Eisensandstein. Wir kommen an aufgelassenen Kellern der früheren Kommunbrauer vorbei und am Aussichtspunkt Lindlein. Anschließend findet der Geologe Weißjura, also Malm, auf der zweiten Steilstufe der Geißkirche. Auf der Weißmainer Verwerfung stehen ungebankte Felsblöcke des Schwammkalks. Der Aussichtspunkt an der obersten Steilkante des Reuther Berges, »**Sonnentempel**« wird das Felsplateau genannt, bietet eine Gesamtübersicht über den Markt und das Friesenbachtal. Am Endpunkt des ersten Teils des Naturpfads

entspringt die **Friesenquelle,** eine Karstquelle unterhalb des Jurasteilhangs. 400 Liter pro Sekunde strömen aus dem Berg. Am Turmberg mit dem **Magnusturm,** wo der zweite Teil des Naturpfades beginnt, erstreckt sich zwischen Festplatz und Friesenmühle die 1300 Meter lange **Ringwallanlage** der frühen La-Tène-Zeit (550 bis 400 v. Chr.). Sie umschloß 14 Hektar Siedlungsland. Auf der Hochfläche sind weitere Befestigungen, eine kleine hochmittelalterliche Kernburg und zahlreiche Siedlungsfunde aus dem 9. bis 11. Jahrhundert sowie eine Tuffquadermauer aus dem 12. Jahrhundert nachgewiesen.

Zu den Besonderheiten im Gemeindegebiet gehört auch die **Hohe Straße;** das ist die mittelalterliche Geleitstraße von Leipzig bzw. Eger nach Nürnberg, teilweise noch gut zu erkennen. An der Jurakante oberhalb Kasendorf hat man Funde aus der Jungsteinzeit und aus der Bronzezeit gemacht. Einen Besuch wert ist auch der Görauer Anger, eine 3 Kilometer lange Steppenheide oberhalb des Jurasteilabfalls. Von hier bietet sich die umfassendste und schönste Panoramasicht des nördlichen Jura.

Der Wegverlauf

Unweit der Bahnhaltestelle Kasendorf beginnt der *Naturpfad.* Er ist blau-weiß markiert, und eine Tafel beschreibt ihn sehr genau. Wir gehen links von der Straße weg und folgen zunächst den *Bahnschienen.* Treppen bringen uns über eine kleine Böschung in den Pfarrwald mit den *Hügelgräbern.* Die Ausgrabungen hier hat der Kulmbacher Schulrat Max Hundt geleitet. An den Gräbern vorbei steuern wir auf den Waldrand zu. Kurz davor zweigen wir rechts vom Hauptweg ab, bleiben also innerhalb des Waldes in Waldrandnähe. Ein größerer *Querweg* nimmt uns dann nach links auf und leitet zum Waldrand hoch. Hier stoßen wir auf einen Weg, dem wir wieder links folgen. Wir erblicken die Ortschaft *Heubsch,* die 1333 erstmals in Urkunden erwähnt wird. Das Gasthaus Herold lädt zur Einkehr. Hier gibt es eine Papiermühle, nach dem Besitzer *»Schleichersmühle«* genannt. Von 1710 bis 1889 wurde hier Papier hergestellt.

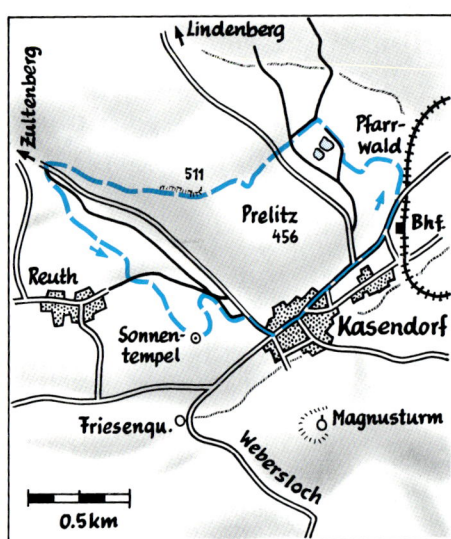

Wir kommen zur Straße nach *Lindenberg* und halten uns ein paar Meter rechts bergauf. Nach wenigen Schritten schwenkt der Naturpfad links weg, und wir steigen zum *Prelitz* auf, wo der geologische Teil des Pfades beginnt. Nach der zweiten Lehrtafel können wir in Richtung Kulmbach und sogar zur Plassenburg sehen.

Nachdem wir ein kleines Wäldchen verlassen haben, wird die Sicht immer freier. Links liegt der *Magnusturm*. Unter uns taucht der Kirchturm von Kasendorf auf. Wir treffen auf einen von Kasendorf hochführenden Weg und folgen diesem *rechts bergauf.* Wir sehen auf den Ort Reuth. Hier an der Jurakante oberhalb Kasendorf hat man Funde aus der Jungsteinzeit und der Bronzezeit gemacht. Der Blick schweift über die Höhen des Fichtelgebirges mit Schneeberg, Ochsenkopf und Königsheide. Unter der *Hochspannungsleitung* hindurch geht es leicht bergauf. Dann steuern wir den Rand eines Wäldchens an. Nach einer Ruhebank bringen uns *Holztreppen* aufwärts. Der Weg wendet sich nach rechts und zieht unter Felswänden entlang. Nun steigen wir erneut auf *Treppen* rechts empor und wandern in der bisherigen Richtung oberhalb der Felsen weiter. Unter uns verläuft die Straße nach Zultenberg.

Unser Weg mündet in einen anderen ein, und wir halten uns *links.* Die *Zultenberger*

Straße erreichen wir bei der Abzweigung nach Reuth. In dieser Richtung bewegen wir uns auf der Straße entlang. Kurz bevor sie wieder ansteigt, zweigt links ein *Feldweg* ab. Hier verlassen wir die Straße, spazieren zum Waldrand, tauchen in den Wald ein und gehen rechts in Waldrandnähe weiter. Über *Treppen* kommen wir durch eine kleine Schlucht und stoßen erneut auf einen *Feldweg.* Wir halten uns *links* in den Wald. Unter uns liegt die *Schlucht mit dem Felsentor.* Ein Rundweg führt hinunter und wieder zurück auf unseren *Feldweg,* dem wir links folgen.

Wir wandern am Rande des Waldes und der Schlucht weiter, bis sich der Weg nach rechts wendet. Über Holztreppen erreichen wir einen von Reuth talwärts verlaufenden Weg, der uns links hinunterleitet. Nach wenigen Schritten zweigt unsere Markierung rechts in den *Trimm-dich-Pfad* ab. Noch einmal geht es hinauf zum Rand der Hochfläche und an diesem entlang. Bei einer Weggabelung halten wir uns links. Hier ist ein *Aussichtspunkt,* und wir können über Kasendorf und das Umland schauen. Wir steigen rechts die Treppen hinauf zum *Sonnentempel,* der schöne Felsgebilde und vor allem eine gute Aussicht bietet.

Wir kommen zu einem *Querweg,* in den wir links abbiegen. Wir wandern an einer Einzäunung entlang. Am Ende stoßen wir wieder auf den von *Reuth* herabführenden Weg. Hier bewegen wir uns rechts abwärts zur Straße nach Zultenberg, auf der wir rechts nach Kasendorf zurückkehren.

Nützliche Informationen

Ausgangsort und Zufahrt: Kasendorf liegt südwestlich von Kulmbach und wenige Kilometer nördlich der Bundesstraße 505, die zur A 70 führt. Bei Thurnau muß man die Schnellstraße verlassen, um nach Kasendorf zu gelangen. Von Kulmbach über Kasendorf nach Thurnau verläuft die alte Bahnverbindung.

Ausgangspunkt: Parkplätze an der Bahnhaltestelle.

Gehzeit: 3½ Stunden.

Unterkunft und Verpflegung: Hotel Goldener Anker, Gasthof Friedrich.

Ein beliebtes Wanderziel rund um Kasendorf ist der Magnusturm auf dem 497 Meter hohen Turmberg. Er war im Mittelalter Teil des markgräflichen Signalsystems aus Feuerwachttürmen.

Auskünfte: Verwaltung der Marktgemeinschaft Kasendorf, Marktplatz 8, 8658 Kasendorf, Tel. 0 92 28/6 16.

Sehenswürdigkeiten: Pfarrkirche St. Johannes; Rathaus; das ehemalige markgräfliche Rentamt; die Centsteine; Aussichtspunkt Sonnentempel; Friesenquelle; Turmberg mit Magnusturm.

Sehenswürdigkeiten der Umgebung: In Azendorf die Grubenkirche, die Pfarrkirche St. Johannes; in Döllnitz die Pulvermühle, wo bis 1911 handwerklich Schießpulver hergestellt wurde; in Heubsch die Papiermühle; Ruinenreste der Rauschner von Lindenberg bei Lindenberg; bei Peesten bzw. Dörnhof das Grabmal des Hans Jörg Förtsch, des letzten seines Geschlechts. Hier steht auch das Schloß, das ehemalige Amtshaus der Grafen Giech; die Jurahochfläche Görauer Anger.

Wanderkarten: Topographische Karte 1:25 000 des Landesvermessungsamtes, Blatt 5933 und Blatt 5934.

18 Sanspareil heißt ohnegleichen

Von Wonsees zum Naturtheater und zur Burg Zwernitz

> **Tourencharakter:** Leichte, gut markierte, aber lange Wanderung.
> **Beste Jahreszeit:** Frühjahr bis Herbst.
> **Reine Gehzeit:** 4 bis 5 Stunden.

Der Schweizer Dichter Heinrich Zschokke hat die Burg Zwernitz »Wallfahrtsort der Franken« genannt. Dieser Dichter, Erzieher und Staatsmann war Namensgeber für eine Felsformation, einen Riesensteinpilz südlich von Sanspareil, für den Zschokkefelsen.

Die **Burg Zwernitz** aber überragt als romantischer Blickfang die Ortschaft Sanspareil. Der Bau wird den um 1160 lebenden Brüdern Friedrich und Ulrich Walpoto von

Am bewaldeten Felshang vorbei richtet sich der Blick auf den Markt Wonsees mit der Saalkirche St. Laurentius. Der Kirchhof war früher befestigt, und Grabdenkmäler aus dem 16. Jahrhundert sind noch erhalten.

Zwernze zugeschrieben. Die erste urkundliche Erwähnung geht auf das Jahr 1290 zurück. Damals wurde die Burg von den Orlamündern an die Burggrafen von Nürnberg-Cadolzburg verkauft. Der Markgraf Friedrich ist 1430 vor den Hussiten in die Zwernitz geflüchtet und hat durch Verhandlungen in Scheßlitz den Abzug dieser marodierenden Bande erwirkt. 1632 haben die Schweden der Burg übel mitgespielt. Zwei Jahre später ließ sie der eigene Landesherr ausbrennen, damit sich der Feind nicht darin festsetzen konnte. Die Anlage stellt sich heute mit Vorburg, Niederburg und Hochburg dar. 1746/47 hat man sie als Staffage für den Felsengarten Sanspareil instand gesetzt.

Als im Jahre 1745 die Markgräfin Wilhelmine von Bayreuth, die Lieblingsschwester des Preußenkönigs Friedrich II., die reizvolle Juralandschaft um Wonsees und vor allem den Buchenhain östlich von **Sanspareil** mit seinen malerischen Felsgruppen das erste

Mal erblickte, war sie von der Formenvielfalt der Natur begeistert. Sie ließ hier einen der frühesten und bedeutendsten Landschaftsgärten des europäischen Kontinents einrichten. Wilhelmine war 1731 mit Markgraf Friedrich vermählt worden. 1746 hat sie dann eine kleine Eremitage mit versteckten Grotten, einen Sonnentempel und ein Naturtheater erbauen lassen. Vielleicht haben hier Schäferspiele stattgefunden, kleine Konzerte, Lustwandel der höfischen Gesellschaft. Es war die Zeit, in der man dem französischen Sonnenkönig Ludwig XIV. nacheiferte. Feuerwerke, Maskenscherze, Tafelfreuden – all das gab es auch an den Höfen der deutschen Kleinstaaten. Heute sind nur noch Reste der ursprünglichen Ausstattung vorhanden.

Neben der eindrucksvollen Naturkulisse haben sich am Ostende des Felsengartens das Ruinen- und Grottentheater und am Eingang der Morgenländische Bau erhalten. Der ehemalige Küchenbau lädt zur Rast. Der Bu-

chenhain mit seinem Felsgarten wurde bereits 1434 als »Hain zu Zwernitz« erwähnt. Der aus Wonsees stammende Humanist F. Taubmann hat diesen romantischen Hain im Jahre 1604 wegen seiner Schönheit gerühmt. Für den Markgrafen war die Anlage vor allen Dingen als Wildgehege von Bedeutung.

Ein Stich von Sanspareil mit Dianengrotte und Grünem Tisch ist von J. G. Köppel aus dem Jahre 1793 im Germanischen Nationalmuseum Nürnberg erhalten. Ein weiterer Stich des gleichen Malers stellt das Naturtheater Sanspareil dar.

In der **Ortschaft Sanspareil** ist das ehemalige Kastenamt der Burg erhalten. Der Bau stammt aus dem 15. Jahrhundert. Hier stehen auch die ehemaligen Nebengebäude der zum Felsengarten gehörigen Bauten. Es gibt in Sanspareil ein Wasserwerk mit Pumpenanlage aus dem Jahre 1891. Auffallend sind zwei gußeiserne Brunnen aus dem gleichen Jahr und ein dritter Brunnen mit einem quadratischen Steinbecken und einem gußeisernen Pfeiler. Der ehemalige Burgbrunnen ist ein in Felsen gehauener Brunnenschacht aus dem 13. Jahrhundert und wird vom ehemaligen Brunnenhäuschen umrahmt, das im 18. Jahrhundert entstanden ist.

Der Ortsteil Sanspareil gehört zur Gemeinde Wonsees, die ein Marktflecken ist. Dieser Markt liegt im Naturpark Fränkische Schweiz. Ein Wahrzeichen des Ortes ist der Kirchturm der evangelischen Laurentiuskirche mit vier charakteristischen Turmerkern. Ein an der Außenseite der Kirche eingemauerter Gedenkstein hält die Erinnerung an den Zedersitzer Mord aus dem Jahre 1628 und an die Schrecken des Dreißigjährigen Krieges lebendig. Der die Kirche umgebende Kirchhof war einst befestigt. Die hier noch vorhandenen Grabdenkmäler gehen bis ins 16. Jahrhundert zurück.

Der Wegverlauf

Am *Marktplatz in Wonsees* beginnt unsere Wanderung. Für die nächsten 3½ Stunden folgen wir dem Wanderzeichen einer Gepäcktransferstrecke: einer »6« *im roten Dreieck*. Vorbei an der stillgelegten Marktmühle und dem neuen Kindergarten kommen wir zum »*Wacholderweg*«, der nach Sanspareil hinaufführt. Wacholderheiden auf Trockenrasenflächen und -hängen sind noch immer typisch für die Täler im nördlichen Frankenjura. Nachdem wir den Wald hinter uns gelassen haben, gehen wir über eine offene Feldflur, aus der der »*Zschokkefelsen*« wie ein Riesensteinpilz herausragt, auf *Sanspareil* zu. Den Ort überragt die *Burg Zwernitz* mit ihrem 37 Meter hohen Bergfried. Beim »Morgenländischen Schlößchen« beginnen wir unseren Rundgang durch den *Felsengarten* der Wilhelmine von Bayreuth. Noch immer beeindruckt er seinen Besucher durch die Felsauftürmungen und -durchgänge, die Grotten und das Naturtheater, wenn auch die Pavillons und Hütten von einst längst verschwunden sind. Auch die Burg lohnt einen Besuch, vor allem, um bei guter Fernsicht den weiten Ausblick zu genießen.

Auf nicht gerade wanderfreundlichen Flurbereinigungswegen lassen wir Sanspareil hinter uns. Nur 10 Minuten, dann können wir wieder auf einem echten Waldwanderweg, der den Füßen wohltut, unterwegs sein. Er führt hinunter nach *Zedersitz* im lieblichen Schwalbachtal. Von der Teerstraße nach *Feulersdorf*, auf der unsere Route aus Zedersitz hinausführt, biegen wir bei einer *Linde* in die Felder ab. Dann zeigt ein *Wegweiser* zum Wald hinüber. Langsam senkt sich unser Weg in ein so naturbelassenes *Trockental* hinunter, daß in einem Wanderführer von

»Ohnegleichen« heißt der Felsenhain, der von Markgraf Friedrich von Bayreuth und seiner Frau Wilhelmine, der Schwester Friedrichs des Großen, 1746 eingerichtet und gestaltet wurde. Es entstanden eine kleine Eremitage mit versteckten Grotten, ein Sonnentempel und ein Naturtheater.

1985 zu lesen ist: »Selten hörte ich solche Stille. Das Tal schläft. Ich möchte den Zeiger meiner Uhr anhalten.« Auch wir genießen die Stille des Tales und seinen Wiesenweg. Wir wandern nach *Krögelstein* hinein, wo sich die Häuser unter die Felsen ducken wie sonst in keinem Dorf der Fränkischen Schweiz. Im evangelischen Pfarrhaus holen wir uns den Schlüssel zu einer der schönsten *Dorfkirchen* weit und breit. Sie liegt hoch über dem Dorf, umgeben vom Friedhof.

Auf dem Weg zur Kirche von Krögelstein hinauf sind die Reste einer im Bauernkrieg vom Schwäbischen Bund zerstörten *Burg*, die nie wieder aufgebaut wurde, zu erkennen.

Hier in Krögelstein müssen wir auf eine andere Markierung umsteigen, um nach Wonsees zurückzukommen. Am Ende der Dorfstraße, wo wir die Felskulisse des »Alten Fritz« gerade bewundert haben, führt ein mit einem *gelben Kreuz markierter Weg* aus dem Kaiserbachtal zum Jura hinauf. Dort treffen wir auf den mit einem *roten Ring* markierten *Rundweg* um Wonsees. Burg Zwernitz und der hohe Turm der Laurentiuskirche mit seinen vier Ecktürmchen haben uns längst gezeigt, in welcher Richtung wir weiterwandern müssen. Die Markierung, *ein roter Kreis,* verläuft wieder durch ein Wacholdertal, hinunter zur *Schlötzmühle* an der Schwalbach. Weite Wacholderhänge können wir hier auf der östlichen Talseite bewundern. Wir durchqueren das Tal. Das Flursträßchen, auf dem wir unterwegs sind, führt an schönen Wacholderbeständen vorbei zum »*Pflasterberg*« hinauf. Dort biegen wir beim nächsten *Hinweisschild* nach Wonsees in den Feldweg ein, der uns zum Marktflecken zurückbringt.

Nützliche Informationen

Ausgangsort und Zufahrt: Zufahrt nach Wonsees/Sanspareil über Hollfeld und die B 22. Über die B 505 (spätere A 70), Ausfahrten: Thurau und Stadelhofen.
Gehzeit: 4 bis 5 Std.
Auskunft: Gemeindeverwaltung Wonsees, Rathaus, 8601 Wonsees, Tel. 0 92 74/2 13; Fremdenverkehrsverein Wonsees, 8601 Wonsees, Tel. 0 92 74/4 54.
Unterkunft und Verpflegung: Gasthöfe in Wonsees, Sanspareil, Großenhüll.
Sehenswürdigkeiten: Felsengarten Sanspareil und Burg Zwernitz, Führungen April bis Anfang Oktober; Marktgemeinde Wonsees: Evangelische Laurentiuskirche, ehemalige Wehrkirche, interessante Innenausstattung; am Marktplatz: Prangersäule.
Wanderkarten: Topographische Karte 1:25 000 des Landesvermessungsamtes (ohne Markierungseintragung), Blatt 6033; Fritsch Wanderkarte Nr. 148 »Nordöstliche Fränkische Schweiz«, 1:35 000, offizielle Wanderkarte des Fränkische-Schweiz-Vereins.

19 Auf den Spuren Jean Pauls

Jean-Paul-Felsen – Petersgrat – Fattigsmühle

Tourencharakter: Schöne, interessante Wanderung auf teilweise guten Wegen.
Beste Jahreszeit: Frühsommer bis Spätherbst.
Reine Gehzeit: 2 Stunden.

Johann Paul Friedrich Richter vertrat unter dem Pseudonym »Jean Paul« in seinen Erzählungen und Romanen klassische Humanitätsideale, die er mit romantischen Bildungsbegriffen verwob. Als Erzähler des deutschen Idealismus verwendete er ihm eigene Stilformen. Extrem waren die Charaktere in seinen Dichtungen gestaltet, schnörkelig-blumig der Stil, groß die Diskrepanz zwischen Ideal und Realität. Er wurde am 21. März 1763 in Wunsiedel geboren und starb am 14. November 1825 in Bayreuth. Einen Teil seiner Kindheit verlebte er in Joditz, einem Ortsteil der Gemeinde Köditz, nordwestlich von Hof. In dem Roman »Das Leben des vergnügten Schulmeisterleins Maria Wuz in Auenthal«, der 1790 entstand, verarbeitete Jean Paul Jugenderlebnisse. In einem Waldstück oberhalb des Saaletals gegenüber Joditz hat ein Felsengebilde den Namen »Jean-Paul-Felsen« bekommen zum Gedenken an den galanten Dichter Oberfrankens. In Joditz steht noch das Pfarrhaus mit einer Gedenktafel an Jean Paul. Es ist das ehemalige Wohnhaus der Eltern des Dichters, der in Hof auf das Gymnasium ging.

Nordöstlich der Lukat, über einem Bogen der Sächsischen Saale oberhalb der Lamitzmühle, verläuft ein steil abfallendes Felsgebilde, der **Petersgrat,** an den südlichen Ausläufern des Leuchtholzes.

Über die Hochfläche kann man vom Petersgrat den Ort mit dem eigenartigen Namen **Isaar** erreichen. Haus Nr. 22 hier ist der Wirtschaftshof eines ehemaligen Rittersitzes, ein Bau aus dem 17. Jahrhundert. Südlich von Isaar finden wir ein Wildgehege mit Wildschweinen und Niederwild, ein eingezäuntes

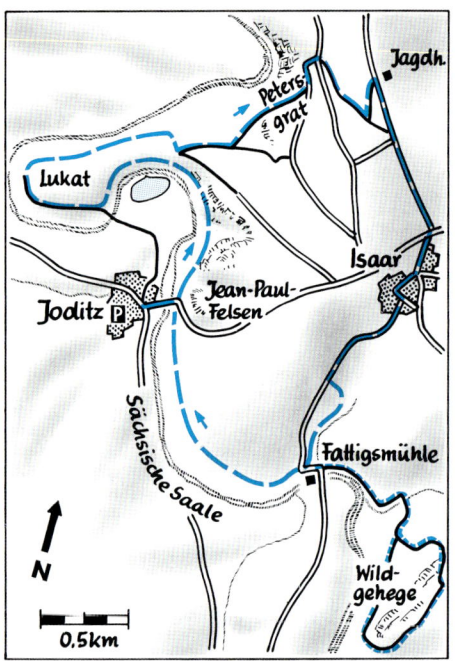

Areal, das vom Ort aus beschildert und frei zugänglich ist. Am südlichen Ende der Hochfläche liegt die Fattigsmühle, ein breitgelagerter Satteldachbau mit einem Fachwerkobergeschoß, bezeichnet 1677, einst ein beliebtes Ausflugsziel, das gastliche Einkehr bot, heute aber in schlechtem Bauzustand ist. Der Fußweg nach Joditz ist mit Nr. 2 markiert.

Wenn wir unsere Wanderung in **Joditz** beginnen, sollten wir Haus Nr. 1, das Pfarrhaus, in dem Jean Paul von 1765 bis 1776 lebte, besuchen. Daneben steht ein ehemaliges Rittergut, ein Bau aus dem Jahre 1534. Die evangelische Pfarrkirche des Ortes ist 1704 entstanden.

Der Wegverlauf

Wir wandern vom Saaleufer *in Joditz* aus über die Saalebrücke in Richtung Isaar und stoßen gleich vor dem Straßenbogen auf den Jean-Paul-Felsen. Unser Weiterweg führt aber nicht ostwärts, sondern nach Norden, wo sich hoch über dem Saaleufer und am Fuße des Waldhangs großartige Ausblicke in

das Saaletal bieten. Wir folgen dem Saalebogen nach Nordwesten und Westen, schließlich nach Süden, wo wir auf einen Weg von Joditz her treffen, der über eine Saalebrücke zur *Lukat* leitet. Hier gehen wir westwärts im Saalebogen weiter. Der Weg schwingt nach Norden und endet.

Wir steuern ostwärts auf einen Waldvorsprung zu und kommen am Waldrand entlang zur *Engstelle,* sozusagen zum Flaschenhals des Saalebogens oder der Halbinsel Lukat. Auf jeden Fall halten wir uns nordöstlich in den Wald hinein. Wir stoßen auf einen querverlaufenden Forstweg und bewegen uns rechts, südostwärts, bis zu einer Kreuzung. Hier wandern wir links, wieder in östlicher Richtung, bis zu einem Wegabzweig. Erneut geht es links weiter zum *Petersgrat.* Am Grat entlang erreichen wir einen *Querweg,* der uns ein Stück nach *links* aufnimmt, dann nach rechts, nordostwärts, schwenkt und auf einen ebenfalls querverlaufenden *Forstweg* trifft, den wir überschreiten. Wir gehen, rechtshaltend, parallel zu diesem Forstweg aus dem Wald hinaus zu einem Waldvorsprung.

Hier biegen wir am Waldrand links, nordwärts, ab, stoßen auf einen *Fahrweg von Isaar* her, wandern ein Stück rechts, dann links in einen Querweg, schließlich wieder rechts, am Jagdhaus vorbei, am Waldrand entlang. Nun bewegen wir uns endlich auf Isaar zu und verlassen dann südwärts den Ort. Bei einer Wegkreuzung halten wir uns links und folgen auf einem Fußweg dem *Isiger Bach,* der zur *Fattigsmühle* leitet. Von hier machen wir einen Abstecher zum Wildgehege und spazieren dann in westlicher Richtung an der Saale und am Rand der Hochfläche bis zur *Fahrstraße Joditz – Isaar* unter dem Jean-Paul-Felsen. Über die Brücke kehren wir nach *Joditz* zurück.

Nützliche Informationen

Ausgangsort und Zufahrt: Joditz ist von Hof aus über Unterkotzau zu erreichen. Anschluß zur A 9 München–Berlin gibt es über die Ausfahrt Berg/Bad Steben und zur A 72 Chemnitz–Dresden über die Ausfahrt Töpen/Hof. Vom Bahnhof Hof aus sind es

Sanfte Waldhöhen begleiten die fränkische Saale bei Joditz, wo das Auental mit seinem großen Badesee zum Inbegriff der Ferienfreude geworden ist.

10 km. Es gibt eine Busverbindung über die Linie Hof – Tiefengrün.

Ausgangspunkt: Der Parkplatz Joditz befindet sich am Anger bei der Saalebrücke.

Gehzeiten: 2 Std.; ½ Std., am Jean-Paul-Felsen vorbei, zur Lukat, ½ Std. zum Petersgrat, 45 Min. zur Fattigsmühle und 15 Min. zurück nach Joditz (ohne Wildpark).

Unterkunft und Verpflegung: In Gasthöfen, Ferienwohnungen, Privatzimmern und auf dem Campingplatz.

Einkehr unterwegs: Gasthaus in Isaar.

Auskünfte: Gemeinde Köditz, Hauptstraße 21, 8671 Köditz, Tel. 09281/66444, Fax 09281/62561; Verkehrsverein Auenthal e.V., Joditz-Köditz, Hirschberger Straße 16, 8671 Joditz-Köditz, Tel. 09295/252; Tourist-information Frankenwald, Amtsgerichtstraße 21, 8640 Kronach, Tel. 09261/5748, Fax 09261/52248.

Sehenswürdigkeiten: Jean-Paul-Haus in Joditz und Jean-Paul-Felsen jenseits der Saale; der Petersgrat; das Wildgehege bei Isaar; die Fattigsmühle; die Steilbogenbrücke über das Saaletal bei Saalenstein.

Sehenswürdigkeiten der Umgebung: Die Altstadt von Hof mit dem Labyrinthberg und der Burgruine; das deutsch-deutsche Museum in Mödlareut, das zur Nachbargemeinde in Töpen gehört.

Wanderkarten: Topographische Karte 1:25000 des Landesvermessungsamtes, Blatt 5636 und Blatt 5637; Fritsch Wanderkarte »Landkreis Hof«.

20 Zum Bauernhofmuseum Kleinlosnitz

Zwischen den Naturparks Fichtelgebirge und Frankenwald

Tourencharakter: Lange Wanderung auf guten Wegen mit mäßigen Steigungen und Höhenunterschieden.
Beste Jahreszeit: Das ganze Jahr über, soweit es die Witterung zuläßt.
Reine Gehzeit: 4½ Stunden.

Der Dietelhof in Kleinlosnitz ist als Baudokument ostoberfränkischer und nordostbayerischer Landschaft in seinem ursprünglichen Bestand erhalten. Die Familie Dietel lebte fast 200 Jahre auf dem Hof. Aus dieser Zeit sind zahlreiche Urkunden, Schriftstücke und Dokumente erhalten. Der Vierseithof, den man durch ein Torhaus mit der eingeschnitzten Inschrift 1791 betritt, gibt einen Eindruck von der ländlichen Wohnkultur, der Arbeits- und Wirtschaftsweise früherer Jahrhunderte. Das heutige Museum zeigt schöne Ausstellungsstücke, aber auch viele Dinge des täglichen Lebens. Wohnstallhaus, Torhaus und Scheune sind mit Stroh gedeckt, wie es im östlichen Oberfranken früher üblich war. Zum Museumsdorf gehört noch der Obere Hof, der als Verwaltungsgebäude dient. Hier ist eine Einkehrstube untergebracht.

Kleinlosnitz liegt südlich von Münchberg, das durch die Gründung der Webschule im Jahre 1854 weithin bekannt wurde. Die Schule zählte zu den frühesten ihrer Art in Deutschland und ist heute eine der bedeutendsten Ausbildungsstätten für Textilfachleute. Die Stadt selber geht in Urkunden auf das Jahr 1224 zurück, ins 13. Jahrhundert also, als die Ritter von Sparneck hier regierten. Im folgenden Jahrhundert verlor das Rittergeschlecht immer mehr Land an die Burggrafen von Nürnberg, und 1397 schließlich gingen

Auf der Höhe zwischen Fichtelgebirge und Frankenwald liegt Münchberg, dessen Ortsbild vom spitzen Turm der Stadtpfarrkirche überragt wird. Berühmt ist Münchberg für seine jahrhundertealte Handwebertradition.

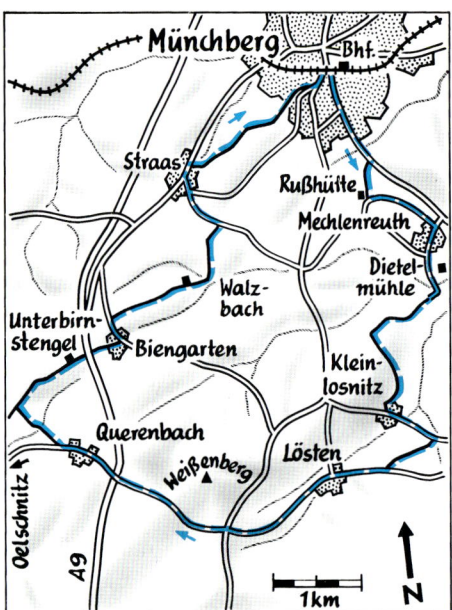

Der Wegverlauf

Der *Bahnhof in Münchberg* ist ein guter Ausgangsplatz für unsere Wanderung. Wir müssen die Bahnlinie südwärts unterqueren und zwar auf der *Bayreuther Straße,* die sich von der Bahnhofstraße aus nach Süden fortsetzt. Wir zweigen dann gleich links in die *Kreuzbergstraße* ab und gehen südostwärts auf der *Sparnecker Straße* aus der Stadt. Nach dem *Käsbach* steuern wir auf ein Waldstück zu, das rechter Hand liegt und das wir durchwandern. Bei der *Rußhütte* unter dem Kapellenberg stoßen wir auf einen Fahrweg, dem wir links folgen. Die Siedlung Lohziegelhütte an der Verbindungsstraße Münchberg–Stokkenroth bleibt links liegen. Wir halten uns parallel zu dieser Fahrstraße und erreichen *Mechlenreuth.* Südwestlich bewegen wir uns durch den Ort.

Der Weg biegt nach Süden und läßt die *Dietelmühle* links liegen. Wir passieren hier den *Mussenbach* und gelangen zum Waldrand, wo wir uns aber gleich nach rechts, nach Westen, wenden. Wir gehen zwischen zwei Waldstücken hindurch und kommen, südwärts schwenkend, nach *Kleinlosnitz.* Hier besuchen wir das *Bauernhofmuseum,* ehe wir südöstlich über den Löstenbach wandern.

Dann halten wir uns am Haidbach entlang und biegen bei nächster Gelegenheit, also noch vor Großlosnitz, rechts zu einer Waldinsel ab, die wir durchqueren, ebenso eine weitere, und treffen auf eine Verbindungsstraße, die uns rechts, westwärts, nach *Lösten* bringt. Hier, am Weg nach Großlosnitz, findet sich ein spätmittelalterliches *Steinkreuz.* Wir bewegen uns westwärts durch den Ort, schwenken zwischen zwei Bachläufen nach Südwesten und überqueren in westlicher Richtung die *Bundesstraße Münchberg–Friedmannsdorf.* Bald danach wenden wir uns nach Nordwesten, erreichen den Rand eines Waldstücks am Weißenberg, gehen durch die Waldenge und überqueren die *Autobahn A 9 Nürnberg–Berlin.*

Der nächste Ort, den wir ansteuern, ist *Querenbach.* Am Ortsende biegen wir von der Fahrstraße nach *Oelschnitz* rechts ab, kommen bei einem Waldstück und einem

die Besitzungen auf die Bayreuther Linie der Hohenzollern über. Ab 1792 kam der Ort eine Zeitlang unter preußische Herrschaft, 1806 unter französische Verwaltung, und 1810 wurde die Stadt königlich-bayerisch.

Das Bild der Stadt wurde durch sechs Brandkatastrophen zwischen 1534 und 1837 verändert. Im Bereich der Ludwigstraße ist noch die Reihendorfstruktur der ursprünglich rein bäuerlichen Siedlung zu erkennen. Ab dem 13. Jahrhundert wurde dann der zwischen zwei Toren gelegene Markt erweitert. Vieles aus dem Wiederaufbau nach 1837 ist im Straßenbild erhalten. In der ersten Hälfte des 19. Jahrhunderts entstand am ehemaligen Oberen Tor der Klosterplatz. Die öffentlichen Gebäude des Rathauses und des Landratsamtes erinnern mit ihrem Rundbogenstil an die Münchner Ludwigstraße.

Das älteste Bauwerk, das sich in der 750 Jahre alten Stadt erhalten hat, ist die evangelische Friedhofskirche aus dem Jahre 1747.

Im Münchberger Stadtwald, etwa 8 Kilometer südöstlich von Münchberg, entspringt übrigens die Saale. Sie fließt von hier nordwärts der Elbe zu. Am Wanderparkplatz »Saalequelle« hat man einen Waldlehrpfad angelegt.

Das Bauernhofmuseum in Kleinlosnitz bei Münchberg besteht aus dem Ensemble Dietelhof. Der Vierseithof gibt einen Eindruck von der ländlichen Kultur und der Lebensweise in Oberfranken. Seit 1983 bildet er den Mittelpunkt des Freilichtmuseums.

Weiher über den *Querenbach,* halten uns nordwestlich zu einem Waldvorsprung, wandern rechts am Waldrand weiter und stoßen zwischen zwei Teichen wieder auf eine Waldinsel, die wir durchqueren. Am Rande schwenken wir rechts, ostwärts, ab. Bei *Unterbirnstengel* gehen wir diesmal unter der Autobahn hindurch und auf *Biengarten* zu. Hier findet sich am Dorfteich ein Furchenoder Schleifschalenstein aus dem 18. Jahrhundert. Von Biengarten aus bewegen wir uns nach Norden, um bei erster Gelegenheit rechts abzuzweigen.

Am *Walzbacher Grund* erreichen wir in einer Waldsenke zwischen mehreren Weihern *Walzbach.* Hier biegen wir nordwärts ab und gelangen zur *Fahrstraße Straas–Mussen,* die uns links nach *Straas* führt. Im Ortszentrum wenden wir uns bei der Kreuzung nach rechts, bleiben also südlich vom Straaser Bach, steuern eine Waldinsel an und kommen zu den ersten Häusern von *Münchberg.* Nordöstlich halten wir uns zur Bayreuther Straße und gehen zum Bahnhof zurück.

Nützliche Informationen

Ausgangsort und Zufahrt: Münchberg hat eine Autobahnausfahrt von der A 9 und liegt an der Eisenbahnlinie über Hof und Bamberg.
Ausgangspunkt: Parkplätze beim Bürgerzentrum (an der Kanalstraße nahe dem Bahnhof) und am Bahnhof.
Gehzeiten: 4½ Std.; bis Kleinlosnitz 1½ Std., bis Querenbach 1½ Std. und zurück weitere 1½ Std.

Weißenstadt ist eine alte Bergbaustadt, wo man früher Zinnerze abbaute. Bis 1719 wurden in der Nähe auch große, helle Bergkristalle gefördert.

Unterkunft und Verpflegung: Seehotel Hintere Höhe, Hotel Braunschweiger Hof, Hotel-Restaurant Roßner, Gasthof Zum Ritterwirt, Gasthof Schotteneinzel, Münchberger Stübla.
Einkehr unterwegs: Im Bauernhofmuseum, Gaststätte Seuß in Biengarten (nur am Wochenende), Gaststätte Henniger in Straas.
Auskünfte: Fremdenverkehrsamt, Rathaus, Ludwigstraße 15, 8660 Münchberg, Tel. 092 51/874 12.
Sehenswürdigkeiten: Friedhofskirche aus dem Jahre 1747, als ältestes Bauwerk.
Sehenswürdigkeiten der Umgebung: Aussichtsturm am Rohrbühl; die Saalequelle 8 km südlich von Münchberg im Stadtwald; die Förmitztalsperre 8 km östlich von Münchberg; der Große Waldstein (877 m) bei Zell mit Aussichtspavillon und Burgruine, das Waldsteinhaus; Oberfränkisches Bauernhofmuseum in Kleinlosnitz, geöffnet Dienstag bis Freitag 13 bis 16 Uhr, Samstag/Sonntag 13 bis 15 Uhr, Tel. 092 51/35 25.
Wanderkarten: Topographische Karte 1:25 000 des Landesvermessungsamtes, Blatt 5836; Fritsch Wanderkarten »Landkreis Hof«, Nr. 64, und »Naturpark Fichtelgebirge«, Nr. 52, 1:50 000.

21 Von der Zinn- und Kristallbergbaustadt zum Rudolfstein

Alte Egerquelle, Drei Brüder und Burgplatz

Tourencharakter: Etwas anstrengende, aber lohnende Wanderung um den Weißendorfer See zum Zechenhaus, zur Egerquelle, zu den Felsgebilden Drei Brüder und zum Rudolfstein.
Beste Jahreszeit: Frühsommer bis Spätherbst.
Reine Gehzeit: 4 Stunden.

Auf dem 866 Meter hohen **Rudolfstein,** südlich von Weißenstadt, ist 1317 erstmals eine Burg erwähnt. Weil dieser Gipfel natürliche Felsbastionen hat, bot er sicherlich schon früher den Menschen Schutz und Zuflucht. Als erster Besitzer der Burg ist ein Bernhard Graf Berthold von Henneberg genannt. Seine Lehensträger waren die Hirschberger, bis die Güter in den Besitz des Klosters Waldsassen übergingen. Aber die Hirschberger blieben Amtsleute von Rudolfstein und Weißenstadt.

Wohnsitz war die Stadt und Ausflugsaufenthalt im Sommer die Höhenburg. Auch als die Burggrafen von Nürnberg 1348 das Gebiet erwarben, blieben die Hirschberger Amtsmänner. Aber nach 1485 wird die Höhenburg nicht mehr erwähnt. Vermutlich verfiel sie allmählich, und heute sind kaum mehr Reste erkennbar.

Weißenstadt, das auf einer Bodenwelle an der oberen Eger liegt, zwischen dem Waldsteinhöhenzug und dem Schneebergmassiv, ist eine alte Bergstadt. Früher baute man im Gemeindebereich Zinnerze ab. Die älteste Urkunde über die Stadt stammt aus dem Jahre 1299. 1333 kam der Ort an das Zisterzienserkloster Waldsassen und 1347 an die Burggrafen von Nürnberg. In der Nähe der Kirche finden sich Reste des einstigen Hirschbergschen Schlosses.

Von den einstigen Zinnbergwerken in **Schönlind** und **Weißenhaid** sind heute noch Halden zu sehen. Das Kristallbergwerk bei Weißenstadt, das noch 1719 betrieben wurde, lieferte helle große Bergkristalle. Die Stollen durch den Granit unter den Häusern werden heute noch als Hauskeller benutzt. Zur wirtschaftlichen Blüte der Stadt trug einst auch die »Waldzeidelei«, die Waldbienenzucht, bei. Das Gericht der Zinner und der Zeidler für das ganze Fichtelgebirge hatte seinen Sitz in Weißenstadt. Die Lage an der Handelsstraße Nürnberg-Eger förderte Handel, Handwerk und Gewerbe, aber wirkte sich auch in Kriegszeiten verheerend aus. So wurde Weißenstadt 1429 von den Hussiten zerstört und erlebte im Dreißigjährigen Krieg und später Durchzüge, Einquartierungen und Brandschatzungen. Ein Großfeuer vernichtete 1823 fast alle Häuser.

Der Wegverlauf

Vom *Marktplatz,* einem regelmäßig rechteckigen Platz auf dem höchsten Punkt des Ortsgeländes mit Häusern, die nach dem Stadtbrand 1823 errichtet wurden, mit spätgotischer Pfarrkirche und Rathaus, gehen wir westwärts in die *Zeller Straße,* überqueren die *Gartenstraße* und folgen dem *Stadtweiherweg* zum *Weißenstädter See.* Hier biegen wir rechts ab und wandern auf dem Uferweg um den See herum, bis zum großen *Parkplatz* am Segelgelände. Von hier bringt uns ein Weg zur *Weißenhaider Mühle.* Wir kommen dabei durch den Ortsteil *Schönlind* und an Zechenhaus vorbei, wo wir links abzweigen.

Vorbei am *Wirtshaus bei der Mühle* wandern wir südwärts auf dem Quellenweg durch Hochwald und erreichen in 752 Meter Höhe die *Egerquelle.* Die Quellfassung besteht aus zwölf Granitsteinen mit den Wappen der Städte Weißenstadt und Marktleuthen, ferner der böhmischen Orte Königsberg, Falkenau, Elbogen, Karlsbad, Fischern, Klösterle, Kaaden, Saaz und Postelberg; das sind Orte, welche die Eger auf ihrem Lauf zur Elbe durchfließt. Mittelpunkt des Reigens bildet das Wappen der ehemaligen Reichsstadt Eger. Es handelt sich um einen Gedenkstein der sudetendeutschen Heimatvertriebenen. Von der Quelle folgen wir dem Forstweg weiter nach Süden. Er schwenkt bald nach Osten, knickt dann nach Südosten ab und führt uns zu einer *Kreuzung* im Forstbereich »Ursprung«.

Nun wandern wir links, nordöstlich, auf dem Fußweg zu den Felsgebilden der *»Drei Brüder«;* das sind imposante Granittürme und -mauern mitten im Hochwald. Von hier gelangen wir in wenigen Minuten in nordöstlicher Richtung auf den Gipfel des *Rudolfstein.* Der höchste Felsen dieser seltsam geschichteten Gebilde kann über eine Holztreppe erstiegen werden und bietet eine schöne Aussicht auf die umliegende Wald- und Berglandschaft. Man kann die Waldsteinkette erkennen. Am Nordostabhang des Rudolfstein steht eine Bergwachthütte. Der Abstieg erfolgt auf dem Fußpfad in nördlicher Richtung über den Schloßberg, teilweise durch Hohlwege. Beim *Kellerhaus* kommen wir nach Weißenstadt zurück. Hier stoßen wir auf die *Bayreuther Straße* und gehen, am Friedhof vorbei, zum *Marktplatz.*

Nützliche Informationen

Ausgangsort und Zufahrt: Weißenstadt liegt nordwestlich von Wunsiedel zwischen dem Waldsteingebirge und dem Schneebergmassiv. Bis zur Autobahnausfahrt Gefrees-Weißenstadt an der Autobahn München–Berlin

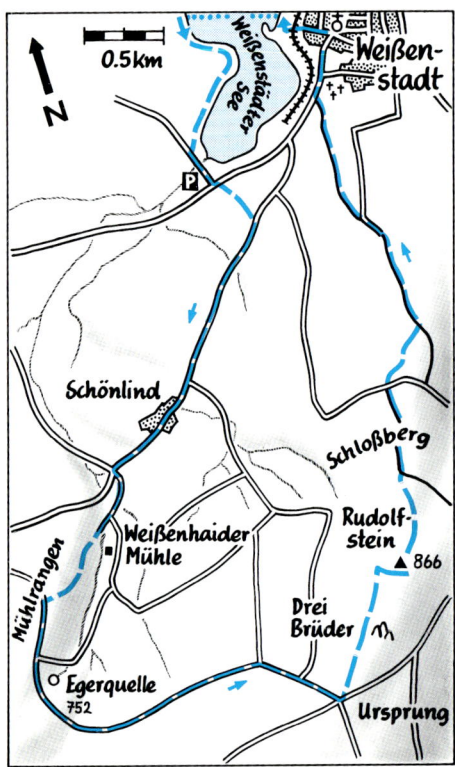

Langhaus und dem spätgotischen Turm, nach dem Brand von 1823 wieder hergestellt; Felsenkeller in der Bayreuther Straße; Scheunenreihen am Stadtrand von Weißenstadt.
Sehenswürdigkeiten der Umgebung: Die Egerquelle; die Saalequelle; die Felsgruppe Drei Brüder; der Burgstall auf dem Rudolfstein; das Waldsteintürmchen und der Bärenfang am Großen Waldstein.
Wanderkarten: Topographische Karte 1:25 000 des Landesvermessungsamtes, Blatt 5837 und Blatt 5937; Fritsch Wanderkarte »Naturpark Fichtelgebirge«, 1:50 000, Blatt 52; Wanderkarte »Weißenstadt und Umgebung«, 1:35 000, der Stadt Weißenstadt.

22 Die Burg Epprechtstein

Im Hallersteiner Forst

> **Tourencharakter:** Einfache Wanderung auf bequemen Wegen. Allerdings sind im Waldbereich knapp 150 Höhenmeter zu überwinden.
> **Beste Jahreszeit:** Das ganze Jahr über, im Winter, soweit es die Schneeverhältnisse zulassen.
> **Reine Gehzeit:** 3 Stunden.

sind es 14 km. Die nächsten Bahnstationen sind Münchberg und Marktleuthen. Von beiden Bahnstationen gibt es Busanschluß nach Weißenstadt.
Ausgangspunkt: Parkmöglichkeiten bieten sich beim Segelgelände am Weißenstädter See und am Tennisplatz beim Campingplatz.
Gehzeit: 4 Std.
Unterkunft und Verpflegung: Hotel Post, Reichsadler, Waldgasthof Weißenhaider Mühle, Restaurant Egertal, Hotel-Restaurant Welzel; Gasthof zum Waldstein, Gasthof Deutsches Haus, Gasthaus Bayreuther Tor, Gasthof Höllenwolf, Gasthof Birkenhof.
Einkehr unterwegs: Waldgasthof Weißenhaider Mühle, See-Café am Weißenstädter See.
Auskünfte: Fremdenverkehrsamt, Kirchplatz 1, 8687 Weißenstadt, Tel. 09253/711, Fax 09253/1404.
Sehenswürdigkeiten: Das Rathaus am Kirchplatz, 1828 nach Plänen von Johann Andreas Ritter begonnen; die Stadtpfarrkirche Unsere Liebe Frau mit dem im Kern romanischen

Der westlich von Kirchenlamitz aufragende **Epprechtstein** ist knapp 800 Meter hoch und neben dem Waldstein der bekannteste und mineralogisch der interessanteste Berg des Fichtelgebirges. Unmittelbar am Berg gibt es 18 Granitsteinbrüche. Auf dem kahlen Gipfel steht die Ruine der Burg, deren Aussichtsplattform einen großartigen Rundblick bietet. Nach Osten sieht man über Kirchenlamitz hinweg den Großen Kornberg. Im Süden beeindrucken der Doppelgipfel der Kösseine, die Schneebergkette und der Ochsenkopf. Im Westen sieht man über den Waldsteinhöhen-

Zu den meistbesuchten Ausflugszielen im Fichtelgebirge gehört der Rudolfstein mit seinen bizarren Felsgebilden. Hier stand eine 1317 erstmals erwähnte Höhenburg, von der heute kaum noch Spuren zu entdecken sind.

zug. Und nach Norden reicht der Blick bis Hof. Von der Burg weiß man, daß Eberhard de Eckebretssteine 1248 als Ministeriale Ottos II. von Meran erwähnt ist. Im 14. Jahrhundert machen sich die Besitzer der Burg als Raubritter einen zwielichtigen Namen. 1352 gibt König Karl IV. dem Burggrafen von Nürnberg den Befehl, gegen das Raubritternest auf dem Epprechtstein vorzugehen. Die Raubritter konnten zwar dem Nürnberger Burggrafen entkommen, mußten aber den Besitz verkaufen. 200 Jahre später wurde die Burg durch die Truppen des Burggrafen Heinrich von Plauen zerstört.

Als die Preußen die Markgrafschaft Bayreuth übernahmen, kam der preußische Minister von Hardenberg 1799 auf einer Inspektionsreise auf den Epprechtstein. Auf seinen Hinweis hin besuchten König Friedrich Wilhelm III. von Preußen und seine Gemahlin Luise von Alexandersbad aus die Ruine. Was man heute »Königsweg« nennt, wurde da-

Am Epprechtstein laden interessante Gesteinsformationen, wie hier der sogenannte Kaiserstein, zu geologischen Exkursionen ein.

mals angelegt, damit das hohe Paar bequem zur Ruine aufsteigen konnte. Der steinerne Tisch am Aufgang wird »Luisensitz« genannt. Auch dieser Rastplatz wurde seinerzeit errichtet. Auf dem Epprechtstein hat übrigens König Friedrich Wilhelm die Nachricht erhalten, daß Napoleon mit seinen Truppen den Rhein überschritten habe.

Der Ort **Kirchenlamitz** am Fuß der Burgruine, an der Lamitz gelegen, bekam 1347 Stadtrechte. Entstanden war er aus einer slawischen Siedlung. Das erste Rathaus der Stadt wurde im Dreißigjährigen Krieg, und zwar 1640, von Kroaten niedergebrannt. Das Rathaus aus dem Jahre 1830 ist im Zweiten Weltkrieg zerstört worden. Nach 1945 hat man einen dem Vorgängerbau angeglichenen Neubau errichtet. In der Schloßstraße finden wir Reste des alten **Wasserschlosses,** von dem aus ein unterirdischer Gang zum Epprechtstein existiert haben soll. Im Gemeindebereich von Kirchenlamitz befindet sich übrigens das größte Natursteinwerk der Bundesrepublik.

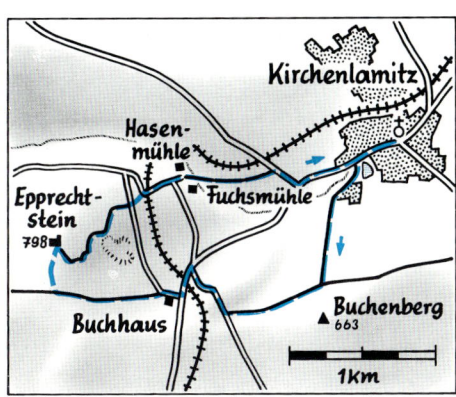

DerWegverlauf

Vom *Marktplatz* aus wandern wir auf der *Weißenstädter Straße* zunächst nach Westen. Beim Stadtteich zweigen wir noch im Stadtbereich südwärts ab. Wir spazieren weiter entlang der *Parkstraße* nach Südwesten den *Schloppener Steig* hinauf in Richtung Buchenberg. Auf der Anhöhe halten wir uns nach rechts, westwärts, auf dem *Fronweg* bis zur nächsten Wegkreuzung. Dort geht es rechts, nordwestlich, ab und gleich nach links durch das ehemalige Gelände eines *Steinbearbeitungsbetriebes.* Nach wenigen Metern ist auf der andern Seite der Kreisstraße die *Gaststätte Buchhaus* (Gaststätte Waldschmiede) zu sehen. Markiert ist unser Weg, der »Nordweg« heißt, mit einem »weißen N auf rotem Feld«.

Beim *Gasthof* biegt der Weg rechts ab und führt durch den Wald hinauf zum »Luisensitz«, dem steinernen Tisch mit Bänken, wo im Jahre 1805 die Königin Luise von Preußen beim Aufstieg zur Burgruine Epprechtstein gerastet hat. Durch die Halden der großen Steinbrüche gelangen wir zur *Burg Epprecht-*stein und über Stufen zur Aussichtsplattform. Das Burgareal verlassen wir nach Südosten zu. Es geht etwa 150 Meter in südöstlicher Richtung. Dann wandern wir nach links und halten uns über die steinerne Treppe in Richtung Osten.

Etwa 50 Meter vom Fuß der Treppe entfernt, treffen wir auf eine *Blockhütte.* Hier kann man rasten. Weiter geht es ostwärts den Berg hinunter. Vor dem großen *Steinbruch* müssen wir uns links halten. Talwärts erreichen wir die *Bahnstrecke Kirchenlamitz-Weißenstadt,* die wir überqueren. Bergab kommen wir an der *Fuchsmühle* vorbei und schließlich durch den *Fuchsmühlweg* zur *Münchberger Straße,* die uns nach rechts aufnimmt. Nach wenigen Schritten sind wir in der *Weißenstädter Straße* und spazieren, am Stadtteich vorbei, zurück zum *Marktplatz.*

Nützliche Informationen

Ausgangsort und Zufahrt: Kirchenlamitz liegt im Kreis Wunsiedel im Fichtelgebirge. Die Autobahnausfahrt Gefrees der A 9 Nürnberg – Berlin ist 20 km entfernt, die Ausfahrt Münchberg 16 km. Bahnanbindung findet sich an der Bahnstrecke Marktredwitz-Hof, Bahnhof Kirchenlamitz-Ost. Busverbindung gibt es nach Hof, Wunsiedel und Weißenstadt.

Ausgangspunkt: Parkmöglichkeiten bieten sich am Marktplatz, in der Weißenstädter Straße und am Stadtteich.

Gehzeiten: 3 Std.; von der Weißenstädter Straße oder vom Stadtteich bis zur Gaststätte

Zu den mineralogisch interessantesten Bergen des Fichtelgebirges gehört der 800 Meter hohe Epprechtstein. Auf dem Gipfel bietet die Ruine einer mittelalterlichen Burg einen großartigen Rundblick. Unmittelbar am Berg wird in zahlreichen Steinbrüchen Granit gewonnen.

Im Felslabyrinth der Luisenburg. Als Goethe 1820 zum zweiten Mal diese Region besuchte, fand er sie völlig verändert: aus der düsteren Luxburg war die Luisenburg geworden, aus der Wildnis eine »durch architektonische Gartenkunst spazierbar gemachte« Anlage. ▷

Buchhaus 1 Std., von dort über Epprechtstein zurück 2 Std.
Unterkunft und Verpflegung: Gasthof Deutsches Haus; Gasthof Post; Gaststätte Waldschmiede; Jagdschloß Fahrenbühl; Naturfreundehaus.
Einkehr unterwegs: Gaststätte Waldschmiede.
Auskünfte: Stadt Kirchenlamitz, Fremdenverkehrsamt, Marktplatz 3, 8686 Kirchenlamitz, Tel. 09285/1246 und 1247.
Sehenswürdigkeiten: Stadtkirche St. Michael; ehemaliges Schloß; Grabplatten in der Friedhofsmauer; Ruine Epprechtstein; Porzellanherstellung mit Werksverkauf; größter Natursteinbearbeitungsbetrieb in Deutschland.
Wanderkarten: Topographische Karte 1:25 000 des Landesvermessungsamtes, Blatt 5837; Fritsch Wanderkarte »Fichtelgebirge« 1:50 000.

23 Luisenburg und Kösseine

Durch das Felslabyrinth

Tourencharakter: Ungemein vielseitige Wanderung zu zahlreichen Sehenswürdigkeiten.
Beste Jahreszeit: Das ganze Jahr über; im Winter, soweit es die Schneeverhältnisse zulassen.
Reine Gehzeit: 4 Stunden.

»Kennst du die Berge in Deutschlands Herz, gelagert rings im Kreise, mit grünen Wäldern so reich bedeckt? Die Lüfte säuseln leise: Fichtelgebirg sind sie genannt!« Das Fichtelgebirgslied beschreibt einen Gebirgsknoten zwischen dem Böhmerwald, dem Franken- und dem Thüringer Wald, dem Elster- und

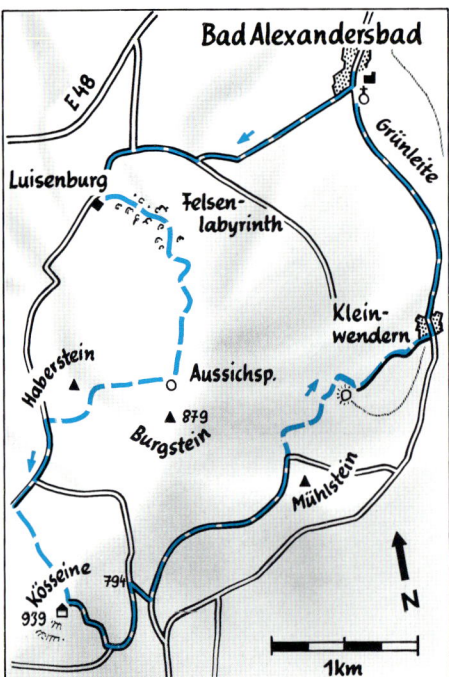

dem Erzgebirge im Nordosten Bayerns – ein Gebirge, das zum Naturpark erhoben wurde und das zu 51 Prozent von Wald bedeckt ist. Der Grundriß des **Fichtelgebirges** ist ein nach Nordosten offenes Hufeisen. Die höchsten Erhebungen sind Ochsenkopf und Schneeberg mit jeweils über 1000 Metern.

Charakteristisches Gestein für das Gebirge ist der Granit. Er kommt in den unterschiedlichsten Arten vor. Daneben gibt es vor allem im nördlichen Bereich Gneis, außerdem Marmor verschiedener Arten, Schiefer, Grünstein, grüner Porphyr, Phyllite und Speckstein.

Obwohl schon in vorgeschichtlicher Zeit im Fichtelgebirge Erze abgebaut wurden, speziell Zinn, fand eine Besiedlung relativ spät statt. Im 9. bis 11. Jahrhundert rodeten hier bayerisch-stämmige – und im Gebiet um Weißenstadt und Kirchenlamitz fränkische Siedler. Der nördliche Teil des Gebirgszuges stand im Mittelalter unter der Hoheit der Burggrafen von Nürnberg, der Hohenzollern also. Der Südabfall war immer Einflußgebiet der Wittelsbacher. Weil das Land in sechs

Ämter aufgeteilt war, nannte man es »Sechsämterland« – ein Begriff, der heute noch im Gebrauch ist. Erst 1810 wurde das gesamte Fichtelgebirge bayerisch.

Als Erholungslandschaft hat die Region lange Tradition. Einige der Ausflugsgebiete, wie Waldstein, die Luisenburg und Epprechtstein, wurden schon um 1800 zu parkähnlichen Felsengärten ausgestattet. In diese Zeit gehen die Festspiele auf der Freilichtbühne an der Luisenburg zurück, die bei **Bad Alexandersbad** errichtet wurde. Der Ort ist eine Gründung des letzten Bayreuther Markgrafen Alexander. Er ließ 1783 ein Badehaus, das sogenannte Alte Schloß, bauen. Die Umgebung wurde durch Anlagen, Alleen und Spazierwege verschönert. Die Heilwirkung der Quelle war schon 1734 entdeckt worden. 1741 wurde sie gefaßt, und in den Jahrzehnten danach war Bad Alexandersbad ein Treffpunkt der vornehmen Welt, des Adels und der Fürsten.

1805 hat der ehemalige Landesherr, der preußische König Friedrich Wilhelm III., mit Königin Luise hier geweilt. Daran erinnert das Luisenzimmer im Schloß, ein Granitobelisk auf halbem Wege zur Luisenburg und ein Steintisch auf dem Weg von Kirchenlamitz zur Burgruine Epprechtstein. 1820 wohnte Goethe im Schloß. Das Kurhaus wurde 1838 eröffnet. Später gingen die staatlichen Anlagen in privaten Besitz über. Neue staatliche Anerkennung als Bad kam 1977 für den Kurort.

Das westlich gelegene Felslabyrinth, das Los- oder Luchsburg hieß, wurde zum Andenken an den Aufenthalt der Königin Luise in **»Luisenburg«** umbenannt. Es ist eines der eindrucksvollsten Naturdenkmäler des Fichtelgebirges.

Der Wegverlauf

Vom *Schloß* am Südrand von Bad Alexandersbad wandern wir erst in südwestlicher Richtung, dann nach Westen schwenkend zur *Gaststätte Luisenburg.* Hier ist auch der Eingang zur Naturbühne. Die Spielzeit ist Ende Juni bis Mitte August. Der Zuschauerraum ruht zum Teil auf dem Deckenstein der Klingergrotte. Der Durchgang durch das *Felsen-*

Bereits 1790 begann man, die Felswildnis bei Alexandersbad zu erschließen und als Naturbühne zu nutzen. Die Namensänderung von »Luxburg« zu »Luisenburg« erfolgte 1805, als das preußische Königspaar Friedrich Wilhelm III. und Luise das Bad und den Felsenpark besuchte.

labyrinth ist ausgebaut und mit Sicherungen, Leitern und Stufen versehen. Über Steintreppen kommen wir zum Platz der einstigen Losburg, zum Goethefelsen, zur Grünen Wald- und zur Mineralienhöhle. Der Weiterweg leitet zum Prinz-Ludwig-Platz und unter der künstlichen Ruine Marienhöhe vorbei, um zunächst bei der *Dianaquelle* zu enden.

Der südlich gelegene *Burgstein* ist der höchste Punkt des Luisenburgrückens und liegt bereits außerhalb des Labyrinths. Von hier biegt unser Weg nach Westen, und wir erreichen den *Haberstein,* eine zerklüftete Felsnummer aus mächtigen Granitblöcken mitten im dichten Wald. Auch hier können wir über eine Treppe auf einen Felsenturm steigen, von wo man ebenfalls einen hübschen Rundblick hat. Vom Haberstein wenden wir uns südwärts und stoßen auf die höchste Erhebung im Südschenkel des Fichtelgebirgshufeisens, den charakteristischen Doppelgipfel der 939 Meter hohen *Kösseine.* Hier steht das 1903 vom Fichtelgebirgsverein erbaute Unterkunftshaus. Auf der höchsten Stelle des Granitblockfeldes wurde 1924, ebenfalls vom Fichtelgebirgsverein, ein Aussichtsturm errichtet.

Beim Abstieg folgen wir zunächst dem *Forstweg,* der vom Gipfel nach Süden hinunterzieht. Er schwenkt dann nach Osten und nach Norden. In 794 Metern Höhe geht es rechts ab zu einem parallel verlaufenden Forstweg, der uns weiter nordwärts leitet, schließlich im Bogen nach Osten und Nordosten. Wir gelangen zu einer Felsgruppe, die *»Mühlstein«* heißt. In einer Kehre verlassen wir den Forstweg, wandern auf einem Pfad etwas nordwärts, um bald nach Osten abzubiegen. Bei einem *Steinbruchweiher* kommen wir aus dem Wald und erreichen *Kleinwendern.* Von hier tauchen wir aus dem Wendernbachtal wieder in den Wald ein und bewegen uns an der *Grünleite* entlang zurück nach *Bad Alexandersbad.*

Nützliche Informationen

Ausgangsort und Zufahrt: Bad Alexandersbad liegt an der Bundesstraße 303, südlich von Wunsiedel, im Talboden des Wenderner Bachs und seiner Zuflüsse.
Ausgangspunkt: Parkmöglichkeiten beim Schloß bzw. bei der Luisenburg.
Gehzeiten: Von Bad Alexandersbad durch das Felslabyrinth zum Burgstein 1½ Std., zur Kösseine 1 Std., über Kleinwendern zurück 1½ Std.
Unterkunft und Verpflegung: Zahlreiche Hotels in Bad Alexandersbad.
Einkehr unterwegs: Gaststätte Luisenburg, Unterkunftshaus Kösseine, Kleinwendern.
Auskünfte: Kurverwaltung Bad Alexandersbad, Am Kurpark, 8591 Bad Alexandersbad, Tel. 09232/2634.
Sehenswürdigkeiten: Markgräfliches Schloß; Bauten aus der Gründerzeit des Bades; der ehemalige Schloßpark mit altem Baumbestand, Monopteros, einem um 1800 entstandenen Rundtempel, und Heilbrunnen.
Sehenswürdigkeiten der Umgebung: Die Naturbühne und das Felslabyrinth Luisenburg; das Kösseinemassiv; das Dorfmuseum in Kleinwendern.
Wanderkarten: Topographische Karte 1:25000 des Landesvermessungsamtes, Blätter 5937, 5938, 6037, 6038; Fritsch Wanderkarte »Naturpark Fichtelgebirge«, 1:50000, Blatt 52.

24 Zwischen Marienberg und Würzburger Frankenwarte

Umweg über das »Käppele«

Tourencharakter: Relativ kurze Wanderung auf guten Straßen.
Beste Jahreszeit: Das ganze Jahr über.
Reine Gehzeit: 2 Stunden.

Auf dem Würzburger **Marienberg** haben schon die Kelten gesiedelt. Vom 6. Jahrhundert an residierten hier die fränkisch-thüringischen Herzöge. Sie beherrschten das Umland. Vom letzten, Hetan II., spricht eine Urkunde aus dem Jahre 704. Im 8. Jahrhundert wurde unterhalb der Burg ein Andreaskloster gegründet. Auf der anderen Mainseite waren ein fränkischer Saalhof und die Grabkapelle des heiligen Kilian Keimzelle für eine Niederlassung, die schon 1030 als »Civitas« bezeugt ist. Auf dem Kiliansgrab hat man 788 den ersten Dom gebaut und in Gegenwart Karls des Großen geweiht. Fast 300 Jahre später, im Jahre 1156, feierte Kaiser Friedrich Barbarossa in Würzburg seine Hochzeit mit Beatrix von Burgund. Bald darauf hat er das fränkische Herzogtum der Würzburger Bischöfe bestätigt. Im 13. Jahrhundert kam es zu Kämpfen zwischen der Bürgerschaft und dem Bischof. Sie setzten sich fort, aber der Aufstand scheiterte. Endpunkt war die Schlacht von Bergtheim im Jahre 1400.

Der berühmte Bildschnitzer Tilman Riemenschneider war Ratsherr und Bürgermeister von Würzburg. Er starb 1531.

Im Dreißigjährigen Krieg hat Gustav Adolf von Schweden Stadt und Festung erobert. Es kam zu einer schwedisch-weimarischen Zwischenregierung, die bis 1634 dauerte. Nach dem Krieg wurde die Festung unter Fürstbischof Johann Phillip von Schönborn neu ausgebaut. Die fürstbischöfliche Residenz entstand nach Plänen von Balthasar

Auf dem Nikolausberg über Würzburg begann Balthasar Neumann 1748 mit dem Neubau einer Wallfahrtskirche, die bereits 1750 vollendet war. Zum »Käppele« führt ein schöner Kreuzweg mit lebensgroßen Figurengruppen hinauf.

Neumann ab dem Jahre 1720. 1796 besiegte Erzherzog Carl von Österreich in der Schlacht bei Würzburg die französischen Truppen. 1802 wurde das Hochstift Würzburg säkularisiert und 1805 die Stadt kurbayerisch. Ferdinand von Toskana regierte als Großherzog, bis man 1814 das Gebiet endgültig Bayern eingliederte. Die Preußen haben die Festung 1866 im preußisch-österreichischen Krieg beschossen. Dann verlor die Stadt ihren Festungscharakter.

Ein berühmter Sohn Würzburgs war Wilhelm Konrad Röntgen, der die nach ihm benannten Strahlen entdeckte.

Heute ist **Würzburg** eine Stadt mit modernem Flair. Sie bringt eine Fülle von Sehenswürdigkeiten: neben der *Residenz,* Hauptwerk des süddeutschen Barocks und eines der bedeutendsten Schlösser Europas, der *Dom* und die romanische Basilika des 11. Jahrhunderts, das *Neumünster,* die 1042 geweihte romanische *Basilika St. Burkhard,* die *Deutschhauskirche,* einst Kirche des Deutschherrenordens, die im Stil der Frühgotik 1296 vollendet wurde, die *Franziskanerkirche* als die älteste deutsche Niederlassung der Franziskaner, die *Marienkapelle,* die spätgotische Hallenkirche der Bürgerschaft, 1377 im Bau begonnen, *St. Gertraud* im nachgotischen Stil aus dem Jahre 1611, die erste Barockkirche Würzburgs, die *Karmelitenkirche,* das *Stift Haug,* der erste große Kirchenbau der Barockzeit in Franken, die *Augustinerkirche,* die ehemalige Dominikanerkirche, die *Don-Bosco-Kirche,* die frühe *St.-Jakobs-Kirche,* eine romanische Pfeilerbasilika, das *Julius-Spital,* 1576 von Fürstbischof Julius Echter begründet, die *Alte Universität,* ebenfalls von Julius Echter im Jahre 1582 erbaut, das *Rathaus* mit dem frühromanischen Turm, einst Sitz eines bischöflichen Beamten, das *Bürgerspital,* aus dem Jahre 1319, und nicht zu vergessen die alte *Mainbrücke,* die 1473 bis 1543 an Stelle der zerstörten romanischen errichtet wurde.

Ein Wahrzeichen der Stadt ist der *»Alte Kranen«,* erbaut von Balthasar Neumanns Sohn Franz Ignaz. Sehenswert sind zahlreiche Höfe und Bürgerhäuser. Zu den eindrucksvollsten Bauwerken gehört die *Festung Marienberg,* eine weitläufige Anlage, ursprünglich Fliehburg der Hallstattzeit. Hier hat man im Jahre 706 eine Marienkirche geweiht, die den Kern der späteren Burgkirche darstellt. 1201 wurde die Burg gegründet. Der Bergfried stammt aus dieser Zeit. Um 1600 hat man die Anlage zum Renaissanceschloß ausgebaut, und von 1702 bis 1712 wurde die Burg zur Barockfestung ausgebaut. Heute finden wir in der Burg das Mainfränkische Museum, eine großartige Sammlung fränkischer Kunstwerke, darunter eine Reihe weltberühmter Plastiken von Tilman Riemenschneider. Am besten steckt man sich einen Kunstführer und den Würzburger Stadtplan in die Tasche und bricht zu einem Rundgang durch die Altstadt auf.

Der Wegverlauf

Die *Burg* mit der Burgschänke und dem Burgrestaurant sowie den weiträumigen Parkplätzen ist ein guter Ausgangspunkt für unsere interessante Wanderung durch linksmainische Stadtteile Würzburgs. Am *Oberen Burgweg,* also der Verbindung von der Höchberger Straße (Bundesstraße 8, Bundesstraße 27) zu den Parkplätzen an der Burg, biegt südwärts der *Judenpfad* steil hinunter ins Kühbachtal. Wir gehen über den Bach und stoßen auf die *Leistenstraße* (Bundesstraße 13), die wir überqueren. Wir kreuzen den *Winterleitenweg,* immer noch auf dem Judenpfad. Danach zweigt links der Weg zur *Neuen Welt* ab. Schließlich erreichen wir den *Leutfresserweg,* dem wir links, ostwärts, folgen, um bei erster Gelegenheit rechts den *Kniebrecher* hinaufzusteigen. Dann nimmt uns der *Maasweg* nach links (Osten) auf, bis wir rechts in den *Spittelbergweg* abbiegen können. Wir gelangen zum *»Käppele«.*

Diese Wallfahrtskirche wurde 1748 von Balthasar Neumann erbaut. Glanzvoll ist die Ausstattung. Die Stukkaturen stammen von F. X. Feichtmayr, die Fresken von Matthäus Günther. Malerisch ist der Stationsweg mit den lebensgroßen Figurengruppen von P. Wagner. Er wurde 1767 bis 1775 angelegt. Im Mirakelgang finden sich zahlreiche alte Votivgaben. Die Wallfahrt hierher hat 1640 begonnen, als der Sohn eines Würzburger Fischers ein Vesperbild in einem Bretterhäuschen auf dem Nikolausberg aufstellte. Zunächst pilgerten Weinbergarbeiter und Schafhirten zum Bild. 1650 hat man dann eine Kapelle gebaut. 1684 wurde die Kirche zu klein und daraufhin vergrößert, bis dann Balthasar Neumann 1748 den Neubau in der heutigen Form begann. Nach dem »Käppele«, wir sind südwärts weitergegangen, schwenken wir in den *Albert-Günther-Weg* ab. Er führt westwärts zur *Frankenwarte*. Hier am Nikolausberg finden sich auch eine Sendeanlage und ein Erholungsheim der Arbeiterwohlfahrt. Wir wandern auf dem Spechtweg in nordwestlicher Richtung dem Tal zu. Bevor wir zur Leistenstraße im Kühbachtal, also zur Bundesstraße 13, kommen, wenden wir uns rechts in die Gertraud-Rostosky-Straße. Bald treffen wir auf den Winterleitweg, der uns wieder zur Kreuzung bringt, die unmittelbar über der Bundesstraße liegt. Zurück geht es über den Judenpfad zum Marienberg.

Nützliche Informationen

Ausgangsort und Zufahrt: Die Stadt Würzburg liegt im Maindreieck und wird umrahmt von Spessart, Rhön und Steigerwald. Die Bundesstraßen 8, 19, 13 und 27 berühren den Stadtkern. Weiträumig verlaufen die Bundesautobahnen A 3 und A 7 um die Stadt, deren tiefster Punkt 166 Meter über dem Meeresspiegel liegt und deren höchster bei der Frankenwarte 360 Meter erreicht.
Ausgangspunkt: Parkplätze im Burgbereich.
Gehzeiten: 2 Std.; 45 Min. zum »Käppele«, 1/2 Std. zur Frankenwarte und 45 Min. zurück.
Unterkunft und Verpflegung sowie Einkehr unterwegs: Burggaststätten Festung Marienberg, Hacienda Mexicana an der Frankenwarte, Gutsschenke Schützenhof am Käppele, Nikolaushof am Käppele.
Auskünfte: Landkreis Würzburg, Landratsamt, Fremdenverkehrsreferat, Zeppelinstraße 15, 8700 Würzburg, Tel. 09 31/8 00 3-246; Touristinformation Fränkisches Weinland, Zeppelinstraße 15, 8700 Würzburg, Tel. 09 31/8 00 3-246; Fremdenverkehrsamt, Am Congresscentrum, 8700 Würzburg, Tel. 09 31/3 73 35, Fax 09 31/3 76 52.
Sehenswürdigkeiten: Festung Marienberg,

Residenz, Dom, Grafeneckhard und Rathaus, Neumünster, St. Burkhard, Deutschhauskirche, Franziskanerkirche, Marienkapelle, St. Gertraud, Karmelitenkirche, Stift Haug, St. Peter, Augustinerkirche, Käppele, St. Stefan, Don-Bosco-Kirche, St. Altona, St. Johannis, Alte Universität, Julius-Spital, Bürgerspital, alte Mainbrücke, Alter Kranen, Hofspitalkirche. Unter den Höfen und Bürgerhäusern der Hintere Gressenhof oder Stachel, 1413 erstmals genannt, der Casteller Hof, ein Renaissancebau, Conti, der einstige Domherrenhof, jetzt bischöfliches Palais, der Rote Bau, der Rücker Mainhof, das Huttenschlößchen, das Haus zum Falken, der Hof zum Rebstock. Zahlreiche Museen wie das Fürstenbaumuseum oder die Röntgengedächtnisstätte.
Sehenswürdigkeiten der Umgebung: Kloster Oberzell, eine ehemalige Prämonstratenserabtei, das Kloster Himmelspforten und die Erlöserkirche in Zellerau, der historische Ortskern von Heidingsfeld mit der alten Stadtmauer. Das Untere (Wasser-)Schloß und das Obere Schloß in Rottenbauer. Die Kirche zur Heiligen Familie bei Heidingsfeld und die Heilig-Geist-Kirche in der Dürrbachau.
Wanderkarten: Topographische Karte 1:25 000 des Landesvermessungsamtes, Blatt 6225; Fritsch Wanderkarte »Landkreis Würzburg«, 1:50 000, Blatt 83; Stadtplan.

25 Mühlenwege rund um Ochsenfurt

Zu den Tälern von Thierbach
und Schafbach

Tourencharakter: Unschwierig, aber
etwas lang, auf guten Wegen.
Beste Jahreszeit: Das ganze Jahr über.
Reine Gehzeit: 5 Stunden, kann aber
auch in zwei Abschnitten erwandert
werden.

Die Roßmühlgasse in **Ochsenfurt** erinnert
daran, daß hier im Mittelalter eine Roßmühle
in Betrieb war, also ein von Pferden in Gang
gesetztes Mühlwerk, das die Mehlversorgung
bei Wassermangel oder in Kriegszeiten si-
cherstellen sollte. Am Main und an seinen
Nebenflüssen gab es wassergetriebene Mühlen. Die Ochsenfurter Mainmühle konnte
nach einer Überschwemmung im Jahre 1784
nicht mehr betrieben werden. Hochwasser,
Versandung des Mahlwerkes und Brände
hatten sie mehrfach beschädigt.

Auch bei den Mühlen in den stadtnahen
Tälern gab es im Laufe der Zeit zahlreiche
Veränderungen. Einst waren im Schafbachtal
sechs Mühlen in Betrieb, und eine Stadtchro-
nik aus dem Jahre 1845 erwähnt im Thierbachtal sieben Mühlen. Aber nur zwei davon, die obere und die untere Holzmühle, lagen innerhalb der städtischen Gemarkung.
Die beiden Fuchsenmühlen, die Kloster-, die
Schleif- und die Walkmühle wurden vom
Kloster Tückelhausen errichtet. Mit Ausnahme der Ölmühle haben die Mühlen in der
Regel Getreide verarbeitet. Die Walkmühle
befaßte sich mit der Bearbeitung von Leder

Hoch über Würzburg wacht die Feste Marienberg
über Stadt und Fluß. Im Mittelalter entstand hier
eine Burg, die nach und nach zur Festung ausge-
baut wurde.

Die Würzburger Residenz ist einer der bedeu-
tendsten Profanbauten des deutschen Barock.
Fürstbischof Johann Philipp Franz von Schönborn
erteilte den Auftrag zu diesem Bau, der 1720
begonnen und 1744 unter der Bauleitung von Bal-
thasar Neumann vollendet wurde.

und Tuch. Die meisten Mühlen sind verschwunden oder stillgelegt worden. Nur in
der Mönchsmühle bei Tückelhausen wird
noch Korn gemahlen, allerdings mit Hilfe
von elektrischem Strom.

Wer in das **Thierbachtal** wandert, stößt zuerst auf die *Kunstmühle Schirmer.* An der
Hauswand sind die Zunftzeichen der Müller
angebracht. Hinter dem Haus steht noch das
alte Mühlrad der abgebrochenen Becksmüh-
le, die sich in der Nähe befand. Die nächste
Mühle ist die *Kunstmühle Stöhr,* die sogenannte *Fuchsenmühle.* Dann kommen die
Ölmühle und die *Mönchsmühle.* Die Statuen
von St. Bruno, dem Gründer des Karthäu-
serordens, und von St. Nikolaus, dem Zunft-
heiligen der Bäcker und Müller, zieren die
Hofeinfahrt.

Im **Schafbachtal** liegen die Wirtschaftsgebäude der *Blunzenmühle,* der *Rothmühle*
und der *Scheckenmühle.* Gegenüber der Kirche von Darstadt stand früher die *Schloß-*
mühle.

Im Fränkischen hatte der Weinbau Vor-
rang. Noch im Jahre 1600 wurde die Um-
wandlung eines Weinberges in Ackerland
mit Gefängnis bestraft, obwohl der Lößlehm
zusammen mit dem Lettenkeuper auf den
Hochflächen des Gaus ideale Bedingungen
für den Anbau von Feldfrüchten bietet. Es
wird vorwiegend Gerste und Weizen ange-
baut. Die mit der Feldwirtschaft der Bauern
zusammenhängende Müllerei entwickelte
sich in Franken schon im hohen Mittelalter
zum eigenständigen Handwerk. Müller, Bäk-
ker und Melber, die Mehlhändler, entwickel-
ten gemeinsame Zunftzeichen.

Der Wegverlauf

Vom *Bahnhof* wandern wir ein Stück nach
Westen, gehen durch die Unterführung auf
die Südseite des Bahngeländes und halten
uns westwärts. Ein Weg unterquert den Abzweig der alten Gaubahn von der Würzburger Linie. Wir sind in der *Westsiedlung,* kommen zum *Sportplatz* und biegen dahinter
rechts von der *Talstraße* weg. Bei einer Kreuzung verlassen wir nach links den Siedlungs-
bereich auf eine Höhe, die vom Talboden
durch einen Waldstreifen getrennt wird. Wir

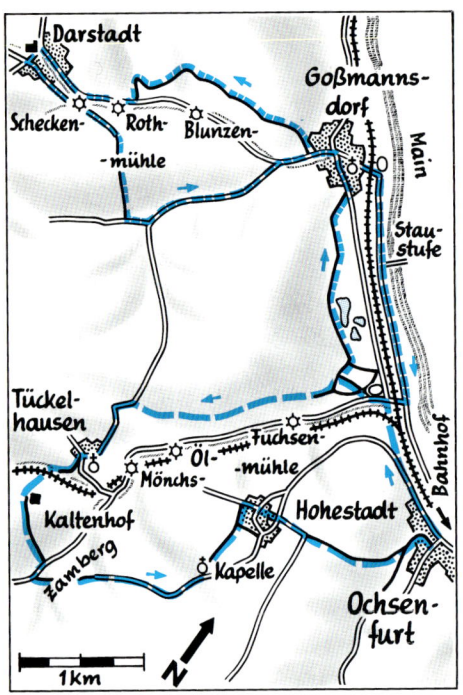

ehemalige Priorat ist jetzt Pfarrhaus. Zu sehen sind auch noch der ehemalige Gästetrakt und Wirtschaftstrakte. Im Schloßhof gibt es zwei Barockbrunnen.

In der Kartäuserstraße steht die Kirchenruine *St. Lambertus*, ein Bau aus dem 12. Jahrhundert. Der Kreuzgang des Klosters ist heute zum großen Teil verbaut. Die früheren Mönchszellen sind in Gemeinde- und Privatbesitz, zwei Kartausen in Kirchenbesitz. Es ist aber die Rekonstruktion einer Kartause geplant, die als Museum zugänglich ist (geöffnet sonn- und feiertags von 11 bis 12 und 14 bis 17 Uhr – nicht im Winter). In Tückelhausen erzählt man sich von einem verborgenen Klosterschatz, der von schwarzen Pudeln bewacht wird, welche Wanderern im Thierbachtal und im Weiler Kaltenhof erscheinen. Die *Mönchsmühle*, nördlich des Klosters, ist noch in Betrieb. Eine Turbine hat allerdings das Mühlrad ersetzt. Umweltschutzbestimmungen, bezogen auf den Mühlenbetrieb, gab es schon im Jahre 1842. Hier heißt es in einer Anordnung: »Das Räder- und Triebwerk muß so genau passen, daß man in der Mühle kein unordentliches, allzu starkes Gekrächze, Klappern und Getöse höre.«

Unser Weiterweg leitet uns südwärts über die Bahngleise zum *Kaltenhof*, durch diesen hindurch und, nach Osten wendend, zum *Biberleinsbach*, wo wir ein Stück südwärts wandern, um dann bei einer Kreuzung links abzuzweigen und das Waldstück *am Zamberg* zu queren. Über das Feld gelangen wir in nordöstlicher Richtung zu einer Wegverzweigung. Wir halten uns links, nordwärts, auf die *Kapelle* am Waldrand des *Brandlein* zu. Die Flurkapelle, bei der uns eine Bank zur Rast lädt, wurde 1911 von dem Mühlenbesitzer Thaddäus Stöhr erbaut. Seinem Bruder soll an dieser Stelle bei der Jagd der Teufel erschienen sein, den er durch das Kreuzzeichen vertrieben habe. In nördlicher Richtung erreichen wir *Hohestadt*, von wo wir eine herrliche Aussicht ins Maintal haben. Im Ort gibt es einige hübsche Bildstöcke aus

folgen dem Waldrandweg in südwestlicher Richtung unter der Überlandleitung hindurch. Am Anfang des Thierbachtals stand die Kunstmühle Schirmer. Nun liegt unter uns die *Fuchsenmühle*. 1 Kilometer weiter taucht die *Ölmühle* auf.

Gleich darauf stoßen wir auf die Zufahrtsstraße von Goßmannsdorf nach *Tückelhausen,* die uns zum Kloster hinunterbringt. Am Lambertusberg über dem Thierbachtal gab es an der alten Klosterstraße von Kitzingen nach Tauberbischofsheim eine Nonnenklause. Bischof Otto von Bamberg stiftete 1138 das Anwesen den Prämonstratensern. Aber 1351 ging das Kloster in den Besitz des Kartäuserordens über, der es 453 Jahre lang innehatte. Im Jahre 1561 errichtete man um das Kloster Mauern, von denen südlich und westlich der Gebäudekomplexe noch Reste zu sehen sind. In der Konventstraße findet sich der ehemalige Klausurhof des Klosters, im Rechteck um den Chor der ehemaligen Klosterkirche angeordnet. Die St.-Georgs-Kirche, die ehemalige Kartäuserklosterkirche, entstand um 1200 und wurde 1350 umgebaut. Das

Weinbergkapellen, wie hier die St.-Valentinus-Kapelle über Frickenhausen, sind Zeichen tiefer Volksfrömmigkeit.

Östlich von Ochsenfurt liegt an einem alten Flußübergang auf dem rechten Mainufer Segnitz. Der Rundturm links im Bild ist ein Teil der mittelalterlichen Ortsbefestigung.

dem 17., 18. und 19. Jahrhundert und an einigen Häusern Hausfiguren. Nun laufen wir ostwärts zum Wäldchen über Ochsenfurt und an dessen Rand zurück zum Ausgangspunkt am *Klingengraben.*

Die zweite Mühlenwanderung beginnt bei der Westsiedlung in der *Danziger Straße.* Vom westlichen Siedlungsrand führt unser Weg am Hang über den Weihern parallel zum Main auf *Goßmannsdorf* zu. Der Ort war im Mittelalter ein befestigtes, reiches Heckerdorf mit einem Umschlagplatz für die Verschiffung der auf dem Main angelieferten Getreide aus dem Ochsenfurter Gau. Die Grundherrenrechte waren zwischen dem Würzburger Domkapitel und den Freiherren von Zobel aufgeteilt. Mitten im ehemals domkapitelischen Viertel liegt die Pfarrkirche. Die noch vorhandene Ringmauer um den Ortskern besitzt drei Rundtürme und zahlreiche halbrunde Schalentürme. Die Tore sind nicht mehr vorhanden. Vom Ortszentrum folgen wir ein Stück der Straße nach *Darstadt,* gehen aber nach 200 Metern durch einen Hohlweg zu einer *Grotte* hinauf. In

den Nischen gibt es mehrere Heiligenfiguren, darunter die des heiligen Florian.

Durch eine *Steinbruchanlage* kommen wir auf den *Höhenweg nach Darstadt.* Unten im Tal liegen die Wirtschaftsgebäude der Blunzenmühle. Durch ein Waldstück wandern wir hinunter in das *Schafbachtal* mit der *Roth-* und der *Scheckenmühle.* Schließlich erreichen wir *Darstadt* mit der abgebrochenen *Schloßmühle.* Hier interessiert vor allen Dingen ein Abstecher zum *Zobelschen Schloß,* das aus zwei Satteldachbauten mit Treppengiebeln und Ecktürmen besteht und im 16./17. Jahrhundert über einem spätmittelalterlichen Kern gebaut wurde.

Wir gehen vom Schloß zurück. Hinter den Wirtschaftsgebäuden der Scheckenmühle kommen wir auf einen *Bergrücken,* halten uns südöstlich über die Felder und biegen dann links in einen querverlaufenden Weg ein, der zu einer Straßenverbindung zwischen Goßmannsdorf und Tückelhausen führt. Ihr folgen wir nordwärts, zwischen Waldstücken hindurch, unter dem Urlesberg nach *Goßmannsdorf* zurück. Wer den gleichen Weg von hier nach Ochsenfurt meiden will, geht über die *Bahngleise* zum *Sportplatz* und wandert auf dem *Mainuferweg* zurück, vorbei an der Staustufe Goßmannsdorf.

Nützliche Informationen

Ausgangsort und Zufahrt: Ochsenfurt am Main, südöstlich von Würzburg, wird von der Bundesstraße 13 durchschnitten. Es gibt eine Bahnverbindung von Würzburg her und im Osten eine Autobahnanbindung mit der Anschlußstelle Marktbreit.
Ausgangspunkt: Ein guter Startplatz für unsere Wanderung ist der Bahnhof. Hier kann man parken.
Gehzeiten: Wanderung im Thierbachtal: 2 Std. (8 km). Wanderung im Schafbachtal: 3 Std. (12 km).
Unterkunft und Verpflegung: In zahlreichen Hotels und Gaststätten in Ochsenfurt und Goßmannsdorf.
Einkehr unterwegs: Tückelhausen, Goßmannsdorf.
Auskünfte: Fremdenverkehrsbüro, Hauptstraße 39, 8703 Ochsenfurt, Tel. 09331/5855.
Sehenswürdigkeiten: Altes und neues Rathaus; Stadtpfarrkirche St. Andreas und St. Michaelskapelle; Kastenhof, Kreuzkirche; Greisinghaus mit Trachtenmuseum der Ochsenfurter Gautracht; Schlössel an der alten Mainbrücke, heute Heimatmuseum mit einer Sammlung der Stadtgeschichte; Tore und Türme der Stadtbefestigung mit Taubenturm, Klingentor, Dickenturm, Nikolausturm, Pulverturm und Oberem Tor; Heimat- und Trachtenmuseum, geöffnet von Ostern bis 1. 11. samstags und sonntags von 14.30 bis 16.30 Uhr.
Sehenswürdigkeiten der Umgebung: Die südöstlich von Ochsenfurt an der Bundesstraße 13 liegende ehemalige Kapuzinerkirche St. Maria und die Wolfgangskapelle mit Werken aus dem Umkreis Riemenschneiders, die Zielpunkt der traditionellen Ochsenfurter Reiterprozession ist; das ehemalige Kartäuserkloster und die Klosterkirche in Tückelhausen; das Zobelsche Schloß und die Pfarrkirche St. Laurentius in Darstadt; die Schloßanlage in Erlach; die Pfarrkirche St. Jo-

hannes der Täufer in Goßmannsdorf mit Rokokoaltar, hier auch der ehemalige Zobelsche Zehnthof, verziert mit Fachwerkhölzern und Füllungen im Renaissancestil; die Pfarrkirche in Hohestadt mit sehenswertem Rokokoaltar; die Pfarrkirche St. Peter und Paul mit Ölberg in Hopferstadt; die Pfarrkirche St. Maria Schnee und das Museum Fossil in Kleinochsenfurt; das Zeubelrieder Moor im Naturschutzgebiet Zeubelried.
Wanderkarten: Topographische Karte 1:25000 des Landesvermessungsamtes, Blatt 6326; Fritsch Wanderkarte »Landkreis Würzburg«, 1:50000, Blatt 83; Städte-Verlag Wagner & Mitterhuber, Freizeitkarte Stadt und Kreis Würzburg, 1:75000.

26 Wo der Kunigundenweg beginnt

Archäologischer Rundkurs bei Aub

Tourencharakter: Gut ausgeschilderte Route auf gepflegten Wegen, ohne wesentliche Höhenunterschiede.
Beste Jahreszeit: Das ganze Jahr, soweit es die Witterung zuläßt.
Reine Gehzeit: 3 Stunden.

Auf dem Alten Berg bei Burgerroth steht die **Kunigundenkapelle.** Der romanische Bau wurde um 1230 über einem ebenfalls steinernen Vorgängerbau errichtet. Eine Statue am Mittelpfosten des Turmfensters stellt die Stifterin, die heilige Kunigundis, dar, die die Kirche auf dem Alten Berg gegründet haben soll. Als Zeitpunkt der Gründung ist der 6. Juli 1009 überliefert, als der Reichstag in Frankfurt stattfand. Zur Einweihung der von ihr gestifteten Kapelle ist die Kaiserin Kunigunde auf dem »Bamberger Weg« gezogen. Das war eine alte Verbindung unter anderem von Aub nach Bamberg, die weitgehend querfeldein verlief und Ortschaften in der Regel vermied. Der Ursprung des Weges hängt mit den Besitztümern zusammen, die zum Schenkungsgut Kaiser Heinrichs an das Bistum Bamberg gehörten. Die Verbindung von den Besitztümern nach Bamberg hatte einen

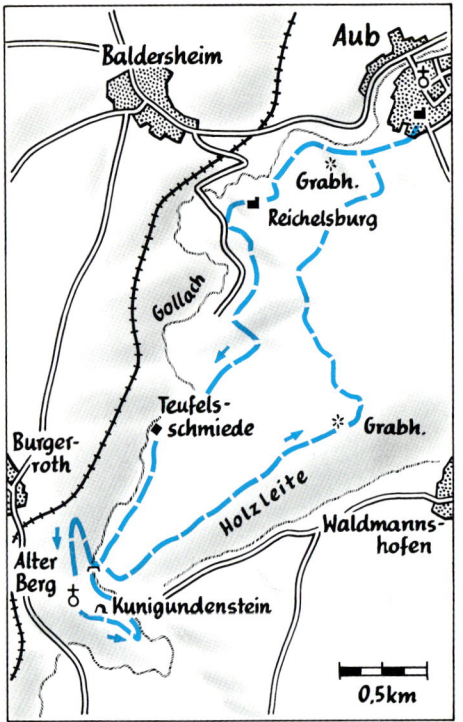

entsprechenden Boten- und Güterverkehr zur Folge. Im Mittelalter war der Esel ein weitverbreitetes Lasttier, deshalb hieß dieser Weg auch »Eselsweg«.

Wenn der Ort **Aub,** der Ausgangspunkt unserer archäologischen Wanderung, als Endpunkt dieses Weges genannt wird, so ist das mehr eine stellvertretende als eine zuverlässige Bezeichnung. Im Gebiet um Aub waren die Bamberger Besitzungen von Baldersheim, Biberehren, Buch und Burgerroth.

An unserem **archäologischen Wanderweg,** der auch zur Kunigundenkapelle führt, liegen Grabhügel. In der späteren Jungsteinzeit, also zur Zeit der Schnurkeramiker und Glockenbecherleute, aber vor allem in der Bronze- und Hallstattzeit wurden über den Gräbern von Verstorbenen Erdhügel aufgeschüttet. Diese Sitte ist bis in die Völkerwanderungszeit nachweisbar. Am Weg entdecken wir auch eine keltische Viereckschanze. Anlagen dieser Art wurden nicht zu Verteidigungszwecken errichtet. Ausgrabungen haben vielmehr tempelartige Gebäude aus Holz zu-

tage gebracht, die zum Teil mit Statuen aus Holz ausgestattet waren. An den Ecken fand man quadratische Schächte mit Spuren von Opferungen. Keltische Viereckschanzen waren also religiöse Bezirke.

Wie Ausgrabungen ergeben haben, befanden sich auf dem Plateau des Alten Berges bei Burgerroth zwei Siedlungen, eine der späteren Jungsteinzeit und eine des Mittelalters. Im Mittelalter war die Spitze des Bergsporns durch einen Wall abgesichert. Es war also eine Abschnittsbefestigung.

Schließlich findet sich am Weg auch die **Burgruine Reichelsberg.** Die Anlage ist 1230 zum ersten Mal in einer Urkunde erwähnt und befand sich im Besitz des Geschlechtes von Hohenlohe. 1525 wurde die Burg während des Bauernkrieges von Aufständischen eingenommen und zerstört.

Der Wegverlauf

Urzelle der 1136 erstmals genannten Siedlung Aub war eine Benediktinerpropstei an der Stelle, wo heute die Pfarrkirche steht. Der stadtmäßige Ausbau des Ortes erfolgte im Zusammenhang mit der *hohenlohischen Burg,* heutzutage das ehemalige *Schloß* an der südwestlichen Ecke der Stadtbefestigung, dessen älteste Teile auf das 15. Jahrhundert zurückgehen, also gleich alt wie der Mauerring sind, in welchen die alte Fronveste integriert wurde. Hier beginnt unser Weg, der zum nahen Wald führt, wo schon nach wenigen Metern rechts zahlreiche Grabhügel zu sehen sind und wo wir auch auf die *Ruine Reichelsburg* stoßen. Von hier zieht der Weg hinunter ins Tal der Gollach und zur *Teufelsschmiede,* Überrest eines *Hammerschmiedewerks* aus dem späten Mittelalter.

Über eine *Brücke* kommen wir zum Fuß des Alten Berges. Wir wandern auf dem ehemaligen Prozessionsweg, am Kunigundenstein vorbei, auf das Plateau des *Alten Berges.* Der *Kunigundenstein* ist ein gewaltiger Felsblock, der an der Oberfläche Eintiefungen aufweist. Sie sollen entstanden sein, als die heilige Kunigunde bei der Einweihung der Kapelle auf dem Felsen kniete. Von der Kapelle verläuft der Weg nach Norden in *Richtung Burgerroth.* Bei einem *Bildstock*

Das Schloß Aub bildet zugleich die südwestliche Ecke der Stadtbefestigung. Im ältesten Teil geht es auf das 15. Jahrhundert zurück. Seit 1524 ist es würzburgisches Amtsschloß.

zweigt er rechts ab und leitet in das Gollachtal hinunter. Über der Gollachniederung wird der Geländesporn der *Holzleite* erreicht.

Jetzt geht es, der alten Grenze zwischen dem Königreich Bayern und Württemberg folgend, weiter. Die Grenzsteine sind noch vorhanden. Auf der Anhöhe bei *Waldmannshofen* gab es vor allem in der älteren Jungsteinzeit vorgeschichtliche Siedlungen. Bei *Grabhügeln* und der keltischen *Viereckschanze von Baldersheim* biegt unser Weg nach links ab und begleitet den Waldrand. Die Baldersheimer Schanze wurde als markanter Grenzpunkt verwendet. Im freien Feld, das an die Viereckschanze angrenzt, wurde eine spätkeltische Siedlung nachgewiesen, zu der die Viereckschanze gehörte. Wer will, kann einen Abstecher nach *Waldmannshofen* machen, wo im alten *Wasserschloß* ein Feuerwehrmuseum untergebracht ist. Sonst spazieren wir auf gepflegten Waldwegen und immer nahe dem Waldrand zu-

rück zum Ausgangspunkt, dem *Parkplatz am Auber Schloß.*

Nützliche Informationen

Ausgangsort und Zufahrt: Die Stadt Aub liegt nahe der alten Bahnlinie Würzburg–Creglingen bzw. Bad Mergentheim und ist von Würzburg aus in südlicher Richtung entweder auf der Bundesstraße 19 oder auf der Bundesstraße 13 zu erreichen. Auch die Bundesautobahn A 7 bietet mit der Anschlußstelle Gollhofen eine Anbindung.

Ausgangspunkt: Parkplatz am Schloß Aub.

Gehzeit: 3 Std. über eine Entfernung von 9 km.

Unterkunft und Verpflegung: Zahlreiche Gasthäuser in Aub und Baldersheim.

Auskünfte: Fremdenverkehrsamt der Stadt Aub, Marktplatz 1, 8701 Aub, Tel. 0 93 35/ 2 58 oder 7 58.

Sehenswürdigkeiten: Schloß Aub; Ensemble der Stadt Aub innerhalb des Mauerrings; ro-

manische Kunigundenkapelle über Burgerroth; Burgruine Reichelsberg bei Baldersheim; der Wartturm von Baldersheim, ein
Rundturm aus dem 15. Jahrhundert; Viereckschanze und Abschnittsbefestigung am Alten
Berg.
Sehenswürdigkeiten der Umgebung: Röttin-
gen mit Stadtbefestigung, ummauertes Spital;
Burg Brattenstein aus dem 12./13. Jahrhundert.
Wanderkarten: Topographische Karte
1:25 000 des Landesvermessungsamtes, Blatt
6426; Wanderkarte »Archäologischer Wanderpfad« 1:25 000 des Bayerischen Landes-
amtes für Denkmalpflege; Fritsch Wanderkarte »Landkreis Würzburg«, Blatt 83.

27 Zur Burg in der Mainschleife

Zwischen Rebsorten- und
Weinsortenlehrpfad

> **Tourencharakter:** Hübsche Wanderung,
> im ersten Drittel durch Weinberge, sonst
> auf guten Wegen.
> **Beste Jahreszeit:** Das ganze Jahr über,
> soweit es die Witterungsverhältnisse
> zulassen.
> **Reine Gehzeit:** 3 Stunden.

*Der Bergfried der Hallburg über der Mainschleife
von Sommerach entstand im 13. und 14. Jahrhundert. Der Wohntrakt wurde im 16. Jahrhundert
dazugebaut und dient heute als Ausflugsgaststätte.*

1901 wurde die erste Winzergenossenschaft
Frankens in **Sommerach** gegründet. Mit dem
Wein hängt auch die erste urkundliche Erwähnung des Ortes im Jahre 1075 zusammen. Eine Nachricht der Schwarzacher Klo-
sterchronisten zu jener Zeit deutet darauf
hin. Den hervorragenden Weinlagen, heute
sind vor allem die Lagen Katzenkopf, Engelsberg und Rosenberg bekannt, sind auch die
ständigen Streitigkeiten um die Besitztümer
zuzuschreiben, die in der Vergangenheit zu
ständigem Wechsel der Grundherren geführt
haben.

Die erhaltenen Freihöfe und Schultheißen-
häuser dieser Herren, vor allem der 1607 erbaute Schwarzacher Zehnthof, sind steinerne
Zeugen dafür. Aus dem Mittelalter sind noch
wesentliche Teile der Ortsbefestigung mit
Mauern und Türmen vorhanden, zumindest
auf der Mainseite. Es gibt noch zwei Torhäu-
ser: das Schwarzacher und das Maintor.

Am Kirchplatz steht das Rathaus, das einst
Schulgebäude war. Mitten im Ort ist der
1701 gebaute Vierröhrenbrunnen mit einer
Figur des heiligen Georg sehenswert. In der
Friedhofskapelle wurde Unterfrankens wohl
bedeutendster Bildstock, die sogenannte
Graue Marter, restauriert. Er stammt aus dem

Umkreis Tilman Riemenschneiders und wurde 1511 geschaffen. Eine Kopie des Bildstokkes findet sich an der Straße Sommerach-Gerlachshausen.

Zahlreiche Bildsäulen und Bildstöcke schmücken die Wege zu den Weinbergen, von denen 250 Hektar Rebfläche zu Sommerach gehören. Die häufigste Weinsorte ist Müller-Thurgau, gefolgt vom Silvaner. Einen besonderen Ruf hat der Sommeracher Traminer. Aber auch der Riesling bringt edle Tropfen hervor.

1977 wurde der **Sommeracher Rebsortenlehrpfad** das erste Mal der Öffentlichkeit vorgestellt. Auf über 2 Kilometern gut begehbarer Wegstrecke sind 13 verschiedene Rebsorten zu finden. Die einzelnen Rebsorten sind auf Tafeln beschrieben. Der Lehrpfad beginnt am Dorfrand und kann über die Straße zum Engelsberg erreicht werden. Er ist eingebettet in die Lage Katzenkopf.

Auch das benachbarte **Nordheim,** es liegt, wie Sommerach, auf einer vom Mainkanal zwischen Volkach und Gerlachshausen und der Mainschleife gebildeten Weininsel, hat einen Lehrpfad, der mit dem Wein zusammenhängt, einen **Weinsortenlehrpfad.** Der Pfad verläuft oberhalb des Ortes am Fuße der Weinberge, von denen 400 Hektar zu Nordheim gehören. Von hier aus hat man einen schönen Blick auf die Vogelsburg über den Hängen der gegenüberliegenden Mainseite. Am Lehrpfad sind Schilder aufgestellt, welche die Rot- und Weißweinsorten und ihre Wachstumsbedingungen erklären: das Aussehen, die Eigenschaften, die Reifezeit der Trauben und auch die verschiedenen Merkmale der angebauten Weine.

Der Wegverlauf

Wenn wir unsere Wanderung am *Kirchplatz von Sommerach* beginnen, halten wir uns in nordwestlicher Richtung auf der Hauptstraße und kommen zu einer *Mehrfachkreuzung*. Nach links verläuft der Dorfgraben, nach rechts die Raiffeisenstraße. Halblinks führt die Nordheimer Straße ab. Geradeaus geht es in Richtung Katzenkopf und halbrechts zum Rosenberg. Wir folgen dem Weg zum *Katzenkopf* und schwenken bei erster Gelegenheit rechts weg. Genau nach Norden wandern wir in die *Weinberglage Rosenberg*. Wir gelangen zu einer Aussichtsplattform, die einen Rundblick über die fränkische Landschaft bietet.

Unterhalb windet sich der Main. Wir sehen auf den direkt am Main liegenden Campingplatz »Katzenkopf«. Darüber sieht man am anderen Ufer das Dorf Neuses am Berg mit zwei Kirchtürmen. Am Ufer liegen das Straßendorf Köhler und anschließend das Weindorf Escherndorf, dessen Weinlage »Escherndorfer Lump« weltberühmt ist. Darüber erblicken wir die Vogelsburg.

Bei der Kreuzung halten wir uns *rechts,* nordöstlich. Dann biegen wir in den zweiten Weg *links* ein und bewegen uns genau nach Norden, am Hang des *Kreuzberges* vorbei, um in Höhe der *Hallburg* rechts abzuzweigen.

Eine Allee bringt uns zum *Schloß*. Auf Koppeln grasen Pferde des Gutshofes der Grafen von Schönborn, denen Gutshof und Schloß Hallburg gehören. Im Schloßhof stehen unter mächtigen Kastanien Tische und Stühle bereit. Wer etwas verzehren will, ist auf Selbstbedienung angewiesen. Die Gastwirtschaft betreuen Peter Hartmann, ehemals im Bayerischen Rundfunk tätig, und seine Gattin Karin Molitor, die einst fränkische und deutsche Weinkönigin war.

Die *Hallburg* stammt aus dem 13./14. Jahrhundert. Was heute zu sehen ist, ist der Wohntrakt mit dem Staffelgiebel. Er wurde unter Verwendung älterer Bauteile im 16. Jahrhundert errichtet. Unser Weiterweg verläuft nun westwärts, parallel zum Mainufer, auf dem Fahrweg, der uns nach kurzer Wanderung *Nordheim* erreichen läßt. Der Ort gehörte einstmals zur Abtei Schwarzach und ist zwar fränkischen Ursprungs, dürfte aber erst im Hoch- und Spätmittelalter endgültig ausgebaut worden sein. Die Hauptstraße ist auf beiden Seiten von Winzerhöfen bestanden, deren Wohngebäude meist traufseitig gestellt sind. Die Pfarrkirche St. Laurentius hat einen gotischen Turmunterbau. Der Rest wurde Ende des 16. Jahrhunderts gebaut. Die Fassade entstand 1732. Im Kirchhof fällt eine Pietàgruppe auf.

Der ehemalige *Münster-Schwarzacher Zehnthof* steht in der Hauptstraße. Es ist eine dreiflügelige Renaissanceanlage mit Schweifgiebel aus der Zeit um 1600. Auch in diesem Ort fallen die vielen Bildsäulen und Bildhäuschen, Bildstöcke und Wegkreuze auf. An der *Straße nach Volkach* treffen wir eine Pietàgruppe aus dem 18. Jahrhundert und einen Bildstock mit dem heiligen Laurentius an. An den *Kreuzäckern* steht ein Wegkreuz; am Mittelweg, an der *Kreuzung Reitweg,* findet sich ein weiteres aus dem Jahre 1790. Hier ist die Viehwegmarter zu sehen und eine Bildsäule mit Pietà und Kreuzigung aus dem Jahre 1690, außerdem am Mittelweg ein Kreuzschlepper aus dem Jahre 1810, eine Mariensäule, die mit 1881 bezeichnet ist; an der *Straße nach Sommerach* eine Martersäule aus dem Jahre 1787 und eine Bildsäule aus dem Jahre 1786, eine dritte mit Immaculata und dem heiligen Antonius aus dem 18. Jahrhundert; am *Schenkenweg* eine Martersäule mit Kreuzigung und Pietà aus dem 18. Jahrhundert; an der *Raiffeisenstraße* eine Bildsäule mit Marienkrönung aus dem Jahre 1772.

Von *Nordheim,* das wir in südwestlicher Richtung durchquert haben, die Kirche bleibt rechts liegen, gehen wir südwärts auf der *Sommeracher Straße* aus dem Ort und wandern am Rande der *Uferauen des Main* und der Weinberge zurück nach *Sommerach.*

Nützliche Informationen

Ausgangsort und Zufahrt: Sommerach liegt am Beginn einer Mainschleife zwischen Mainkanal und Main, südlich von Volkach. Unmittelbar südlich verläuft die Bundesstraße 22 (Bamberg – Würzburg).

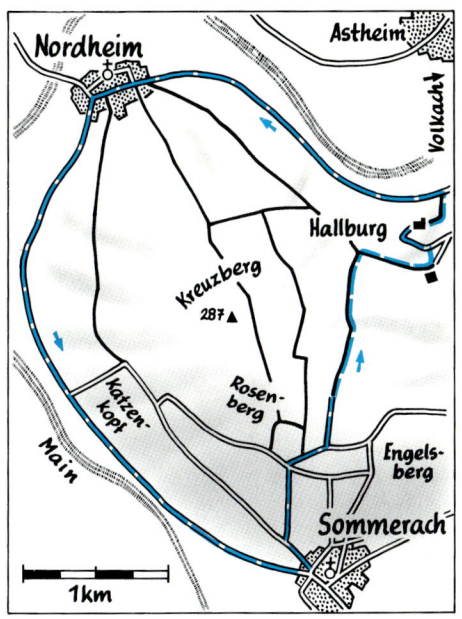

28 Das Schloß der Schönborns und der Englische Garten

Volkach – Schönbornhöhe – Gaibach

> **Tourencharakter:** Am Rundkurs liegen so viele Sehenswürdigkeiten, daß der verhältnismäßig kurze Weg auf überwiegend sehr guten Wegen viel Zeit beansprucht.
> **Beste Jahreszeit:** Vom zeitigen Frühjahr bis zum späten Herbst.
> **Reine Gehzeit:** 3 Stunden.

Ausgangspunkt: Parkplätze am Kirchplatz; an der Wein- oder Engelsbergstraße sowie am Maintortum.
Gehzeit: 3 Std.
Unterkunft und Verpflegung: Hotel – Weinstube Bocksbeutelherberge, Helgas Caféstüble, Strengs Weinstube, Gasthof zum weißen Lamm, Winzerhof, Gasthof zum Schwan, Gaststätte Lindenalle, Weinstube Pfaff.
Auskünfte: Gemeindeverwaltung Sommerach, Kirchplatz 3, 8711 Sommerach, Tel. 0 93 81/12 29, Fax 0 93 81/47 20.
Sehenswürdigkeiten: Dorfbefestigung aus der Zeit um 1500 mit den zwei Tortürmen Schwarzacher Tor, vollendet 1486, und Maintor, 1585. Darin befindet sich ein Museum des fränkischen Künstlers Theo Steinbrenner. Öffnungszeiten: Samstag/Sonntag von 10 bis 12 und 14 bis 18 Uhr oder nach Vereinbarung; 1701 erbauter Vierröhrenbrunnen mit Figur des heiligen Georg; katholische Pfarrkirche im spätgotischen Stil, der Turm auf älteren Fundamenten; in der Friedhofskapelle Unterfrankens bedeutendster Bildstock, die sogenannte Graue Marter.
Wanderkarte: Topographische Karte 1:25 000 des Landesvermessungsamtes, Blatt 6127.

Die Winzer an dem Teil der Bocksbeutelstraße, der sich »Mainschleife« nennt, besitzen 40 Prozent der Anbaufläche im fränkischen Weinbau. Berühmt sind die Lagen »Volkacher Ratsherr«, »Kirchberg«, »Escherndorfer Lump«, »Fürstenberg«, »Astheimer Kartäuser«, »Obervolkacher Landsknecht«, »Sommeracher Katzenkopf«, »Nordheimer Vögelein«, »Obereisenheimer Höll« und »Gaibacher Kapellenberg«.

Der Weinbau reicht in uralte Zeiten zurück, und reich ist auch die kulturelle Vergangenheit der Region. Sie ist verbunden mit Namen wie Tilman Riemenschneider und Julius Echter, Balthasar Neumann und den Grafen Schönborn. Die Hochterrasse über der Mündung des Volkachbachs in den Main war schon immer ein günstiger Siedlungsplatz.

Volkach hat sich im frühen Mittelalter aus der Herrschaft des fränkischen Königsguts Prosselsheim-Vogelsburg herausgelöst und wurde unter der Hoheit der Grafen von Castell städtisches Gemeinwesen. 1258 wird der Ort als »Civitas« bezeichnet. Innerhalb der Befestigungslinie des 13. Jahrhunderts entwickelte sich das Stadtwesen, entstanden die Bauten und Anlagen. Allerdings befanden sich die wichtigen Flußübergänge nicht in Volkach, sondern unter anderem in Fahr. Volkach war eine Zweitorstadt. Die Urzelle der Siedlung befand sich dort, wo die Stadtpfarrkirche errichtet wurde. An dieser Stelle wird ein fränkischer Fronhof der Frühzeit angenommen. Hier residierten die Stadtherren ab 1328 zusammen mit dem Bistum Würzburg, ab 1510 bzw. 1520 bis 1803 allein, verwaltet vom Fürstbistum. Im angrenzenden Abschnitt der Oberen Hauptstraße haben sich die Kaufleute niedergelassen. Das Viertel der Hörigen östlich der Unteren Hauptstraße hat sich zum Wohnplatz der Handwerker und kleinen Weinbauern entwickelt. Das Rathaus wurde im 16. Jahrhundert gebaut. Das war die Zeit der beginnenden Renaissance, während der Stil der Stadtpfarrkirche in die Spätgotik fällt. Der Bau des ehemaligen Zehnthofes und des einstigen Amtsgerichts fällt in die Julius-Echter-Zeit.

Viele Weinbauernhöfe und Bürgerhäuser in der Hauptstraße sind im Barock- und Rokokostil gestaltet. Auf dem rechteckigen Marktplatz steht der 1480 erstmals gebaute Marktbrunnen mit seinem achtseitigen Becken und der Figur der Immaculata. Östlich der Hauptstraße beeindruckt in der Schelfengasse das Schelfenhaus, ein barockes Stadtpalais, das sich der Handelsmann und Ratsherr Johann Georg Adam Schelf 1719/20 bauen ließ. Außerhalb der Stadt führt ein alter Pilgerweg mit Stationsbildern aus den Jahren 1520/21 auf den Kirchberg zur **Wallfahrtskirche Maria im Weingarten,** der Urpfarrkirche der Mainschleife. Sie wurde bereits 1158 erwähnt. Im 14. und 15. Jahrhundert bestand hier eine Klause der Beginen, die bis 1422 existierte.

Ab Mitte des 15. Jahrhunderts erfolgte der Neubau der jetzigen spätgotischen Kirche mit dem Gnadenbild der Schmerzhaften Mutter aus dem 14. Jahrhundert und Maria im Rosenkranz aus den Jahren 1521/24 von Tilman Riemenschneider. Das Schnitzwerk wurde seinerzeit von der Liebfrauenbruderschaft in Auftrag gegeben und ist eine der letzten Arbeiten dieses herausragenden Künstlers. 1962 wurde es gestohlen, glücklicherweise wieder aufgefunden und hängt heute an der ursprünglichen Stelle in der Kirche.

Der Wegverlauf

Vom *Marktplatz in Volkach* wandern wir nordwärts in die Hauptstraße. Sie schwenkt zum Unteren, zum *Gaibacher Tor.* Über dem Innenbogen finden wir hier eine Sandsteintafel mit der Jahreszahl anno 1579. Die Vor-

stadt vor dem Tor war einst eine Fischersiedlung. Wir überqueren die *Schweinfurter Straße.* Danach verzweigt unser Weg. Wir halten uns rechts und kommen zum Rand der Weinberge und zum Beginn des *Stationenweges,* dem wir zur Wallfahrtskirche *Maria im Weingarten* auf dem Kirchberg folgen. Von hier steuern wir über den Marienberg durch Weingärten nordwärts den Hang über dem *Eschbachgraben* an. Wir gehen aber nicht hinunter zum Bachlauf, sondern rechts, nordöstlich, weiter, passieren eine *Grube* und biegen erst dann bei nächster Gelegenheit links hinunter zum *Bachufer,* an dem wir bleiben, bis der Bachlauf verschwindet und uns in nördlicher Richtung eine *Allee* aufnimmt. Wir stoßen auf eine *Fahrstraße* von Fahr her, wo sich die alte Fährstelle am Beginn der Mainschleife befand.

Nach rechts erreichen wir eine *Dreieckkreuzung.* Im östlichen Schenkel zweigt am Waldvorsprung ein Fußweg ab, der erst ostwärts, schließlich nordwärts, parallel zu der im Norden verlaufenden Fahrstraße, leitet. Wir sind am Rande des *Englischen Gartens* und gelangen auf die *Schönbornhöhe.* Der Weg schwenkt nach Osten und führt an der *Konstitutionssäule* vorbei; das ist ein nach Entwürfen von Leo von Klenze erbautes und 1828 im Beisein König Ludwigs I. eingeweihtes Denkmal, das an die 1818 gegebene bayerische Verfassung erinnert. Nun wenden wir uns nach Süden und kommen zum *Schönbornschen Schloß.* Die vierflügelige einstige Wasserschloßanlage wurde 1590 bis 1608 unter Valentin Echter erbaut. Kurfürst Lothar Franz von Schönborn hat es 1694 bis 1710 zum barocken Lustschloß erweitert. Hier an dieser Stelle besaßen 1327 die Volkacher Rücker eine Burg. Die Zollner von der Hallburg haben sie 1453 befestigt. Den *Englischen Park* nördlich des Schlosses ließ Graf Erwein von Schönborn (1776 bis 1840) anlegen. Die Anlage ist jetzt das Frankenschulheim mit Gymnasium und Realschule.

Wir gehen südwärts weiter nach *Gaibach,* wo die *Pfarrkirche zur Heiligen Dreifaltigkeit* sehenswert ist. Sie wurde nach Plänen des Baumeisters Balthasar Neumann 1740 bis 1745 erbaut. Wir verlassen den Ort, indem wir am Gaibach von der Fahrstraße nach

Volkach ostwärts abbiegen. Wir folgen dem *Bachlauf*. Jenseits des Baches erstrecken sich Weinberglagen wie der Brunnenweinberg und der Eichelberg. Dort, wo der Gaibach in die Volkach einmündet, zweigen wir bei der *Stettenmühle* von der Straße nordwärts ab. Entlang der Volkach sind hier eine Reihe von Weihern aufgestaut. Zwischen zwei Weihern schwenken wir rechts, südwärts, in einen Fußweg, der uns zur *Stettenburg* hinaufbringt. Wir finden Fundamentspuren einer viereckigen Anlage und Reste des Bergfrieds aus dem 13. Jahrhundert, die einst den Herren von Castell gehörte und seit 1225 allmählich verfällt.

Wir wandern südöstlich und östlich über den Stettenberg durch die Weinberge, wenden uns dann nach Süden und kommen im Bogen nach Westen wieder hinunter zur Volkach und zum Ortsteil *Obervolkach*. Die Pfarrkirche St. Nikolaus war eine Wehrkirche. Fürstbischof Julius Echter ließ sie 1614 renovieren. Über dem Hochaltar befindet sich eine steinerne Dreifaltigkeitsgruppe. Die Friedhofskapelle St. Michael wurde 1716 erbaut. Bei der Kapelle steht ein Baldachinbildstock mit Kreuzschlepper und Kreuzigungsrelief aus dem Jahre 1716.

Wir gehen südwestlich und am nördlichen Ufer der Volkach durch den Ortsteil, bewegen uns also am Flußlauf nach Westen, vorbei an der *Herrnmühle* und der *Schaubenmühle*, und schwenken dann zurück ins Stadtinnere zum Marktplatz.

Nützliche Informationen

Ausgangsort und Zufahrt: Volkach läßt sich über die Bundesautobahn Würzburg – Nürnberg, Ausfahrt Kitzingen – Volkach, erreichen oder über die Bundesautobahn Würzburg – Fulda, Ausfahrt Würzburg – Estenfeld – Volkach. Die Entfernungen zur Stadt betragen 10 bzw. 15 km. Bundesstraßenanbindungen bieten die B 19 und die B 286. Mit der Bundesbahn kann man auf der Strecke Würzburg – Schweinfurt bis Seligenstadt fahren. Ab Seligenstadt gibt es eine Bahnbuslinie.

Ausgangspunkt: Parkplätze gibt es vor dem Gaibacher Tor.

Gehzeiten: 3 Std.; Volkach – Englischer Garten 1 Std., zur Stettenburg 1 weitere Std. und zurück ebenfalls 1 Std.

Unterkunft und Verpflegung: Gasthof Behringer, Hinterhöfle, Zum Lamm, Leipold, Zum Löwen, Zur Rose, Zum Schwane, Zum Storchen, Vierjahreszeiten, Hotel am Torturm.

Einkehr unterwegs: Goldener Löwe in Gaibach.

Auskünfte: Verkehrsamt Volkach, Rathaus, 8712 Volkach, Tel. 09381/40112.

Sehenswürdigkeiten: Stadtkirche St. Bartholomäus; alte Lateinschule aus dem 15. Jahrhundert; Kloster der Franziskanerinnen; alte Würzburger Amtskellerei; Oberes Tor; Oberer Markt, einst Verkehrsknotenpunkt und Handelsplatz für das Umland, Sitz der Weinhändler und Küfer; die St.-Michaels-Kirche aus dem 15. Jahrhundert; das Rentamt, einst Kapitelhof und Kellerei des Würzburger Domkapitels mit Renaissancegiebel; der Pfarrhof; das Schelfenhaus in der Schelfengasse; die Häckerhäuser aus Muschelkalksteinen am Gänseplatz; der Echterhof, einst fürstbischöfliches Amtshaus, durch Valentin Echter erbaut; altes Handwerkerhaus in der Spitalgasse; Unteres Tor; Wallfahrtskirche Maria im Weingarten.

Sehenswürdigkeiten der Umgebung: Kartäu-

Kreuzwegstationen leiten auf den Kirchberg zur Wallfahrtskirche »Maria inter vites« (Unsere liebe Frau im Weingarten). Neben einem Gnadenbild aus dem 14. Jahrhundert ist Tilman Riemenschneiders »Madonna im Rosenkranz« das Ziel vieler Besucher dieser Kirche.

serkloster in Astheim; frühgotische Propstei, Wallfahrtskirche Maria de Rosario in Dimbach; das Schönbornsche Schloß, der Englische Garten, die Konstitutionssäule von Leo Klenze, die Balthasar-Neumann-Kirche und die Kreuzkapelle in Gaibach; die alte Burg der Zollner mit Bergfried auf der Hallburg; die Vogelsburg, Keltenwall und ehemaliges Karmeliterkloster, jetzt Weingut und Ausflugsgaststätte mit der schönsten Mainschleifenaussicht in Nordheim; Pfarrkirche St. Laurentius aus dem 16. Jahrhundert, Schwarzacher Zehnthof, älteste Winzergenossenschaft in Sommerach, Pfarrkirche St. Eucherius, Dorfbefestigung in Sommerach; Reste der alten Marktbefestigung in Obereisenheim; die Pfarrkirche Mariä Himmelfahrt in Untereisenheim; das Schloß in Zeilitzheim.

Wanderkarte: Topographische Karte 1:25 000 des Landesvermessungsamtes, Blatt 6127.

29 Durch Rebenland zum Schwanberg

Iphofen – Schwanberg – Rödelsee

Tourencharakter: Kurze Wanderung vorwiegend durch Weinberge von Weinort zu Weinort.
Beste Jahreszeit: Frühling bis Herbst.
Reine Gehzeit: 2½ Stunden.

Inmitten der mittelalterlichen Befestigung mit Mauern, Gräben, Türmen und Toren steht die monumentale, spätgotische Stadtpfarrkirche St. Veit in **Iphofen.** Bemerkenswerte Kunstschätze birgt sie in ihrem Inneren: Werke von Tilman Riemenschneider, Epitaphe, mittelalterliche Glasgemälde. Aber auch die Blutskirche im Ort kann eine Kreuzigungsgruppe aus der Riemenschneider-Schule aufweisen. Ebenso eindrucksvoll die Spitalkirche, imposant das Rathaus, das 1716 bis 1718 von Joseph Greising erbaut wurde und kulturhistorische Sammlungen zeigt. Dazu imponieren alte Klöster, Adelssitze und Fachwerkbauten. Der Ort, eine fränkische Urpfarrei, gehörte zu den Königsgütern, die Karl-

mann im Jahre 741 dem neugegründeten Bistum Würzburg geschenkt hat. Im wesentlichen blieb Iphofen bis zum Übergang an Bayern im Jahre 1803 würzburgisch. Unter Bischof Manegold von Neuenburg erfolgte Ende des 13. Jahrhunderts die Erhebung zur Stadt und der Ausbau zur Festung. Dabei hat man allerdings das damals unter hohenlohischer Herrschaft stehende Gräbenviertel ausgeschlossen. Dieser Siedlungsteil wurde erst Ende des 14. Jahrhunderts in die Ummauerung einbezogen. Den trennenden Befestigungsabschnitt kann man noch erkennen.

Nördlich über der Stadt ragt als beherrschender Eckpfeiler des südlichen Steigerwaldes der 468 Meter hohe, geschichtsträchtige Bergrücken des **Schwanbergs** empor. Von der Altsteinzeit bis zu den Kelten haben hier ununterbrochen Menschen gesiedelt. Auch Germanen und Franken ließen sich hier nieder. Die **Burg,** heute eine Schloßanlage, im unregelmäßigen Fünfeck gebaut, ist in Urkunden schon 1230 erwähnt. Im Bauernkrieg, 1525, wurde sie zerstört und danach wieder aufgebaut. Im Dreißigjährigen Krieg erlebte sie das gleiche Geschick. Noch ab 1803, als das Land zu Bayern kam, gab es Besitzerwechsel, bis schließlich Graf Alexander zu Castell Rüdenhausen Herr des Schlosses wurde. 1957 hat dann der Bund christlicher Pfadfinderinnen Schloß und Park gepachtet und eine Stätte der Erholung, Bildung und der Begegnung geschaffen.

Der Berg selber ist ein Tafelberg, der das Land weithin beherrscht. Bis zur halben Hanghöhe sind Weinberge angelegt. Darüber erstreckt sich der Wald. Am Südhang, der trocken und warm ist, hat sich eine artenreiche Flora angesiedelt: Eiche, Rot- und Hainbuche, Winterlinde, Feld-, Spitz- und Bergahorn, Sträucher, die üppige Hecken bilden, Blütenpflanzen wie Seidelbast, Akelei, Glockenblume, Schwalbenwurz, Fingerhut, Waldvögelein, Purpurorchis und viele andere – vom Frühjahr bis zum Herbst ein Eldorado für Blumen- und Pflanzenfreunde.

Sagenumwoben ist diese Höhe, zu der sich von Iphofen her die berühmten Weinberglagen hinaufziehen. »Julius-Echter-Berg«, »Kronsberg«, »Kalb«, »Domherr« und »Burgweg« haben bei Bundes- und Landeswein-

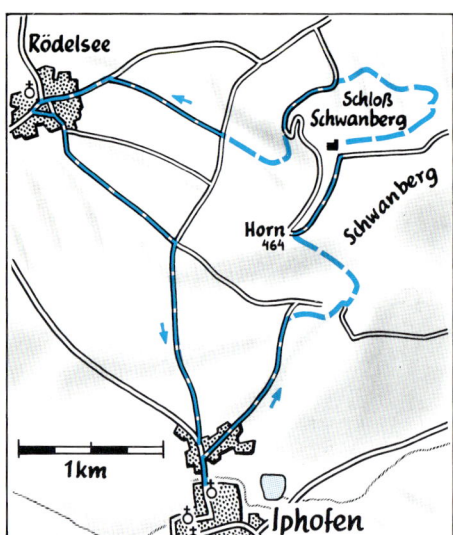

prämierungen immer wieder höchste Auszeichnungen bekommen. Seit dem 9. Jahrhundert gibt es in Iphofen Weinbau. Im 16. Jahrhundert dehnte sich die Rebfläche auf über 600 Hektar aus. Nach der Flurbereinigung (bis 1977) sind heute rund 300 Hektar Iphöfer Weinbergflur ausgewiesen. Vom Stadtzentrum zieht sich ein Weinlehrpfad zum Schwanberg hoch.

Der Wegverlauf

Der Lehrpfad beginnt am *Rathaus Iphofen*. Er führt vorbei an den Sehenswürdigkeiten der Stadt und vermittelt Interessantes und Wissenswertes über die fränkische Kultur- und Weinlandschaft. Tafeln und Hinweisschilder gestaltete der Künstler Theo Steinbrenner. Vorgestellt werden die hauptsächlich gepflanzten Rebsorten. Es werden interessante Einblicke in den geologischen Aufbau des *Schwanbergs* geboten. Die Erdaufschlüsse wurden an den wichtigsten Stellen offengehalten. Auch hier erfährt man auf Tafeln Wissenswertes, beispielsweise über die Bleiglanzbank, den Schilfsandstein und den Blasensandstein, und kann die Schichten und Gesteine in der Natur betrachten und begreifen. Der Pfad führt auch zu archäologischen Fundplätzen und stellt geschichtliche Zeugnisse und kulturelle Denkmäler vor.

Wir wandern also stadtauswärts nach Norden, nehmen den ersten Abzweig nach rechts und steigen in die Weinberge hinauf. Die berühmten Weinlagen »Julius-Echter-Berg«, »Kronsberg« und »Burgweg« werden durchquert. In halber Höhe wendet sich unser Weg nach Osten, und wir erreichen den Rand des Waldes. Hier schließt ein forstlicher Lehrpfad an, dem wir nach Nordwesten folgen und der uns dann, wieder nördlich, zum *Schloß Schwanberg* leitet. An einem Aussichtsrondell an der Hangkante des Schwanbergs endet dieser Forstpfad.

Wir gehen nördlich, schließlich westlich zum Rand der Weinberge hinunter und bewegen uns auf dem Waldrandweg weiter, bis sich westwärts ein Abstieg nach *Rödelsee* bietet. Eng verbunden mit der Dorfgeschichte ist das *Wasserschloß* aus dem 16. Jahrhundert. Die vierflügelige Schloßanlage mit den stattlichen Türmen ist seit 1531 im Besitz der Familie von Crailsheim. Im Bauernkrieg zerstört wurde die ehemalige Burganlage des Edelsitzes, für die in einer Chronik aus dem Jahre 1220 ein Fuchs von Stockheim genannt wird.

Der Ort wurde 1330 selbständige Pfarrei. Die heutige *Pfarrkirche* aus dem 15. Jahrhundert mit dem schlanken *Julius-Echter-Turm* birgt im Innern Kostbarkeiten. So wurden Deckenfresken aus der ersten Hälfte des 15. Jahrhunderts freigelegt, welche das Leben Marias zeigen. Im Chorraum findet man das Grabmal des 1596 verstorbenen Ernst von Crailsheim. Das ehemalige *Crailsheimer Schloß* in der Schloßstraße ist jetzt Winzergenossenschaft und der ehemalige *Casteller Hof* Gasthaus. Er trägt das Wappen der Herren von Castell und die Jahreszahl 1648. Wir gehen südwärts aus dem Ort und folgen einer Feldstraße nach Südosten bis zu einer Kreuzung in den Weinbergen. Hier halten wir genau südlich auf Iphofen zu, wo wir im Knauf-Museum eine Reliefsammlung der großen Kulturepochen der Welt bewundern können.

Hoch über den berühmten Weinlagen von Iphofen und Rödelsee erhebt sich Schloß Schwanberg. Auf mittelalterlichen Fundamenten wuchs es über die Jahrhunderte zu einem stattlichen Komplex heran.

Nützliche Informationen

Ausgangsort und Zufahrt: Iphofen liegt an
der B 8 Nürnberg – Würzburg. Die Autobahn
Nürnberg – Frankfurt ist über die Staatsstraße
2420 und über die B 286 oder über Kitzin-
gen-Biebelried zu erreichen. Anschlußstellen
der Bundesautobahnen A 3 Frankfurt – Nürnberg und A 7 Würzburg – Ulm sind ca. 12 km
entfernt. Iphofen liegt außerdem an der
Bahnlinie Würzburg – Nürnberg.
Ausgangspunkt: Parkmöglichkeiten befinden
sich außerhalb der Stadtmauer am Rödelseer
Tor und am Markt-Einersheimer-Tor.
Gehzeit: ca. 2½ Std., ohne Knauf-Museum
(1½ Std.).
Unterkunft und Verpflegung: Hotels, Gasthöfe usw. in Iphofen und Rödelsee.
Auskünfte: Verkehrsbüro Iphofen, Geräthen-
gasse 13, 8715 Iphofen, Tel. 093 23/30 30,
Fax 093 23/30 97, geöffnet nachmittags,
außer Mittwoch.
**Sehenswürdigkeiten im Gemeindebereich
Iphofen:** Vollständig erhaltene Wehranlage
mit Mauer, Türmen und Toren; barockes Rathaus aus dem 18. Jahrhundert; zahlreiche
Fachwerkhäuser; katholische Stadtpfarrkirche St. Veit mit Riemenschneider-Figur;
Kreuzgruppe; Wallfahrtskirche zum Heilig-
Blut; Johannesspital; Knauf-Museum (Anfang
April bis Ende Oktober Dienstag bis Sonntag
14 bis 18 Uhr, Dienstag und Donnerstag
10 bis 12 Uhr).
Sehenswürdigkeiten der Umgebung: In
Mönchsondheim Bauern- und Handwerkmu-
seum in der Kirchenburg (Mitte März bis Anfang Dezember Dienstag bis Samstag 13.30
bis 18 Uhr, Sonntag 11 bis 18 Uhr); Schloß
Rödelsee, jetzt Winzergenossenschaft; Pfarr-
kirche Rödelsee und Judenfriedhof am alten
Weg nach Iphofen.
Wanderkarte: Topographische Karte
1:25 000 des Landesvermessungsamtes,
Blatt 6227.

*Die meisten der sogenannten Fischerhäuser am
rechten Regnitzufer entstanden im 16. und
17. Jahrhundert. Zu Recht führt dieses Viertel den
Namen »Kleinvenedig«, denn die Wasserarme der
Regnitz durchziehen Bamberg wie die Kanäle die
Lagunenstadt. (Zu Tour 30)*

30 In der Stadt der Babenberger

Bamberg – Michelsberger Wald – Altenburg – Botanischer Garten im Hain

Tourencharakter: Überwiegend durch Siedlungsgebiet, mit Ausnahme auf dem Philosophenweg im Michelsberger Wald.
Beste Jahreszeit: Das ganze Jahr über.
Reine Gehzeit: 4 Stunden.

Mit der Enthauptung des Babenbergers Adalbert am 9. September 906 endet die 902 begonnene Babenberger Fehde. Die Grafengeschlechter der Babenberger (Bamberg) und der rheinfränkisch-hessischen Konradiner kämpften um die Vorherrschaft der Franken. Besiedelt war der Raum **Bamberg** schon in der jüngeren Steinzeit. Die älteste nachgewiesene Siedlungsstätte findet sich im Bereich der Altenburg im 2. Jahrtausend v. Chr. Auf dem Domberg entstand die neue Burg, unter der sich die eigentliche Stadt ausbildete. In Urkunden erscheint *»Castrum Babenberh«* um 902 anläßlich der Fehde. 973 schenkt Kaiser Otto II. die Burg Heinrich dem Zänker. Dessen Sohn wurde Kaiser Heinrich II. Er hat 1007 das Bistum Bamberg gegründet. Die Stadt sollte Reichsmittelpunkt, ein zweites Rom, werden, und man begann, den Plan, die Stadt in Kreuzesform zu errichten, zu verwirklichen.

Mit dem Domstift St. Michael und St. Stefan wurde die Querachse des Systems festgelegt, das 1058 mit St. Gangolf und 1071 mit St. Jakob zum Kreuzsystem vervollständigt wurde. Damit hat man auch die verschiedenen Siedlungskerne Bambergs als Stadt zusammengefaßt, welche aus Bergstadt, Inselstadt und Gärtnerstadt bestanden. In der **Bergstadt,** die zur Regnitz hin abfällt – es sind die Ausläufer des Steigerwaldes mit tief eingeschnittenen Tälern –, gab es gute Voraussetzungen für die Anlage der Burg, die wohl im 9. Jahrhundert entstand. Die Stifte sind innerhalb der hochmittelalterlichen Siedlungslandschaft selbständige und zum Teil befestigte Mittelpunkte, die im städtischen Leben Sondereinheiten bildeten. Auch bei der heutigen Struktur der Bergstadt ist das beispielsweise auf dem Domberg, dem Jakobsberg, dem Stefansberg und rund um die Stiftskirchen ersichtlich.

Auch die **Inselstadt,** umgeben von den Hauptarmen der Regnitz, einst von Mauern umgürtet, hat mit den beiden großen Marktstraßen noch hochmittelalterliche Stadtstruktur. Die **Gärtnerstadt,** östlich des rechten Regnitzarmes, hat bei den Spitälern im Norden und der Wunderburg im Süden Endpunkte. Im Gegensatz zur geistlich bestimmten Bergstadt und zur bürgerlichen Inselstadt bietet sie heute noch ein vorwiegend ländliches Bild mit großen Freiflächen.

Die Stadt Bamberg fiel in ihrer tausendjährigen Entwicklung nie einer großen Zerstörung zum Opfer und ist somit als Gesamtkunstwerk beispielhaft für alle abendländischen Epochen. Höhepunkte ihrer Geschichte sind die Gründung des Bistums durch Heinrich II. im Jahre 1007 und in der Folge die Amtszeiten der Bischöfe aus dem Hause Andechs-Meranien im Hochmittelalter und die der beiden Schönborn-Bischöfe in der Neuzeit. Ihre Werke sind Ruhmestitel der europäischen Kunstgeschichte.

Der Wegverlauf

Ausgangspunkt ist der *Domplatz von Bamberg.* Hier, wo der mächtige spätromanische Dom, der Renaissancebau der Alten Hofhaltung und die barocke Zweiflügelanlage der Neuen Residenz stehen, beginnt unsere Wanderung. Es wird vermutet, daß auf diesem wichtigsten der sieben Hügel Bambergs die Wiege der Stadt, das Castrum Babenberg, zu finden sei. Heinrich II., deutscher König und Kaiser, hat hier seine Lieblingspfalz errichtet und den ersten Dom bauen lassen, der, wie sein Nachfolger, ein Raub der Flammen wurde. Die heutige Kathedrale stammt aus dem 13. Jahrhundert und ist den Heiligen Petrus und Georg geweiht. Wir umrunden die barocke Residenz, folgen der *Residenzstraße* abwärts bis zum *Ottoplatz* und biegen links in die aufwärtsstrebende *Aufseesstraße* ein. In dieser schmalen Straße passieren wir das Knabenseminar Aufseesianum und verschiedene Stationen eines von Heinrich Mar-

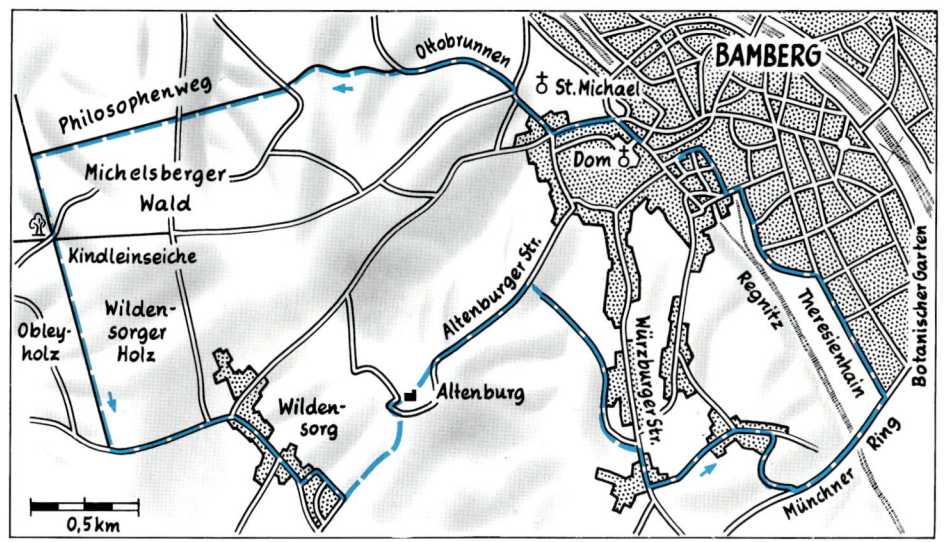

schalk zu Ebneth und Rauheneck kurz nach 1500 gestifteten spätgotischen *Kreuzweges.*

Von hier kommen wir rechts, wieder nordwestlich, zum *Michaelsberg,* auf dessen Höhe die ehemalige Benediktinerabtei St. Michael, heute städtisches Altenheim, und davon insbesondere die Klosterkirche sehenswert sind. Die Klostergebäude sind mit so berühmten Namen wie Johann Leonhard und Johann Dientzenhofer, Balthasar Neumann und Johann Michael Küchel verbunden.

Beim Parkplatz vor dem *Bürgerspital* schwenken wir links in den Weg *Ottobrunnen* hinunter und steuern westwärts auf den *Michelsberger Wald* zu. Im Wald überqueren wir eine Kreuzung und halten uns geradeaus in etwa westlicher Richtung, vorbei an der *Drachenschlucht.* Auf dem *Philosophenweg* geht es weiter. Er stößt auf einen querverlaufenden Weg, der uns nach links, südwärts, bergan aufnimmt. Bei einer Kreuzung passieren wir die *Kindlinseiche* und bewegen uns geradeaus nach unten zwischen *Obleyholz* und *Wildensorger Holz* zum südlichen Waldrand. Von hier wandern wir auf dem *Schlagfeldweg* nach Osten und erreichen die Siedlung *Wildensorg.*

Aus der Kreuzung biegen wir in die Wildensorger Hauptstraße ein und bleiben auf ihr bis fast zum Ortsende, wo es links in die

Bergener Straße geht, die in den *Altenburger Weg* mündet. Auf ihm gelangen wir zur *Altenburg.* Das ist eine ehemalige fürstbischöfliche Veste. Die äußeren Umfassungsmauern, die Wehrtürme und das Torhaus datieren in das Mittelalter. Der Bergfried entstand im 13. Jahrhundert. Die Bauten im Burginnern wurden im 19. Jahrhundert neu errichtet und die heutige Burgkapelle 1834 von Alexander von Heideloff neugotisch gestaltet.

Wir verlassen die Altenburg nach Nordosten und folgen der *Altenburger Straße,* bis wir rechts in die *Artur-Landgraf-Straße* abzweigen können, die uns zur *Würzburger Straße* leitet. Auf ihr halten wir uns ein Stück nach Süden, um bald links von der *Hohe-Kreuz-Straße* aufgenommen zu werden. Nach dem *Höcherlbühl* müssen wir gleich abbiegen, damit wir auf den *Münchner Ring* kommen. Auf der *Hainbrücke* überqueren wir den linken Regnitzarm und halten uns geradeaus bis zur *Heinrichsbrücke* am rechten Regnitzarm. Vom darunterliegenden Heinrichsdamm aus wandern wir zum *botanischen Garten.*

Unser Weg führt dann auf der *Hainstraße* stadteinwärts weiter, parallel zum *Theresienhain.* Bei erster Gelegenheit schwenken wir nach links in den *Höllengraben* ab und bewegen uns am alten Kanal entlang, bis wir

Blick auf das Stadtpanorama von Bamberg mit Dom (links), Residenz und Altem Rathaus (rechts).

*Die Besiedlung der Bamberger Region geht auf die jüngere Steinzeit zurück; als älteste Siedlungs- ▷
stätte gilt die Altenburg. Sie wird 1109 als Fliehburg erwähnt, später war sie bischöfliche Residenz.
Bis auf den Bergfried geht die heutige Bausubstanz auf das 19. Jahrhundert zurück.*

die *Nonnenbrücke* erreichen. Nach Überquerung des alten *Ludwig-Donau-Main-Kanals* gehen wir rechts in die *Geyerswörthstraße* und landen bei der *Altstadt-Tiefgarage* und dem *Städtischen Verkehrsamt* von Bamberg.

Nützliche Informationen

Ausgangsort und Zufahrt: Bamberg ist aus den Richtungen Nürnberg und Schweinfurt über die A 73 zu erreichen. Die Bundesstraßen 22 und 26 durchqueren die Stadt, ebenso die Bundesstraße 4.
Ausgangspunkt: Altstadt-Tiefgarage, Geyerswörth-/Domplatz, Bamberg. Am Domplatz gibt es keine Parkplätze.
Gehzeit: 4 Std. für etwa 10 km. Es ist empfehlenswert, einen Kompaß mitzunehmen.
Unterkunft und Verpflegung: In zahlreichen Hotels und Gaststätten der Stadt. Ein Verzeichnis ist beim Städtischen Verkehrsamt Bamberg erhältlich.

Auskünfte: Städtisches Verkehrsamt Bamberg, Geyerswörthstraße 3, 8600 Bamberg, Tel. 09 51/87 11 61-64.
Sehenswürdigkeiten: Kaiserdom (1007 bis 1237); Grabmal Kaiser Heinrichs II. von Tilman Riemenschneider; Papstgrab; hervorragende Steinplastiken, unter anderem der weltberühmte »Bamberger Reiter«; Veit-Stoß-Altar; Alte Hofhaltung; einstige Kaiserpfalz; Neue Residenz mit Gemäldegalerie; St.-Michaels-Kirche (einstige Benediktinerabtei), erste Bauzeit 1015 bis 1021; Karmeliterkirche und Kloster (romanischer Kreuzgang); Obere Pfarrkirche, hochgotischer Chor (14. Jahrhundert); altes Rathaus in der Regnitz (Gotik und Rokoko), umgeben von malerischen Fischerhäusern (Klein-Venedig); Böttingerhaus, barock, 1713; Burgveste Altenburg.
Wanderkarten: Stadtplan; topographische Karte 1:25 000 des Landesvermessungsamtes, Blatt 6131; Kompass-Karte Nr. 167 »Nördlicher Steigerwald«.

31 Giechburg und Gügel

Durch das Burgholz über Scheßlitz

Tourencharakter: Überwiegend auf guten Wegen, bis auf den Übergang von der Giechburg zum Gügel.
Beste Jahreszeit: Das ganze Jahr über, wenn es die Witterungsverhältnisse zulassen.
Reine Gehzeit: 3 Stunden.

Auf dem **Gügel**, südöstlich von Scheßlitz und östlich der Giechburg, gab es schon 1274 eine Burg und eine **Kapelle** zu Ehren des **heiligen Pankratius**. 1430 haben die Hussiten die Kapelle zerstört. Fürstbischof Anton von Rotenhan ließ sie wieder aufbauen. Dann fiel sie 1525 dem Bauernkrieg zum Opfer, und 1806 während der Säkularisation sollte die Kirche versteigert und abgerissen werden. Die Bevölkerung protestierte. Das heutige Erscheinungsbild des Gotteshauses geht auf das Jahr 1620 zurück. Giovanni Bonalino aus Italien hatte seinerzeit einen nachgotischen Umbau vollzogen. Die **Wallfahrtskirche** auf dem Felssporn besteht aus einer Unter- und einer Oberkirche. In die Unterkirche wurde 1891 eine Lourdesgrotte eingebaut. Von ihr gelangt man zu einem in den Felsen gehauenen Gang, der zu einer Wendeltreppe führt, die uns die Oberkirche erreichen läßt. Der Hochaltar ist ein Werk der Spätrenaissance. Er wurde in der Werkstatt von Martin Meyland aus Nußbaumholz geschnitzt. Die Seitenaltäre im Stil des Rokoko sind von Pankraz Fries. Die Kanzel stammt aus dem Bamberger Dom. Sie wurde 1836 für die Gügelkirche ersteigert. Das Gotteshaus ist besonders bei Brautpaaren beliebt.

Westlich der Felsenkirchen thront auf einem Kalkplateau vor der Albkante die **Giechburg.** Sie stammt aus der Stauferzeit. Der 23 Meter hohe Wehrturm beherrscht den Talkessel um Scheßlitz. Der Berg mit der weiten Rundumsicht war schon in vorgeschichtlicher Zeit besiedelt und befestigt. Die erste Urkunde von der Burg geht auf das Jahr 1125 zurück. Sie steht im Zusammenhang mit dem

Von der Giechburg über Scheßlitz, die vor der Albkante auf einem Kalkplateau thront und aus der Stauferzeit stammt, bieten sich schöne Ausblicke in das hügelige, waldreiche Frankenland.

Bamberger Bischof Otto I. (1102 bis 1139). Die Hussiten haben Burg wie Gügelkirche 1430 niedergebrannt. Auch im Bauernkrieg ging die Anlage in Flammen auf und noch einmal im Markgrafenkrieg. Fürstbischof Johann Philipp von Gebsattel ließ die Festung um 1600 wieder herstellen. Weil nach der Säkularisation der Bauinspektor von Hohenhausen die Dächer teilweise abtragen ließ, wurde die Giechburg zur Ruine. Weder die Grafen von Giech noch private Besitzer

konnten den Verfall aufhalten, bis der Landkreis Bamberg die Revitalisierung der Anlage
übernahm. 1974 wurde die Giechburg wieder zugänglich.

Die Stadt **Scheßlitz,** zu Füßen der Burg,
wird im Jahre 805 zum ersten Mal erwähnt.
Sie besteht aus zwei Siedlungskernen; aus
dem Bereich der Pfarrkirche und dem befestigten Sitz der Meranier, von denen 1230
die Rede ist. Die St.-Kilians-Kirche war vermutlich eine zum Bistum Würzburg gehörige
Slawenkirche Karls des Großen. Der Kir-
chenbereich bildete die östliche Vorstadt,
Oberend genannt. Der befestigte Teil des
Stadtkerns war ellipsenförmig um Marktplatz
und Hauptstraße angeordnet. Marktrecht und

Mauer sind für das Jahr 1395 belegt. Das Ge-
biet war nach Aussterben der Schweinfurter
Grafen 1057 in den Besitz der Herren von
Andechs-Meranien gegangen. Mitte des 13.
Jahrhunderts übernahmen ihn die Truhendin-
ger Grafen, die ihn 1395 an das Fürstbistum
Bamberg verkauften. Seit 1802 ist er bayerisch. Neben der spätgotischen Hallenkirche
St. Kilian beeindruckt heute die spätbarocke
Spitalkirche St. Elisabeth. Die gotische Stadt-
kapelle wurde 1884 durch die neugotische
Maria-Hilf-Kirche ersetzt. Sie steht hinter
dem 1750 errichteten Rathaus. Unter den übrigen profanen Bauten dominieren das Dillighaus aus dem Jahre 1692, das Leichtshaus
aus dem Jahre 1687, die Apotheke, die Feu-

ersmühle, die Häuser am Häfnermarkt und der Pfarrhof des Jahres 1776.

Der Wegverlauf

Wir gehen von der *Pfarrkirche* zur Ortsmitte von Scheßlitz, queren links, südwärts, über die Schwemme zum *Altenbach*, halten uns ein paar Schritte rechts (hier gibt es Parkplätze), biegen dann links in die *Peulendorfer Straße* ab und verlassen auf ihr Scheßlitz. Der Weg führt uns geradeaus, an der *Schule* vorbei, unter einer *Überlandleitung* hindurch und über die *Brücke des Seierbachs* ins *Burgholz*, das wir in südlicher Richtung durchwandern. Vor *Peulendorf* stoßen wir auf eine Kreuzung. Hier schwenken wir ostwärts ab und folgen dem Fahrweg nach *Weingarten*. Bei den ersten Häusern des Ortes geht es links, nordöstlich, weg. Wir gehen zwischen den Waldstücken Schneitholz und Burgholz hindurch, die den Schloßberg umrahmen, und wenden uns dann im Schwung nach Westen in den Hang unter dem Schloßberg. Wir umrunden den *Schloßberg* im Bogen nach Norden und treffen auf die Burgauffahrt, die uns ostwärts hinaufleitet. Droben können wir einkehren, ehe wir auf einem Fußweg am Rand des Wäldchens östlich

weiterwandern. Bald biegt der Fußweg nach Norden zu einem Waldstreifen hinunter. Hier halten wir uns rechts und erreichen den *Stationenweg zum Gügel*. Ihm folgen wir zur *Felsbastion* hinauf.

Hinunter geht es in südöstlicher Richtung zu einer *Kreuzung*. Wir bewegen uns nordwärts weiter und gelangen nach *Zeckendorf*. Etwa 500 Meter nordöstlich dieses Ortes gibt es einen *Judenfriedhof* mit Grabdenkmälern, die bis ins 18. Jahrhundert zurückreichen. Von der *Zeckendorfer Kapelle* am östlichen Ortsrand halten wir uns links, westwärts, durch den Ort und verlassen ihn über den *Zeckendorfer Bach* in Richtung Scheßlitz. Unter der Überlandleitung hindurch kommen wir in die Stadt zurück, wo uns die *Zeckendorfer Straße* und *Altenbach* aufnehmen. Schließlich steuern wir über die *Spenglerstraße* den Ausgangspunkt an.

Nützliche Informationen

Ausgangsort und Zufahrt: Scheßlitz liegt 15 km nordöstlich von Bamberg an der Bundesstraße 505. Hier zweigt die Bundesstraße 22 ab.
Ausgangspunkt: Parkplätze Altenbach/Ecke Peulendorfer Straße.
Gehzeit: 3 Std.
Unterkunft und Verpflegung: In Scheßlitz und auf der Giechburg.
Einkehr unterwegs: Giechburg, Gügel.
Auskünfte: Stadtverwaltung Scheßlitz, Hauptstraße, 8604 Scheßlitz, Tel. 0 95 42/ 2 66.
Sehenswürdigkeiten: Gotische Pfarrkirche St. Kilian; Spital aus dem Jahre 1773; Spitalkirche St. Elisabeth; Dillighaus (1692), Hauptstraße 23; Leichtshaus (1687), Hauptstraße 18; Apotheke (1687) am Neumarkt; Feuersmühle (1616); Häuser (1732) am Häfnermarkt; Rathaus (1750); Pfarrhof (1776); Reste der Stadtbefestigung.
Sehenswürdigkeiten der Umgebung: Wallfahrtskapelle auf dem Gügel; Giechburg mit Bergfried aus dem 13. Jahrhundert; Ringmauern aus dem 18. Jahrhundert.
Wanderkarte: Topographische Karte 1:25 000 des Landesvermessungsamtes, Blatt 6032.

32 Der Walpurgisberg in der Fränkischen Schweiz

Wiesenthau – Ehrenbürg oder Walberla

Tourencharakter: Eindrucksvolle Wanderung zu aussichtsreichem Höhepunkt.
Beste Jahreszeit: Zur Baumblüte im Frühjahr, sonst bis in den Herbst.
Reine Gehzeit: Gut 3 Stunden.

Albrecht Dürer hat die Ehrenbürg und auch **Wiesenthau,** noch mit der alten Burg, auf seinem berühmten Gemälde »Die große Kanone« verewigt. Das durch das Tal der Wiesent von Forchheim getrennte Dorf Wiesenthau war Teil des einstigen fränkischen Königsgutes Forchheim. Kaiser Heinrich IV. schenkte es 1062 dem Bistum Bamberg. Diese setzten Ministeriale im Ort ein, die Herren von Wiesenthau, die 1127 in Urkunden erscheinen und bis zum Erlöschen des Geschlechtes 1814 fast ununterbrochen auf dem Stammschloß saßen.

Die alte Burg wurde 1525 im Bauernkrieg zerstört. Danach entstand das Renaissanceschloß, das 1566 fertig war und bis heute fast unverändert erhalten geblieben ist. Großartig die Dreiflügelanlage am Rande des Wiesenttales – in einer Landschaft, die im Frühling ein einziges Blütenmeer ist. Kirschgärten, Wiesen und Felder prägen ein Bild, überragt von einem isoliert stehenden Bergstock, der einer der bekanntesten Zeugenberge der Fränkischen Alb ist – der Ehrenbürg. Das von Steilabstürzen begrenzte Bergplateau war schon früh besiedelt. Bereits zur Hallstattzeit befestigt, haben die Kelten in der La-Tène-Zeit eine umfangreiche Wallanlage gebaut, die zu den größten in ganz Deutschland zählt. Slawische Stämme verdrängten die Kelten. Danach kamen Thüringer und Franken in dieses Siedlungsgebiet.

Die **Ehrenbürg,** von den Einheimischen freilich nur »**Walberla**« genannt, ist schon allein wegen ihrer besonderen Lage eine uralte heidnische Kultstätte gewesen. Mit der Christianisierung dieser Gegend im 6. und 7. Jahrhundert n. Chr. wurde dann wohl auf dem Berg an Stelle einer heidnischen Kultstätte ein christliches Heiligtum errichtet. Bereits im 9. Jahrhundert wird von Wallfahrten zur heiligen Walburga auf der Ehrenbürg berichtet. Und im 12. Jahrhundert soll es eine der heiligen Walburga geweihte Kapelle auf dem Berg gegeben haben. Die heutige kleine Kirche ist erst Ende des 17. Jahrhunderts erbaut worden. Mit den Wallfahrten am 1. Mai zu dem Berg war schon früh ein bedeutender Markt verbunden. Heute ist diese »Walberlaskärwa« nur noch ein vielbesuchtes Volksfest.

Seit mehr als 100 Jahren graben Archäologen auf der Ehrenbürg, und immer wieder werden neue Funde gemacht. Der reiche Schatz dieser Grabungen ist zumeist im Pfalzmuseum in Forchheim zu sehen.

Für die Besucher der Fränkischen Schweiz war das Walberla immer ein bevorzugtes Wanderziel. In jüngster Zeit hatten Kletterer, Drachen- und Modellflieger den Berg in Besitz genommen. Nun ist er seit einigen Jahren wegen seiner einmaligen Flora und Fauna Naturschutzgebiet geworden und der »Betrieb« auf dem Berg sehr eingeschränkt. Es geht auch nur eine einzige Wanderstrecke über das Plateau.

Die Rundsicht von der Ehrenbürg ist bei klarem Wetter beeindruckend: auf die Kirschgärten um den Berg, ins Wiesenttal bei Ebermannstadt mit Burg Feuerstein, die Felskulisse um Streitberg, zur Vexierkapelle und auf die »Lange Meile«. Über Forchheim hinaus reicht die Sicht bis zur Altenburg bei Bamberg und zum Steigerwald. Am Hetzlesberg vorbei tauchen Hochhäuser und Fabrikschornsteine von Erlangen auf und der Fernsehturm von Nürnberg. Nachdem auch die Zufahrt zum Berg weithin verboten ist, ist er auch für die Wanderer wieder interessant geworden.

Der Wegverlauf

Da sich *Schloß Wiesenthau* in Privatbesitz befindet, ist eine Besichtigung nicht möglich. Nur soweit Teile davon gastronomisch genutzt werden, ist es zugänglich. Ein Blick in die Kirche neben dem Schloß lohnt allemal.

Von den *Parkplätzen* bei Schloß und Kir-

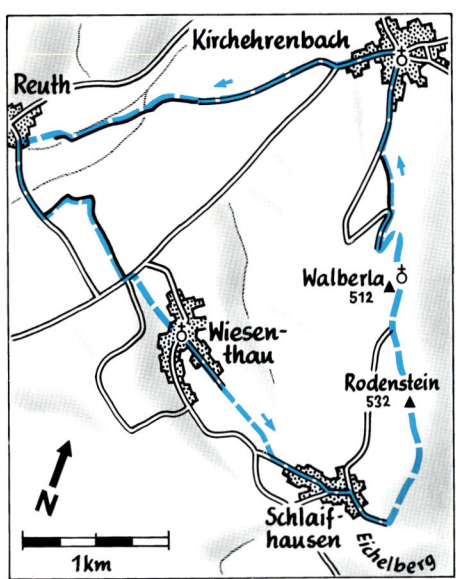

Quelle lädt diejenigen zum Verschnaufen ein, die den Berg besteigen wollen. Uns lockt mehr das große Dorf Kirchehrenbach am Fuße der Ehrenbürg. Wir wittern, daß es dort gute Möglichkeiten zur Einkehr gibt!

Sehenswert in Kirchehrenbach ist die Pfarrkirche St. Bartholomäus mit ihrer spätbarocken Ausstattung. An dem marktähnlichen Platz vor der Kirche finden wir das Markierungszeichen: ein *weiß/rot schräggeteiltes Rechteck*, das uns durch die Talaue zuerst nach *Reuth* und von dort wieder mit der *Gelbkreuzmarkierung* nach *Wiesenthau* zurückbringt.

Wem die Wanderstrecke über Kirchehrenbach und durchs Tal zu weit scheint, dem wird empfohlen, bei der Wandertafel an dem Rastplatz oberhalb von Kirchehrenbach auf einem der Hangwege durch die Kirschgärten zurück nach *Wiesenthau* zu wandern.

che aus folgen wir der *Gelbkreuzmarkierung* zum Berg. Sie führt aus dem Ort heraus vorbei an den Kirschgärten, wie die Obstwiesen hier ums »Walberla« genannt werden, nach *Schlaifhausen* und auf der Hauptstraße durch das lange Dorf. Der Anstieg wird immer steiler. Am *Eichelberg* treffen wir an einer der wenigen schattigen Stellen dieser Wanderung auf eine Wandertafel. Wir informieren uns noch einmal über den weiteren Verlauf der Wanderstrecke. Hier müssen wir unsere bisherige Markierung, das gelbe Kreuz, verlassen und folgen jetzt bis Kirchehrenbach dem »Westlichen Albrand-Weg«. Er ist mit einem roten *Waagrechtstrich* gezeichnet.

Dichte Hecken, ein Paradies für Vögel und Niederwild, säumen den Weg. Zuletzt steigt er immer steiler an zu den Felsnadeln und dem Kreuz des *Rodensteins*. Über das baumlose Plateau des Berges mit seinen Feldern und der großen Trockenrasenfläche folgt man den ausgetretenen Wanderpfaden zur *Walpurgiskapelle* oder den Aussichtskanzeln mit den faszinierenden Blick hinunter ins Tal. Durch die Befestigungsringe der Wallanlage und den Hangwald, vorbei an einem hohen Kreuz, geht es recht steil hinunter zur Straße, die nach *Kirchehrenbach* hineinführt. Der Rastplatz bei der Wandertafel und einer

Nützliche Informationen

Ausgangsort und Zufahrt: Wiesenthau liegt südöstlich von Forchheim. In Reuth zweigt von der B 470, bei einer Ampel, die Straße durch das Wiesenttal nach Wiesenthau ab. An der Bahnstrecke Forchheim – Ebermannstadt gibt es eine Haltestelle Wiesenthau. Auch Kirchehrenbach liegt an dieser Bahnstrecke.

Parkmöglichkeit: Beim Schloß und bei der Kirche.

Gehzeit: Ca. 3 Std.

Auskunft: Gemeindeverwaltung Wiesenthau, 8551 Wiesenthau.

Einkehrmöglichkeiten: Wiesenthau, Schlaifhausen, Kirchehrenbach.

Wanderkarten: Topographische Karte 1:25 000 des Landesvermessungsamtes, Blatt 6232; Fritsch Wanderkarte »Naturpark Fränkische Schweiz/Veldensteiner Forst«, Blatt 53, 1:50 000.

»Walberla« ist eine mundartliche Kurzform von »Walpurgisberg«, so genannt nach der Kapelle, die der heiligen Walburga auf dem Gipfel der felsigen Ehrenbürg im 12. Jahrhundert geweiht wurde.

33 Muggendorf – wo die Fränkische Schweiz entdeckt wurde

Auf dem Felsensteig zum Adlerstein und in die Riesenburg

Tourencharakter: Anstrengende, aber ungewöhnlich vielseitige Wanderung über Felsensteige, durch Höhlen und Grotten.
Beste Jahreszeit: Frühjahr bis Spätherbst.
Reine Gehzeit: 5 bis 6 Stunden.
Tip: Taschenlampe mitnehmen.

Der Name des Ortes **Muggendorf** erinnert daran, daß die Bezeichnung »Fränkische Schweiz« die Erfindung eines Reiseschriftstellers vergangener Zeiten ist. Im Jahre 1829 veröffentlichte Joseph Heller aus Bamberg ein »Handbuch für Wanderer«, dem er den Titel gab: »Muggendorf und seine Umgebungen oder die Fränkische Schweiz«. Bis dahin hatte diese Region keinen einheitlichen Namen. Sie hieß: »Muggendorfer Gebirg«, auch »Altes Gebürg«, »Wiesentalb« und da und dort auch »Kanton Rittergebürg«. Um 1800 war die Schweiz Inbegriff naturnahen Urlaubs. Und überall wo es gebirgig und romantisch war, entstanden auf dem Papier neue Schweizen: so auch die »Sächsische Schweiz« und die »Fränkische Schweiz«; weltweit über hundert.

Charakteristisch für diesen Teil des nördlichen Frankenjura sind die tief eingeschnittenen Täler der Wiesent und ihrer Zuflüsse. Zu den Attraktionen dieser Landschaft gehören vor allem die Tropfstein- und Auswaschungshöhlen, die es so zahlreich sonst nirgends in Deutschland gibt. Im Höhlenkataster des Frankenjura, das von der Naturhistorischen Gesellschaft in Nürnberg geführt wird, sind 680 in der »Fränkischen Schweiz« registriert. Diese Höhlen sind es auch, der die Landschaft letztlich ihre Entdeckung als interessante Urlaubs- und Wanderlandschaft verdankt.

1774 veröffentlichte der Uttenreuther Pfarrer Johann Friedrich Esper ein Buch: »Ausführliche Nachricht von neuentdeckten Zoolithen unbekannter vierfüßiger Tiere«. Er beschrieb darin die Tropfsteine und die gefundenen Knochen längst ausgestorbener Tiere, die man in einer Höhle bei Burggaillenreuth gefunden hatte. Durch Studienfreunde aus Muggendorf war er auf die vielen in der Gegend von Muggendorf vorhandenen Höhlen im Frankenjura aufmerksam geworden. Die von Esper beschriebene Höhle trägt nach seinem Buchtitel übrigens bis heute den Namen: »Zoolithenhöhle«. Sie ist für die Höhlenforschung im Frankenjura die wichtigste Tropfsteinhöhle. Sie dient in jüngster Zeit nur noch wissenschaftlichen Zwecken und kann daher leider nicht mehr besucht werden. Espers Buch über die »Zoolithenhöhle«, das auch in französischer Sprache erschien, hat die Aufmerksamkeit nicht nur von Altertumsforschern und Zoologen, sondern auch der breiten Öffentlichkeit für diesen Teil des Fränkischen Jura erregt. Höhlen- und Vorgeschichtsforscher, bald aber auch viele im Geistesleben der damaligen Zeit bedeutende Persönlichkeiten, Staatsmänner, Weltenbummler und nicht zuletzt die Dichter und Maler der deutschen Romantik kamen nach Muggendorf und Streitberg. Sie haben von hier aus die Landschaft erkundet und darüber berichtet. Interessant, was beispielsweise schon 1810 Georg August Goldfuß, ein berühmter Gelehrter der damaligen Zeit, in dem »Taschenbuch« »Die Umgebungen von Muggendorf« von dieser Gegend, ihren Menschen, den Tieren und Pflanzen, von Höhlen und Wanderungen zu berichten weiß.

Seit 1972 heißt das Gebiet »**Naturpark Fränkische Schweiz/Veldensteiner Forst**«. Er umfaßt mit seinen 243 000 Hektar die Landschaft im Städtedreieck Nürnberg–Bamberg–Bayreuth. Dieser Teil Oberfrankens ist nicht nur das Naherholungsgebiet für den Großraum Nürnberg, sondern längst eine der besuchtesten Erholungslandschaften Deutschlands. In diesem Naturpark gilt noch heute, wie schon vor 200 Jahren, »Muggendorf und

Blick vom »Felsensteig« in das Tal der Wiesent. In den Bergen über dem Tal liegen dicht beieinander vier bekannte Höhlen, darunter die Oswaldhöhle und die Wundershöhle, die Etappenziele der Tour bilden.

seine Umgebungen« als das interessanteste und beliebteste Wandergebiet.

Der Wegverlauf

Ausgangspunkt dieser Tageswanderung ist der *Brunnen am Marktplatz* von *Muggendorf*. Das Markierungszeichen, dem wir erst einmal folgen, ist der *rote Senkrechtstrich des »Heinrich-Uhl-Weges«*. An der evangelischen Kirche vorbei biegen wir bei »*Kohlmannsgarten*« in die Straße, die den Dooser Berg hinaufführt, ein. Auf der Wandertafel vor der ersten Haarnadelkurve informieren wir uns noch einmal über den genauen Verlauf der Wanderstrecke. In der Kurve verlassen wir die Straße. »*Felsensteig*« heißt das Wegstück, auf dem wir die nächsten Kilometer unterwegs sind. Steil geht es den Hang hinauf. 200 Höhenmeter sind zu überwinden. Treppenstufen erleichtern den Anstieg. Ein Geländer sichert den Weg ab. Bergwärts steht oft der blanke Fels an.

Wo der Wanderweg im hohen Buchenwald einfacher begehbar wird, gähnt uns plötzlich das finstere Loch einer breiten Höhle an. Wir stehen vor der »*Oswaldhöhle*«. »Der Wanderweg geht durch die Höhle« steht auf einem Schild zu lesen. 60 Meter führt er durch den Berg. Wir nehmen unsere Taschenlampe heraus. Ein kurzes Stück wird es in der Höhle ganz dunkel. Wieder am Tageslicht, stehen wir am Fuße einer etwa 30 Meter hohen Felswand. In ihr befindet sich der Eingang einer weiteren Höhle: der »*Wundershöhle*«. Hier im »Hohlen Berg« sind dicht beieinander vier bekannte Höhlen. Über eine gut gesicherte Treppe gelangen wir zu einer Felsenkanzel mit herrlichem Blick ins Wiesenttal. Der *Felsensteig* aber führt immer noch weiter den Berg hinauf. Als es ebener wird, biegen wir rechts in den Buchenhochwald ein. Schnell beginnt unser Weg zu fallen. Bis zum *Zweckersgraben* hinunter haben wir 120 Meter an Höhe verloren, die es auf dem nächsten Kilometer bis zum *Quackenschloß* wieder zu gewinnen heißt. Diese romantische Felsauftürmung mit dem weiten Durchblick ist der Rest eines im Laufe der Jahrmillionen abgetragenen Höhlensystems.

Auf dem *Felsensteig* wandern wir weiter zum *Adlerstein*. Der höchste seiner beiden Dolomittürme ist 531 Meter hoch. Er kann über eine Eisentreppe bestiegen werden und bietet eine großartige Aussicht in die nördliche und östliche Fränkische Schweiz.

Weiter geht die Wanderung nach *Engelhardsberg* hinüber. Das schmucke Dorf auf dem Jura gilt als die Wiege des Osterbrunnenschmückens. In der Osterzeit sind in den hochgelegenen Dörfern als Dank für das nach langer Winterzeit wieder reichlich fließende Wasser die »Brunnen geputzt« worden, wie es im Volksmund heißt. Mit Grün, bunten Papierschleifen, gefärbten Ostereiern wurde der Verehrung des Wassers und der Quellen Ausdruck verliehen. Von Engelhardsberg aus hat sich dieser Brauch als Fremdenverkehrsattraktion weit verbreitet.

Bei der Linde am Dorfeingang finden wir das Hinweisschild zur Riesenburg, mit dem Markierungszeichen, dem wir jetzt bis nach Muggendorf zurück folgen: ein *gelber Ring*. Nach den letzten Häusern des Dorfes fällt der Weg durch die Felder in den Hangwald. In ihm verbirgt sich die *Riesenburg*. Die vom Wasser ausgewaschenen, durchlöcherten Felswände einer Versturzhöhle sind wohl das eindrucksvollste Naturdenkmal der Fränkischen Schweiz. Auch von der »Riesenburg« ist eine hübsche Sage überliefert. In ihr haben in grauer Vorzeit zwei Riesen gelebt: Heinrich und Erdmann. Sie waren freundliche Helfer der Bauern von Engelhardsberg bei deren schwerer Arbeit auf den steinigen Feldern und im gefährlichen Hangwald. Seit sie sich in ihrer Eifersucht wegen des Edelfräuleins von Rabeneck, das auf der nahegelegenen Halbruine gleichen Namens zu Hause war, mit ausgerissenen Bäumen verprügelt und übel zugerichtet hatten, haben sie sich nicht mehr unter die Menschen getraut. Sie sind aus ihrer Burg verschwunden. So trifft man sie leider heute nicht mehr in der Riesenburg an. Über Treppen und Terrassen, durch Felswände und -bögen hindurch geht es ins Wiesenttal hinunter. Bei dem *Pumpenhäuschen* der Engelhardsberger Wasserleitung führt ein Steg über die *Wiesent*. Flußaufwärts kommen wir nach *Doos*. Hier ist übrigens der Platz, an dem Paddler und Kanuten ihre Boote zum Wildwasserfahren für eine 12 Kilometer lange Strecke nach Muggendorf einsetzen.

In Doos nimmt die Wiesent die Aufseß auf. Viele Kilometer weit gibt es in diesem stillen Wiesental keine Fahrstraße, nur Wanderwege. Bei der *Kuchenmühle,* einer Sägmühle mit Wirtshausbetrieb, überqueren wir das Flüßchen. Langsam steigt unser Wanderweg wieder aus dem Tal durch den Wald zur Jurahochfläche hinauf, nach *Albertshof.* Dort werden wir vielleicht beim bäuerlichen Brotbacken zuschauen können. Auf der Straße

geht es nach Südosten aus dem Dorf hinaus. Auf der Höhe zeigt uns ein Wegweiser mit unserer Wandermarkierung, wie wir schnell nach Muggendorf kommen. Zuletzt fällt der Weg ganz steil, die Lindenallee des *Schmiedbergs* hinunter, in das bei Wandersleuten so beliebte *Muggendorf.*

Nützliche Informationen

Ausgangsort und Zufahrt: A73 über Forchheim und B470. Mit der Bahn über Forchheim – Ebermannstadt. Ab Ebermannstadt Li-

In einem Wald bei Engelhardsberg verbirgt sich die »Riesenburg«. Die vom Wasser ausgewaschenen, durchlöcherten Felswände dieser Versturzhöhle gehören zu den eindrucksvollsten Naturerscheinungen der Fränkischen Schweiz.

34 Aussichtskanzel über Ebermannstadt

Zur Wallerwarte und Ruine Neideck

Tourencharakter: Anspruchsvolle Wanderung mit Höhenunterschieden über 200 Meter.
Beste Jahreszeit: Frühjahr bis Spätherbst.
Gehzeit: 4 bzw. 6 Stunden.

Dort wo sich in der Fränkischen Schweiz das enge Tal der Wiesent zu einer breiten Talaue weitet, liegt, umgeben von Wiesen, Kirschgärten, Mischwaldbeständen mit zahlreichen Felskanzeln an steilen Talhängen, inmitten einer abwechslungsreichen Juralandschaft das Städtchen **Ebermannstadt** mit seinen etwa 6000 Einwohnern.

Die Stadt hat eine lange Geschichte. Ihre Anfänge gehen wahrscheinlich bis ins 6. Jahrhundert zurück, als noch die Thüringer hier im Radenzgau siedelten. Urkundlich erstmals erwähnt wird Ebermannstadt 981, als Kaiser Otto II. den Siedlern einer »villa Ebermarestadt« ihre Immunität bescheinigt. Von dem Gründer dieser Siedlung »Ebermar« ist dem Ort der Name geblieben und auch der Eber im Stadtwappen erinnert wohl an ihn.

1323 erhält Ebermannstadt, damals im Besitz des einflußreichen fränkischen Adelsgeschlechtes der Schlüsselberger, durch Kaiser Ludwig den Bayern Stadtrechte verliehen. Mit der Stadterhebung verbunden war die sicher schwierige Befestigung eines Ortes, der in einer ebenen Tallandschaft gelegen ist. In alten Urkunden ist von Wällen und Palisaden die Rede, von Stadttoren und der Pfarrkirche St. Nikolaus, die als Kirchenburg nach Südwesten als Befestigung diente. Ob der rechte Wiesentarm, der heute noch den alten Stadtkern im Westen umfließt, ursprünglich nur ein Mühlgraben oder ein echter Teil der Stadtbefestigung war, geht aus den vorhandenen Urkunden nicht eindeutig hervor. Er hätte jedenfalls der damaligen Stadt zu einer echten Insellage zwischen den beiden Wiesentarmen verholfen. Aber auch so ist Ebermannstadt nur schwer zu verteidigen gewe-

nienbusverbindung. Auch in die Innere Fränkische Schweiz. Museumsbahn: Dampfbahn Fränkische Schweiz, an Wochenenden.
Parkmöglichkeiten: Oberer Markt, Bayreuther Straße, an der Wiesent.
Gehzeit: 5 bis 6 Std.
Unterkunft: In Muggendorf.
Auskunft: Verkehrsamt Muggendorf, 8551 Markt Wiesenttal, Tel. 0 91 96/7 17.
Sehenswürdigkeiten: Ursprünglich gotische Pfarrkirche St. Laurentius. Hübsche spätbarocke Einrichtung. Interessante Emporenbemalung; Höhlen: Binghöhle Streitberg, Deutschlands größte Tropfsteingaleriehöhle. Geöffnet: 15. März bis 10. November, täglich 8 bis 17 Uhr; zahlreiche kleinere Höhlen an den Wanderwegen, ohne Führungen. Sehenswerte Balthasar-Neumann-Kirche in Gößweinstein.
Wanderkarten: Topographische Karte 1:25 000 des Landesvermessungsamtes, Blatt 6133 und 6233; Fritsch Wanderkarte »Umgebungskarte Markt Wiesenttal«, Blatt 124, 1:35 000, und »Fränkische Schweiz«, Blatt 53, 1:50 000, mit Markierungseintragungen.

Von Ebermannstadt kann man zum Wallerturm aufsteigen und weiter über die Kanzel zum Judenberg wandern. Hier in der Nähe befindet sich auch der Judenfriedhof mit alten Grabsteinen.

sen, wie die Geschichte zeigt. Im Lauf der Jahrhunderte ist die Altstadt beim Hussiteneinfall 1430, im Zweiten Markgräflerkrieg 1552 bis 1554, im Dreißigjährigen Krieg, im Siebenjährigen Krieg 1756 bis 1763 und noch einmal 1796 von französischen Truppen immer wieder heimgesucht und niedergebrannt worden.

Trotzdem ist vom alten Stadtkern um den Marktplatz und die Marienkapelle viel Sehenswertes erhalten geblieben oder wiederaufgebaut worden.

Nach dem Aussterben der Schlüsselberger fällt Ebermannstadt 1390 an das Hochstift Bamberg. Die Herrschaft des Fürstbistums erlischt am 3./4. September 1802, Ebermannstadt wird Sitz eines bayerischen Landgerichtes. 1862 wird das Landgericht Ebermannstadt mit dem Landgericht Hollfeld zum Bezirksamt Ebermannstadt vereinigt, dem späteren Landkreis Ebermannstadt, der bis zum 30. Juni 1972 bestand.

Im Zuge der Gebietsreform nach 1972 wurden 12 mehr oder weniger große Orte mit meist dörflichem Charakter nach Ebermannstadt eingemeindet. Zu Ebermannstadt gehört natürlich auch die katholische Jugendburg Feuerstein mit ihrer eindrucksvollen dreigeschossigen Kirche »Verklärung Christ«, die Jugend- und Erwachsenenbildungsstätte der Landvolkshochschule auf dem Feuerstein und die »Fränkische Fliegerschule« auf der Langen Meile.

Die kulturgeschichtliche Bedeutung als ehemaliges Amtsstädtchen des Hochstifts Bamberg, als bayerisches Bezirksamt und langjährige Kreisstadt eines Großteils der Fränkischen Schweiz haben Ebermannstadt schon immer eine herausgehobene Stellung für das Gebiet der Fränkischen Schweiz zukommen lassen. Nicht zu Unrecht wird es daher von vielen die »heimliche Hauptstadt der Fränkischen Schweiz« genannt!

Der Wegverlauf

Unsere Wanderung beginnt, wie alle 21 Wanderstrecken von Ebermannstadt aus, an der Wandertafel am *Wasserschöpfrad*. Der mit *grüner Raute* markierte Wanderweg nach *Wichsenstein* führt uns aus der Stadt durch das Scheunenviertel, den Stadtpark, die Obere Bayerische Gasse, die Schlüsselsteinstraße schließlich auf einem steilen Wanderpfad im

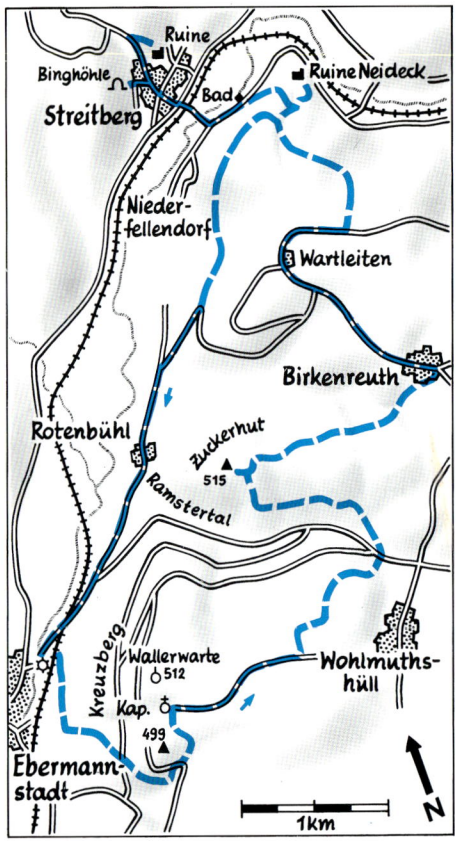

hohen Kreuzbergs ist er 1931/32 auf Betreiben des damaligen Landrates Friedrich Waller aus lauter faustgroßen Lesesteinen von den Äckern der Jurahochfläche errichtet worden.

Wir gehen zurück bis zur offenen Kreuzwegkapelle. Die *Markierung in Blau* verläuft dann ein Stück auf der Flurstraße nach *Wohlmutshüll*, ehe sie nach links in die Felder und zum Wald hin einbiegt. Durch artenreiche Mischwaldbestände erreichen wir nach etwa 10 Minuten die Staatsstraße im *Ramstertal*. Bei den etwa 100 Metern, die wir sie aufwärts wandern müssen, ist Vorsicht geboten! Auf dem folgenden Wegstück im Wald sollte man gut auf das Markierungszeichen, *blauer Strich*, achten. Die Felsenkanzel des *Zuckerhutes* bietet vielleicht den schönsten Ausblick. Bei guter Sicht geht er weit über die Hochfläche des nördlichen Frankenjura bis zur Hohenmirsberger Platte, der Neubürg und zur Burg Zwernitz.

Durch die Feldflur führt unser Wanderweg nach *Birkenreuth*, einem vorwiegend von kleinen landwirtschaftlichen Betrieben geprägten Ort. Mitten im Dorf, neben der großen Linde, finden wir ein Brunnenhäuschen mit beleuchtetem, 64 Meter tiefem Brunnenschacht aus dem Jahre 1796. Die Wassernot früherer Jahrhunderte machte solche Anstrengungen der Jurabewohner notwendig. Vorbei an einem Erholungsheim und einem Reitstall verlassen wir das Dorf und bleiben auch bei *Wartleiten* auf der Teerstraße, bis uns das blaue Markierungszeichen nach links durch die Felder zum Wald hinweist. Leicht abfallend führt unser Weg nun zur *Ruine Neideck*. Sie gilt als das Wahrzeichen der Fränkischen Schweiz. Die Weitläufigkeit der ehemaligen Burg, die zahlreichen Reste der Befestigungsanlagen beeindrucken ebenso wie der Ausblick auf Streitberg und Muggendorf oder die im Tal mäandernde Wiesent. Dies alles sind unvergeßliche Eindrücke, die man von diesem Wandertag mitnimmt.

Auf dem *Leo-Jobst-Weg* (Markierungszeichen: *rotes Kreuz*) kehren wir über *Rothenbühl* nach *Ebermannstadt* zurück.

Vielleicht aber entschließen wir uns auch noch zu einem Besuch von *Streitberg*. Der

Hangwald zur Jurahochfläche hinauf. Gut 200 Meter Höhenunterschied heißt es erst einmal überwinden! Am Waldtraufstoßen wir auf den mit *blauem Senkrechtstrich* markierten *Franz-Josef-Kaiser-Weg*. Er führt als Saumpfad zur Aussichtskanzel des *Schlüsselsteins*. Zwei Gräben und Steinwälle muß man passieren, die an die schon im frühen Mittelalter wieder ausgegangene Höhenburg erinnern. Von dem Felssporn hat man einen großartigen Blick auf die Obstgärten um Pretzfeld und Kirchehrenbach, den Doppelgipfel der Ehrenbürg und auf die gegenüberliegende Vexierkapelle. Zu Füßen im Tal liegt Ebermannstadt, darüber die Jugendburg Feuerstein.

Nächstes Wanderziel ist die *Wallerwarte*, jener markante Steinturm, den wir schon bei Beginn der Wanderung wahrgenommen haben. Auf der höchsten Stelle des 512 Meter

Weg hinüber in den ehemaligen Kurort, etwa ein Kilometer Wegstrecke, vorbei am Schwimmbad und der Äckermühle, ist mit *rotem Punkt* markiert. Der Aufstieg zur *Ruine Streitberg* lohnt ebenso wie der Besuch der *Binghöhle*, Deutschlands größter Tropfsteingaleriehöhle. Vielleicht aber auch die »Pilgerstube«, eine Probierstube der Brennerei Hertlein. Ihre Ausstattung mit zahlreichen Stichen aus der Vergangenheit der Fränkischen Schweiz macht den Aufenthalt dort so angenehm wie die guten Tropfen, die man hier serviert bekommt. Bis zur Rückkehr mit dem Linienbus ist man in Streitberg gut aufgehoben!

Nützliche Informationen

Ausgangsort und Zufahrt: Ebermannstadt ist mit dem Auto über die Autobahnen A 3, A 9 und A 73, die Bundesstraßen B 470 und B 4 gut zu erreichen. Mit der Bundesbahn über Nürnberg und Bamberg. Gute Linienbusverbindungen in die innere Fränkische Schweiz, nach Heiligenstadt und Forchheim.
Ausgangspunkt: Wasserschöpfrad in Ebermannstadt.
Gehzeit: 4 bzw. 6 Std.
Unterkunft und Verpflegung: Hotels und Gaststätten in Ebermannstadt.
Auskünfte: Städtisches Verkehrsamt, Bürgerhaus Bahnhofstraße, 8553 Ebermannstadt, Tel. 09194/50640. Tourismuszentrale Fränkische Schweiz, Oberes Tor 1, 8553 Ebermannstadt, Tel. 09194/8101.
Sehenswürdigkeiten: In Ebermannstadt: Marktplatz mit Fachwerkhäusern und Marienbrunnen; Marienkapelle aus dem 13. Jahrhundert; Stadtpfarrkirche St. Nikolaus; Wasserschöpfrad am künstlichen Wiesentarm; Heimatmuseum; Burg Feuerstein, 1941/42 für die kriegstechnische Forschung erbaut, seit 1946 Jugendburg der Diözese Bamberg; Schlüsselstein: Reste einer Burganlage; Wallerwarte.
Wanderkarten: Topographische Karte 1:25000 des Landesvermessungsamtes, Blatt 6133 und 6233; Fritsch Wanderkarte »Naturpark Fränkische Schweiz/Veldensteiner Forst«, Blatt 53, 1:50000, »Umgebungskarte Markt Wiesenttal«, Blatt 124.

35 Teufelshöhle und Püttlachtal

Burg, Kapellen, Mühlen und Felsen um Pottenstein

Tourencharakter: Kurzweilige Wanderung von Sehenswürdigkeit zu Sehenswürdigkeit.
Beste Jahreszeit: Von Frühling bis Spätherbst.
Reine Gehzeit: 2½ Stunden.

Auf den Felsbastionen über dem Pottensteiner Ortsteil **Tüchersfeld** gab es einst stattliche Ritterburgen. Die Sage erzählt von dem Raubritter Udo von Wichsenstein auf Burg Tüchersfeld. Er hatte die Bürger von Pottenstein betrogen und mußte vor ihnen fliehen. Er versteckte sich in der **Teufelshöhle,** so daß ihn die Pottensteiner nicht fanden. Als sie unverrichteter Dinge umgekehrt waren, hörte der Ritter eine Stimme neben sich. Es war der Teufel, der ihm einen Vertrag anbot. Der Ritter unterschrieb mit seinem Blut. Das Burgfräulein von Rabenstein hatte sich in den Raubritter verliebt. Eines Nachts träumte sie von einem Engel, der ihr sagte, sie solle nach Pottenstein gehen und die Teufelshöhle aufsuchen, um die Seele des Raubritters zu retten. Am nächsten Tag machte sich das Burgfräulein auf den Weg. Unterwegs erzählte sie einer Nonne von ihrem Traum. Die Nonne war bereit, das Burgfräulein zu begleiten, und die beiden kamen zur Teufelshöhle, wo der Teufel gerade den Vertrag mit dem Raubritter durchlas. Als er die Nonne erblickte, erschrak er, ließ den Vertrag fallen und floh. Das Burgfräulein von Rabenstein erfuhr mit Entsetzen, daß sich ihr heimlich Geliebter mit dem Teufel verbunden hatte. Sie machte sich mit der Nonne auf den Weg zur Burg Tüchersfeld. Dort zeigte sie dem Raubritter den Vertrag und zerriß ihn. Dann kehrte sie mit der Nonne nach Rabenstein zurück. Das beeindruckte den Raubritter so sehr, daß er sein bisheriges Tun bereute und schwor, fortan dem Ritterstand Ehre zu machen. Das Jahr darauf nahm der Ritter das Burgfräulein von Rabenstein zum Weib. Und das Volk er-

zählt, seitdem mache der Teufel einen Umweg um die Tüchersfelder Burg, denn er
fürchte die Rabensteinerin.

Diese Höhle südöstlich von Pottenstein ist
die größte Schauhöhle der Fränkischen
Schweiz und hat das gewaltigste Höhlentor
auf deutschem Boden. Schon seit Urzeiten
war das Teufelsloch Zuflucht für Menschen
und Tiere. Aber bis in die jüngste Gegenwart
konnte man nur 80 Meter tief in das Höhlen-
loch eindringen. Der Geologe Hans Brand
erforschte die Höhle und begann 1922 mit
den technischen Erschließungsarbeiten. Er
ließ die Abschlußwand des bisherigen Höh-
lentunnels sprengen und fand Tropfsteingrotten, die an Schönheit alle Erwartungen über-
trafen. 1931 war eine weitere Teilerschlie-
ßung der Höhle beendet, und die Anlage
konnte auf einer Länge von fast 1500 Metern
zur Besichtigung freigegeben werden. Die
schönsten Partien der Höhle haben Namen
bekommen. Da gibt es einen Dom, eine
Papstkrone, eine Orgel, einen Vorhang, eine
Bärengrotte, eine Nibelungengrotte, einen
Barbarossadom, einen Barbarossabart, eine
Pagode, eine Kreuzigungsgruppe, drei Kaiser
mit Hexenschlucht, einen Riesensaal, einen
Goliath, eine Kristallgrotte, einen Kerzensaal.
Besonders beeindruckend ist der Barbarossadom, der 18 Meter breit und bis zu 15 Meter
hoch ist und unter einer Felsendecke von 52
Meter Mächtigkeit liegt. Dem Erschließer
und Erforscher der Höhle hat man am 9. April
1961 eine Gedenktafel am Höhleneingang
angebracht.

Der Luftkurort **Pottenstein** ist ein guter
Ausgangspunkt, um die Höhle zu besuchen.
Die Stadt bietet neben der Burg eine Fülle
von Sehenswürdigkeiten. Von der Burg heißt
es, daß im Jahre 918 König Konrad auf dem
Reichstag zu Forchheim befohlen habe, an
dieser Stelle eine Befestigung gegen die Ma-
djaren und Slawen zu bauen. Die nachweis-

*Der Pottensteiner Ortsteil Tüchersfeld ist ein
guter Ausgangspunkt, um die größte Schauhöhle
der Fränkischen Schweiz, die Teufelshöhle, zu
besichtigen. In den Jahren 1228 und 1229 war die
Burg über Pottenstein Zuflucht für die heilige Elisabeth, Landgräfin von Thüringen.*

liche Gründung geht auf das 11. Jahrhundert zurück. In den Jahren 1228 bis 1229 war die Burg Zuflucht für die heilige Elisabeth, die Landgräfin von Thüringen, nachdem sie von der Wartburg vertrieben worden war. Ihr zu Ehren hat man auf dem Marktplatz von Pottenstein den Elisabethbrunnen errichtet.

Von der Burg kann man zur Bartholomäus-Kirche am Kirchplatz gehen. Kirchplatz und Marktplatz sind die Zentren der Stadtsied-

lung, die zu den ältesten Frankens gehört. Von der Stadtbefestigung ist allerdings kaum mehr etwas vorhanden.

Der Wegverlauf

Weil es am *Stadtgraben* Parkplätze gibt, gehen wir von hier südwärts zur *Hauptstraße* oder durch die *Von-Redwitz-Gasse* zum *Marktplatz* und weiter zur *Burg*. Wir folgen

Die Teufelshöhle bei Pottenstein bot seit Urzeiten Mensch und Tier Schutz.
1922 wurde die Höhle technisch erschlossen, so daß man heute Tropfsteingrotten
wie den »Barbarossadom« besichtigen kann.

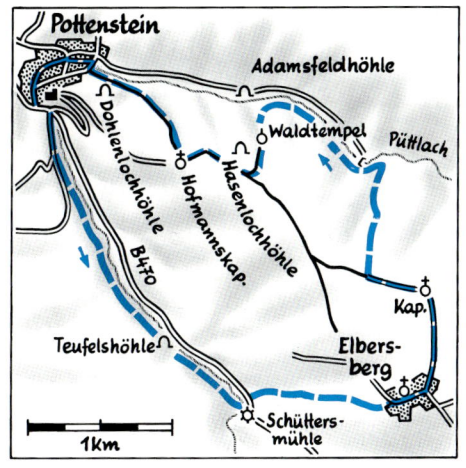

weglos dem Südufer folgen, bis wir zu einer *Brücke* kommen.

Davor geht es auf einem Fußweg westwärts weiter. Bei erster Gelegenheit, gegenüber liegt die Adamsfelshöhle, steigen wir nach Süden zum *Waldtempel* hinauf. In südlicher Richtung gelangen wir bergab zum Waldrand, vorbei an der *Hasenlochhöhle*, zu der ein Abstecher möglich ist. Außerhalb des Waldes bewegen wir uns westwärts zur *Hofmannskapelle*, zweigen hier rechts ab und stoßen, an einer Waldinsel vorbei, in die Waldhöhen hinein, die wir bei der *Dohlenlochhöhle* zum Püttlachtal hin durchwandern. Beim *Marienthal*, wir sind bereits in Pottenstein, schwenken wir rechts weg, gehen über die Püttlachbrücke und über die Hauptstraße zum Marktplatz, von hier zum Kirchplatz und zurück zur Burg.

Nützliche Informationen

Ausgangsort und Zufahrt: Pottenstein liegt südwestlich von Bayreuth an der Bundesstraße 470. Die Bundesautobahn A 9 verläuft östlich und ist über den Anschluß Pegnitz–Grafenwöhr zu erreichen.

Ausgangspunkt: Parkplätze am Stadtgraben.

Gehzeit: 2 1/2 Std.

Unterkunft und Verpflegung: In Pottenstein und Elbersberg.

Einkehr unterwegs: Bei der Teufelshöhle; in Elbersberg Gasthof Reichel, Gasthof Kapellenhof.

Auskünfte: Städtisches Verkehrsbüro, Rathaus, 8573 Pottenstein, Tel. 0 92 43/8 33-8 35.

Sehenswürdigkeiten: Stadtpfarrkirche St. Bartholomäus; Elisabethbrunnen; Elisabethspital; Spital- und Friedhofskirche St. Kunigund; Burg Pottenstein, von 1112 bis 1803 Sitz eines Bamberger Oberamtes, seit 1918 im Besitz der Familie des Freiherrn von Wintzingerode, Besichtigung der historischen Räume von April bis Mitte Oktober.

Sehenswürdigkeiten der Umgebung: Teufelshöhle, Führungen von Ostern bis Anfang November von 9 bis 17 Uhr.

Wanderkarte: Topographische Karte 1:25 000 des Landesvermessungsamtes, Blatt 6234.

aber nicht der Bundesstraße 470 im Talboden des Weiherbachs, sondern wandern von der *Burgabfahrt* aus darüber hinweg nach Süden und steigen den bewaldeten Hang des *Weiherberges* hinauf, bis nach wenigen Schritten ein Fußweg links abzweigt und im *Bachtal*, parallel zur Bundesstraße, aber an der westlichen Bachseite, verläuft. Wir bewegen uns nun in dem enger werdenden Tal am Westufer des Weihers entlang, wechseln die Bachseite, halten uns zwischen Bach und Bundesstraße weiter und kommen zur *Teufelshöhle*. Hier ist ein großer Parkplatz angelegt, und in einem Restaurant kann man einkehren.

Wir gehen jetzt am Westufer des Bachs bis zur *Schüttersmühle*, wo wir auf die Fahrstraße nach *Kirchenbirkig* stoßen. Die Bundesstraße 470 bringt uns zu einem *Wirtshaus*. Davor zweigen wir links in Richtung *Elbersberg* ab. Über die Talhänge steuern wir diesen kleinen Ort an und durchqueren ihn, vorbei an der *Pfarrkirche St. Jakobus Maior*, einem klassizistischen Saalbau. Bei der Kreuzung halten wir uns geradeaus. Bald wendet sich der Weg nach Norden, führt zunächst zur *Elbersbergkapelle* und biegt dann beim *Wasserhaus* nach Westen. Hinter einem kleinen Waldstück zweigen wir rechts, nordwärts, ab und tauchen in den Wald ein. Wir überwinden die Waldhöhe und erreichen das *Püttlachtal*. Hier müssen wir ein Stück

36 Über den Weißmainursprung

Der Asenturm auf dem Ochsenkopf

Tourencharakter: Etwas anstrengende, aber reizvolle Wanderung, überwiegend durch Wald auf über 1000 Meter Höhe. **Beste Jahreszeit:** Frühsommer bis Spätherbst. **Reine Gehzeit:** 3 Stunden.

Der **Ochsenkopf** ist der zweithöchste Berg des Fichtelgebirges. Man kann seinen Gipfel mit der Ochsenkopfschwebebahn, Deutschlands modernster Bahn, von Bischofsgrün aus erreichen, in der Berggaststätte einkehren und vom **Asenturm** aus weit übers Land schauen. Er wurde 1922/23 vom Fichtelgebirgsverein erbaut. Am Turm erinnert eine Tafel daran, daß Goethe den Gipfel am 1. 7. 1785 besucht hat. Bei klarem Wetter kann man von der Plattform des Asenturms den Kreuzberg in der Rhön, die Gleichberge bei Hildburghausen und sogar die Veste Coburg sehen, auch ins Vogtland und in die Tschechei. Eindrucksvoll ist der Blick in das Tal des Weißen Main und auf die Plassenburg bei Kulmbach. Über die Höhen des Fichtelgebirges schaut man zu den Hügelketten der Hersbrucker und der Fränkischen Schweiz, ja sogar auf die Haßberge. 1957/58 wurde auf dem 1024 Meter hohen Gipfel des Berges ein 177 Meter hoher Fernsehsendeturm errichtet.

Im Hochtal des Weißen Main liegt am Fuße des bewaldeten Gipfelaufbaus **Bischofsgrün**, ein altes Pfarrdorf, das zur Zeit Kaiser Heinrichs um das Jahr 1000 besiedelt wurde, was urkundlich allerdings nicht bewiesen werden konnte. In vorgeschichtlicher Zeit ist in dieser Gegend Zinnabbau nachgewiesen und bereits um 1000 n. Chr. die Glasknopfherstellung. Bischofsgrün wurde durch Glasmacherei berühmt.

Im nahen Fröbershammer wurde zwischen 1317 und 1861 Eisen verhüttet. Köhler waren im Wald tätig, um Holzkohle herzustellen, auch die Leinenweberei blühte. Sie wurde 1833 durch die Handplüschweberei abgelöst. 1889 mußte sie den mechanischen We-

bereien weichen. Heute ist Bischofsgrün im Tal des Weißen Main ein bedeutender Luftkurort und Wintersportplatz mit modernen Kur- und Sporteinrichtungen, Skiabfahrten, Sprungschanze und Skiliften sowie zahlreichen markierten Wanderwegen im Umkreis.

Der Wegverlauf

Vom Großparkplatz an der *katholischen Kirche* gehen wir auf der Wunsiedler Straße ostwärts hinaus nach Fröbershammer.

Haus Nr. 1 war das ehemalige Hammerherrenhaus. Es wurde 1764/65 erbaut. Nachdem wir den Weißen Main überquert und den Ort durchwandert haben, biegen wir am Ortsende rechts ab und folgen auf einem Fußweg dem Lauf des Flusses bis nach *Karches*. Das einstige Forsthaus wurde zur Gaststätte ausgebaut. Hier im Hochtal zwischen Ochsenkopf und Schneeberg gibt es an der Fichtelgebirgsstraße einen Parkplatz, einen Bergwachtstützpunkt und eine Badegelegenheit. Der Weg von Fröbershammer hierher ist als Naturlehrpfad beschildert und Teil des Main-Fernwanderweges.

Der Name »Karches« existiert erst seit 1902. Das Flurgebiet hieß früher »Weißmainhochofen«, denn hier wurde einst Eisenglimmer verhüttet. Der Stauweiher bei Karches, in dem man auch baden kann, war früher für die Flößerei notwendig. Wir verlassen den Ort nach Westen, halten uns auf dem *Goethe-Weg* und steigen im Hochwald hinauf. Dabei kreuzen wir den *jungen Weißen Main* und erreichen den *Weißmainfelsen*, der aus riesigen Granitblöcken besteht. Durch eine Spalte ist eine steile Treppe angelegt, die zum Gipfel mit einer Plattform führt. Von hier kann man auf die Schneebergkette, auf den Waldstein und die Kösseine schauen. An der Nordseite des Felsens gibt es einen uralten Schacht und einen teilweise noch er-

Der Ochsenkopf über Bischofsgrün ist über eine moderne Seilschwebebahn erschlossen. Im Naturpark Fichtelgebirge gehört er zu den beliebten Ausflugs- und Wintersportzielen.

haltenen Stollen als Spur alter Bergmannstätigkeit.

Vom Felsen kommen wir auf unserem Weiterweg ohne große Steigungen zur *Weißmainquelle*. Der Name »*Main*« ist keltischen Ursprungs und bedeutet so viel wie mächtig und groß, was man allerdings von der Weißmainquelle nicht behaupten kann. Den 887 Meter hoch gelegenen Quellbereich ließ Markgraf Friedrich von Bayreuth 1717 fassen. Die Fassung ist mit dem Zollernwappen gekrönt. Hier an der Quelle beginnt ein 542 Kilometer langer Wanderweg bis zur Mündung des Mains in den Rhein.

Aus dem Quellbereich zieht ein Pfad genau westwärts in Serpentinen zum *Ochsenkopfgipfel* hinauf, wo wir in der 250 Sitzplätze fassenden Berggaststätte einkehren können. Nach Ausblicken vom Asenturm steigen wir in Hauptrichtung Nordwesten hinunter durch den Hochwald, überqueren zwei Forststraßen, einmal auf 873 Meter Höhe, einmal auf 760 Meter Höhe, und erreichen bei der *zweiten Kreuzung* einen Forstweg, der uns in nördlicher Richtung nach *Bischofsgrün* hinunterleitet. Über die *Ochsenkopfstraße* kehren wir zum Ausgangspunkt an der *Wunsiedler Straße* zurück.

Am Osthang des Ochsenkopfes entspringt die Weißmainquelle. Die Wasser fließen zuerst nach Osten, dann nach Westen zum Roten Main, wo sie sich zum Main vereinigen.

Nützliche Informationen

Ausgangsort und Zufahrt: Bischofsgrün im Tal des Weißen Main liegt an der Bundesstraße 303. Der nächste Bahnhof ist Warmensteinach. Omnibusverbindungen gibt es nach Bayreuth und Hof sowie nach Wunsiedel, Marktredwitz, Fichtelberg, Warmensteinach, Neumarkt und Wirsberg.

Ausgangspunkt: Großparkplatz an der katholischen Kirche.

Gehzeiten: 3 Std.; bis Karches 1 Std., bis zum Ochsenkopfgipfel 1 weitere Std., nach Bischofsgrün zurück 1 Std.

Unterkunft und Verpflegung: Zahlreiche Hotels und Gasthöfe, darunter Berghof, Deutscher Adler, Hammerschmiede, Herrenhaus, Jägerhof, Kaiseralm, Käppel, Gehrenklause, Kurhotel Mainquelle, Liftstube Maintal, Post, Siebenstern, Schneider.

Einkehr unterwegs: Asenturm am Ochsenkopf.

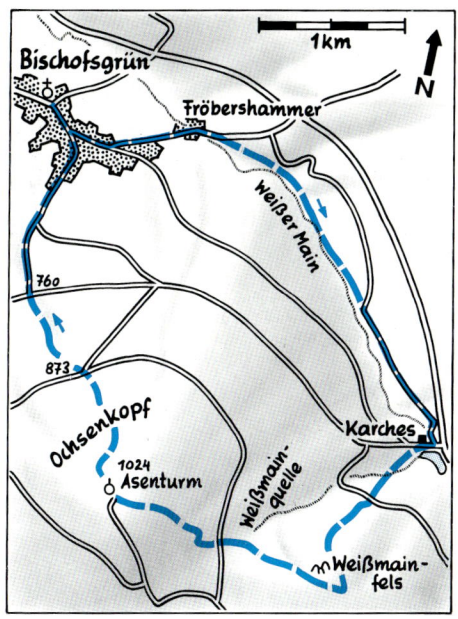

37 Ins »Fränkische Wunderland« bei Plech

Zwischen Veldensteiner Forst und Fränkischer Schweiz

Tourencharakter: Etwas komplizierte Wanderung durch eine interessante Landschaft.
Beste Jahreszeit: Frühsommer bis Herbst.
Reine Gehzeit: 2½ Stunden.

Fränkische Schweiz und **Veldensteiner Forst** sind zusammengenommen der zweitgrößte Naturpark Deutschlands. Es ist eine zerklüftete Landschaft mit Grotten und Höhlen. Der östliche Teil ist von kontinentalem Klima geprägt, während der westliche Teil recht milde Jahresdurchschnittstemperaturen zeigt. Die heutige Oberflächengestalt geht auf die Zeiten zurück, als die Gegend noch vom Jurameer bedeckt war. Damals haben sich auf dem Meeresboden Kleintiere abgelagert, die als Versteinerungen erhalten geblieben sind. Für die Oberflächengestalt haben dann vor allem Wind und Wasser gesorgt. So sind an vielen Orten Auswaschungen, Verstürze und Dolinen entstanden. In der reich strukturierten Landschaft hat sich eine abwechslungsreiche Pflanzenwelt angesiedelt. Auf Dolomit und Kalk ist der Bewuchs in den Höhenlagen karg. Talwärts gedeihen Wacholderbüsche, teilweise Eibenmischwälder.

Artenreich wie die Vegetation ist auch die Tierwelt. Vor allem im Veldensteiner Forst gibt es bemerkenswerte Rotwildvorkommen. Auch das Schwarzwild ist anzutreffen. Selten sind Auerhahn und Uhu. In den Höhlen haben sich viele Fledermausarten erhalten.

Mitten im Naturpark liegt **Plech** am Fuße des Gottvaterberges, der ein landschaftliches Wahrzeichen ist und in vorgeschichtlicher Zeit Kultstätte war. Vom Ort, dessen Name auf Eisenverhüttung zurückgeht, berichtet eine Chronik aus dem 8. Jahrhundert. Die erste Urkunde, die sich direkt auf Plech bezieht, datiert aus dem Jahr 1119. In der Geschichte war die Region abwechselnd hohenstaufisch, wittelsbachisch und in böhmischem Besitz und kam 1416 unter die Herrschaft der Mark-

Auskünfte: Verkehrsamt Bischofsgrün, Rathaus, 8583 Bischofsgrün, Tel. 09276/1292, Fax 09276/505.
Sehenswürdigkeiten: Ehrenfriedhof, Naturlehrpfad im Weißmaintal, Asenturm und Fernsehturm am Ochsenkopfgipfel, Waldsee Karches, Herrenhaus und Naturpark.
Sehenswürdigkeiten der Umgebung: Die Sophienhöhle in Ahorntal; Schloß Banz sowie Vierzehnheiligen; Bayreuth; der Fichtelsee und Silbereisenbergwerk in Fichtelberg; die Wallfahrtskirche in Gößweinstein; das Porzellanmuseum in Hohenberg; das Bauernhofmuseum in Kleinlosnitz; das Dorfmuseum in Kleinwendern; die Fränkische Galerie und die Festung Rosenberg in Kronach; die Plassenburg mit dem Zinnfigurenmuseum in Kulmbach; das Egerlandmuseum in Marktredwitz; das Korbmuseum in Michelau; das Dampflokmuseum in Neumarkt; der Freizeit- und Erlebnispark in Plech; das Schloß Weißenstein im Pommersfelden; die Teufelshöhle in Pottenstein.
Wanderkarten: Topographische Karte 1:25000 des Landesvermessungsamtes, Blatt 5936 und Blatt 5937; Fritsch Wanderkarte »Naturpark Fichtelgebirge«, Blatt 52, 1:50000, oder Blatt 108, 1:35000.

grafen von Bayreuth, 1810 schließlich zum Königreich Bayern.

Der Ort ist von Bergen umrahmt: am Südrand der Große Berg, ein Dolomitfelsenriff, dessen Pflanzenwelt unter Naturschutz steht. Westlich vom Gottvaterberg liegt der Rohrstein mit einem großen Dolomitfelskegel. Von hier aus bieten sich großartige Ausblicke zur Strüth. Nördlich der Strüth findet sich, im Bergwald verborgen, die Gießbrunnenhöhle. Sie hat einen Felsüberhang, über den der Wanderweg zum Bocksberghaus führt.

Im Ort selber ist die evangelische Pfarrkirche sehenswert. Sie stammt aus dem 17. Jahrhundert und hat einen kunstvollen Kanzelaltar aus dem Jahre 1731. In der Brunnenstube des Gasthofes zur Traube gibt es einen 50 Meter tiefen Radbrunnen, der 1540 entstanden ist.

Nördlich des Ortes, direkt an der Autobahn, ist der Freizeiterlebnispark »Fränkisches Wunderland« entstanden. Hier werden für jung und alt eine Fülle von Sehens- und Merkwürdigkeiten geboten.

Ein Spaziergang durch den Familienpark »Märchenland« zeigt eine romantische Bilderbuchwunderwelt mit feuerspeienden Drachen, Grimms Märchen, Zwergenland, Burgen und Schlössern, Liebesschaukel, Karussel, Spielplätzen, Skootern. Das Babyland ist ein Spielplatz für Kleinkinder. Es gibt eine Minieisenbahn, eine Sommerrodelbahn, eine elektrische Geisterstadt Tombstone, Wasserspeier und Blumenkarussell, die Westernstadt Kansas City. Im Indianercamp kann man selbst grillen, und Aztekenindianer zeigen originale Sonnentänze.

Der Wegverlauf

Die *Kirche von Plech* ist ein guter Ausgangspunkt. Wir wandern östlich hinüber zur Hauptstraße und halten uns auf ihr südwärts. Gegen Ortsende zu schwenkt die Straße (nach Höfen und Velden) ostwärts weg. Bei nächster Gelegenheit biegen wir links, nordöstlich, ab. An der *Kläranlage* vorbei erreichen wir eine *Kreuzung* im *Engental*, überqueren sie und stoßen auf den Waldrand. Hier geht es links, nordwärts, weiter und im Rechtsbogen nach Osten in den Forst hinein.

Wir kommen zu einer Forstwegkreuzung, wo wir uns rechts über den *Liegerberg,* dem *gelben Pfeil* folgend, zum *Fleischloch* (oder *Fleischhöhle*) halten. Unser Weiterweg verläuft südwärts der Markierung nach. Am Waldrand angelangt, überqueren wir die Straße nach *Höfen*.

Durch den »Saal« treffen wir auf das *Rohenloch*. Westwärts verlassen wir den Forst, vorbei an ein paar Waldstücken. In einem Schwenk nach Süden steuern wir die Ortschaft *Viehhofen* an. Das Zeichen *blauer Ring* bringt uns durch den Ort in Richtung Plech. Am Ortsausgang stoßen wir wieder auf den *gelben Pfeil*, der uns nordwestwärts am *Burgstadelberg* vorbei zum *Großen Berg* leitet. Hier finden wir die »*Plecher Wand*«, eine Trainingswand für Kletterer. An ihr vorbei erreichen wir *Plech*. Nun können wir noch einen Abstecher nach Norden machen, zunächst dem Autobahnzubringer folgend, um zum *Freizeitgelände »Fränkisches Wunderland«* zu kommen.

Nützliche Informationen

Ausgangsort und Zufahrt: Die altfränkische Gemeinde Plech liegt an der südlichen Grenze des Landkreises Bayreuth und hat einen Autobahnanschluß an die A 9 Nürnberg–Berlin. Plech ist Haltestelle des Bundesbahnbusses nach Nürnberg und Bayreuth und des Postbusses nach Pegnitz.
Ausgangspunkt: An der Kirche. Parkmöglichkeiten finden sich im Ort und am Märchenpark »Fränkisches Wunderland«.
Gehzeit: 2 1/2 Std.
Unterkunft und Verpflegung: Gaststätte Goldenes Herz, Gaststätte zur Traube, Gasthaus Goldener Löwe in Plech; außerhalb: Gasthaus Seitz (Schwalbenwirtsgütl), Ferienhotel Schuster in Berneck und Gasthaus zum grünen Kranz in Ottenhof; beides sind Ortsteile von Plech.

Mitten im Naturpark Veldensteiner Forst bietet Plech nicht nur den Wanderern, sondern auch den Sportkletterern Attraktionen, wie hier am Großen Berg, einem Dolomitfelsenriff am Südrand des Ortes.

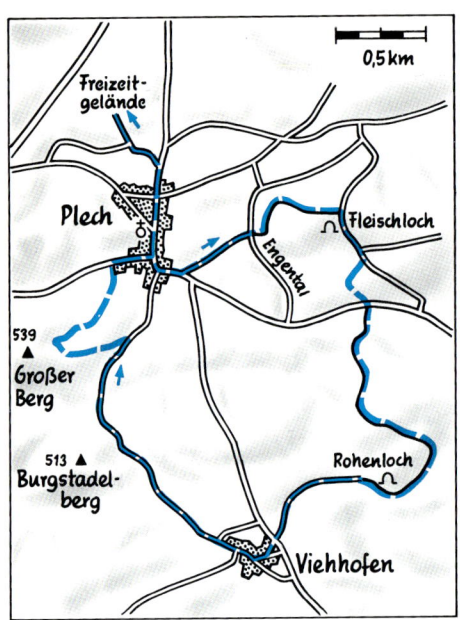

Einkehr unterwegs: Keine.
Auskünfte: Gemeinde Plech, 8571 Plech,
Tel. 09244/360; Plecher Heimatverein e.V.,
8571 Plech, Tel. 09244/338.
Sehenswürdigkeiten: Evangelische Pfarrkirche; Brunnenstube mit Brunnen im Gasthof
zur Traube; Gottvaterberg und Großer Berg
am West- und am Südrand des Ortes.
Sehenswürdigkeiten der Umgebung: Gießbrunnenhöhle nördlich von Strüth; der Eibenfels mit vielen bizarren Felsbildungen;
der Spieserfelsen, mit 616 m eine der höchsten Erhebungen der Fränkischen Schweiz,
einst Ort einer Raubritterburg der Herrn von
Spies; das Wurmloch, eine Höhle in der
Ortsmitte von Bernheck; das »Fränkische
Wunderland« mit Süddeutschlands größter
Westernstadt, geöffnet täglich von 9 bis 18
Uhr von Ostern bis Mitte Oktober, Auskunft
»Fränkisches Wunderland«, 8571 Plech, Tel.
09244/451.
Wanderkarten: Topographische Karte
1:25000 des Landesvermessungsamtes, Blatt
6334; Fritsch Wanderkarte »Naturpark Fränkische Schweiz/Veldensteiner Forst«, Blatt
Süd, 1:50000; Fritsch Wanderkarte »Frankenalb«, 1:35000.

38 Himmelfahrtsberg und Wildbad

Im Wald, wo die Altmühl entspringt

Tourencharakter: Auf guten Wegen. Die
Route kann erweitert werden.
Beste Jahreszeit: Das ganze Jahr über.
Reine Gehzeit: 3 Stunden bzw. bei Wegerweiterung 5 Stunden.

Die zur Frankenhöhe gehörenden, südlich
von Burgbernheim sich ausbreitenden Waldhöhen der **Hohen Leite** sind eine Wasserscheide. Die Altmühl entspringt hier, unweit
auch die Aisch, die Zenn und die Fränkische
Rezat. Die Wasser der Altmühl fließen über
die Donau ins Schwarze Meer. Die übrigen
Quellflüsse entwässern zur Nordsee.

Vom großen Wald gehören 917 Hektar der
Stadt Burgbernheim, die auch etwa 32000
Obstbäume hat. Die meisten stehen auf der
Hut. Wer durch die Obstbaumplantagen
wandert, kann am Bröselbuck die gepflegte
Kirschenanlage des Obst- und Gartenbauvereins bewundern. Von hier aus hat man einen
hervorragenden Blick auf die Stadt. Auch
wenn man über den Kniebrecher oder den
Felsenkeller zum Teufelshäusel hinaufsteigt,
bietet sich eine schöne Aussicht auf die Umgebung und auf die ehemalige Reichsstadt
Windsheim in der Ebene.

Der große Wald birgt ein Kleinod: **Wildbad,** das heute im wesentlichen aus der
Waldgaststätte besteht, aber mit seinen sieben Heilquellen einst eines der ältesten deutschen Mineralbäder war. Vielleicht hat es
schon zu Zeiten Karls des Großen bestanden.
In Verbindung gebracht wird es auch mit
Kaiser Lothar (1125 bis 1135), und zur Zeit
Kaiser Karls IV. wird es ebenfalls erwähnt.
Die ersten Gebäude sind aus dem 15. und
16. Jahrhundert überliefert. Sie verfielen im
Dreißigjährigen Krieg. Ein Aufschwung kam
im 18. und 19. Jahrhundert. Die wenigen aus
jener Zeit stammenden und erhalten gebliebenen Bauten bilden den Kurort. 1714 bis
1718 hat man Kurhaus und Alleen neu angelegt. Das Gasthaus, das auf 1621 datiert ist,
dürfte einer der ältesten Bauten sein. Von

den Badehäusern ist eines von 1864 mit ehemals zehn Badekabinen erhalten.

Auf einer Anhöhe ließ Markgraf C. F. Karl Alexander 1789 von Karl Christian Riedel ein kleines Schloß bauen. Es wurde mit Möbeln aus den Schlössern Ansbach und Bayreuth ausgestattet. 1791 verkaufte der Markgraf allerdings seine fränkischen Fürstentümer an Preußen. Der Bau stand leer. Als 1814 Burgbernheim bayerisch wurde, hat die Gemeinde das Schlößchen vom bayerischen Staat erworben.

Am 1. Oktober 1980 ging das Wildbad in den Besitz von Hans Unbehauen über. Von den Quellen sind fünf als Brunnen gefaßt: der Doktorsbrunnen, der Augenbrunnen, der Badebrunnen, der Musketierbrunnen und der Kochbrunnen. Das Wasser des Augenbrunnens enthält Spuren von Schwefelwasserstoff, kohlen- und schwefelsauren Kalk und Magnesia, außerdem Eisenverbindungen, Ton- und Kieselerde und etwas Chloride.

Von der Entdeckung des Bades erzählt eine Sage. Danach hatte ein Bauer aus Gallmersgarten einen alten Schimmel, der nicht mehr zur Arbeit taugte. Der Bauer brachte es aber auch nicht übers Herz, ihn zum Schlächter zu bringen. Er trieb ihn in den Wald hinaus. Nach einiger Zeit hatte er den Schimmel fast vergessen. Da hörten Waldarbeiter im dicken Tann ein munteres Wiehern. Als sie nach der Ursache forschten, fanden sie ein offenbar kräftiges, junges Pferd vor. Sie brachten es ins Dorf, und die Bauern erkannten in ihm den ausgesetzten Schimmel. Sie zerbrachen sich den Kopf, wie aus dem klapprigen Pferd ein so munteres Wesen werden konnte und gingen der Ursache nach und fanden tatsächlich im Wald eine Quelle, die auch die Bauern erquickte.

Die nahe Stadt **Burgbernheim** wurde erst 1954 Stadt. In Urkunden wird die Siedlung aber schon 742 erwähnt als karolingisches Königsgut. Die Burg, die dazugehörte, wurde 804 von den Grafen von Rothenburg zerstört. Zur Sühne mußten sie 942 die St.-Wolfgang-Kirche auf dem Kapellenberg bauen. 1102 entstand dann die Fliehburg um die St.-Johannes-Kirche. 1280 fiel Burgbernheim den Burggrafen von Nürnberg zu. Die Burg wurde 1630 beschädigt und verfiel allmählich.

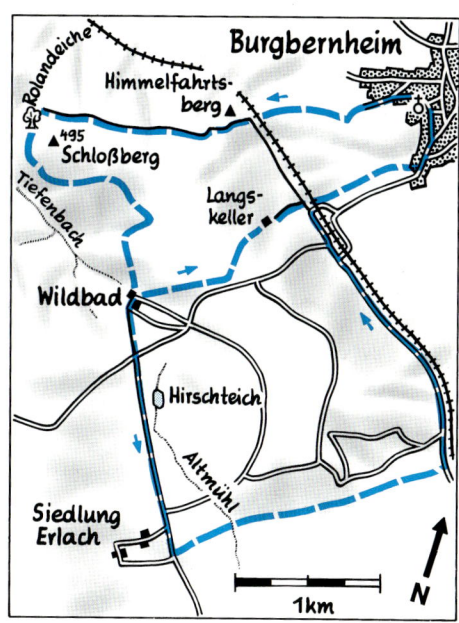

Heute existieren aber noch das Fachwerktorhaus und der runde Seilerturm. Die Burgbernheimer St.-Johannes-Kirche soll zu den 739 von Bonifatius gestifteten Kirchen gehören. Der Friedhof ist mit einer doppelten Mauer und vier Ecktürmen umgeben und bot einst tausend Personen Schutz. Im 9. Jahrhundert wurde die Kirche von den Rothenburgern zerstört und 1102 im romanischen Stil neu erbaut.

Der Wegverlauf

Vom *Rathaus* gehen wir in südwestlicher Richtung zur evangelischen *St.-Johannes-Kirche* mit dem romanischen Südportal. Der Kirche vorgelagert ist der Torturm, der früher Eingang zur Wehranlage, dem heutigen Friedhof, war. Nördlich steht der Seilerturm, der letzte der ehemals vier Wehrtürme. Dann kommen wir an der 1558 erbauten *Roßmühle* vorbei, die mit ihrem freitragenden Dachstuhl ein Meisterwerk der Baukunst ist.

In bisheriger Richtung wandern wir durch Wiesen mit Obstbäumen zum *Himmelfahrtsberg*. Die Allee am Westhang ist eine Anlage, die 1919 zur Erinnerung an die Gefallenen des Ersten Weltkrieges in Form eines riesigen Kreuzes angepflanzt wurde. Vom Himmelfahrtsberg bietet sich eine großartige Aussicht in den Aischgrund und hinüber zum Steigerwald. Unmittelbar beim Himmelfahrtsberg wurde 1972 ein Skigelände mit Liftanlage geschaffen. Der Weg verläuft durch den »*Vogelsang*«. Laubwälder nehmen uns auf. Wir gelangen zur *Rolandeiche*. Von hier senkt sich ziemlich steil das wilde Tiefenbachtal, in dem noch das Schwarzwild seinen Einstand hat.

Unser Weiterweg führt aber über einen Pfad steil bergauf in die entgegengesetzte Richtung auf den *Schloßberg*, wo wir nach Süden abbiegen. Durch Eichen- und Buchenwald erreichen wir das *Wildbad*, das zur Einkehr lädt. Von hier aus kann man den Hirschteich, einen ehemaligen Badeteich des Markgrafen von Ansbach, und den Ursprung der Altmühl ansteuern. Das bedeutet eine Erweiterung des Weges auf 15 Kilometer. Er führt von Wildbad in südöstlicher Richtung zu einer *Forstwegkreuzung* und weiter am *Hirschteich* vorbei, vorbei auch an der *Erlach-Siedlung*, wo uns erneut eine Kreuzung aufnimmt.

An dieser Stelle geht es nun in nordöstlicher Richtung zunächst am Waldrand entlang, dann wieder in den Wald hinein bis zu den Bahngleisen und an diesen zurück bis zur Unterführung nach den Siedlungsausläufern von Burgbernheim.

Hier stoßen wir auf den ursprünglichen Wegvorschlag, bei dem es vom Wildbad aus direkt nordöstlich weitergeht. Beim *Langskeller*, das ist eine Freiluftgaststätte, verlassen wir den Wald. Von der Hügelterrasse hier bietet sich ein herrlicher Ausblick auf Burgbernheim und die umliegende Landschaft mit ihren Ortschaften. Über die *Äußere Bahnhofstraße* oder den *Hessinggrabenweg* laufen wir, am Freibad vorbei, zurück, schwenken in die *Innere Bahnhofstraße* und von dieser in die *Straizergasse*. Über die *Kirchgasse* kommen wir in die *Marktstraße*, die uns zum *Marktplatz* leitet.

Hier stehen noch stattliche Bürgerhäuser. Das Rathaus, 1862/63 auf der Bausubstanz des alten Rathauses von 1616 errichtet, weist im Stil auf die Markgräfler Bauweise hin.

Nützliche Informationen

Ausgangsort und Zufahrt: Burgbernheim hat Anschluß an die Bundesautobahn 7, Ausfahrt Bad Windsheim, die 5 km entfernt liegt. Zur Bundesstraße 13 und zur Romantischen Straße ist es ebenfalls nicht weit. Nach Rothenburg ob der Tauber sind es 11 km. Burgbernheim liegt an der Bahnlinie Würzburg–München.

Ausgangspunkt: Parkplätze am Freibad und am Fernsbergweg.

Gehzeiten: 3 Std. für 9 km bzw. 5 Std. für 15 km.

Unterkunft und Verpflegung: Gasthaus zum Hirschen, Gasthof Jägerklause, Hotel-Waldgasthof Wildbad.

Einkehr unterwegs: Wildbad, Langskeller; bei der Wegerweiterung entfällt der Langskeller. Dafür kann man den Gasthof »Altmühlquelle« in Hornau ansteuern.

Auskünfte: Touristeninformation, Verkehrsamt Stadt Burgbernheim, Rathausplatz 1, 8801 Burgbernheim, Tel. 0 98 43/3 09 34.

Sehenswürdigkeiten: In Burgbernheim St.-Johannes-Kirche mit frühromanischem Portal, gotischem Chor und Sakramentshäuschen; Burgtorhaus und Seilerturm; Roßmühle aus dem Jahre 1558 mit freitragendem Dachhängewerk; Rathaus aus dem Jahre 1803.

Wanderkarte: Topographische Karte 1:25 000 des Landesvermessungsamtes, Blatt 6527.

Das Torhaus mit dem kunstvollen Fachwerk ist ein Überbleibsel der mittelalterlichen Fliehburg von Burgbernheim, die etwa um 1100 gebaut wurde.

39 Im Bocksbeutelland rund um Ippesheim

Burg Frankenberg und
Bullenheimer Berg

Tourencharakter: Eine Wanderung für
Weinfreunde auf gut ausgebauten
Wegen.
Beste Jahreszeit: Das ganze Jahr über,
wenn es die Schneeverhältnisse im
Winter zulassen.
Reine Gehzeit: Ca. 3 Stunden.

Der südwestliche Zipfel des **Naturparks Steigerwald** ist identisch mit dem mittelfränkischen Bocksbeutelweinbaugebiet. Der Iff-Fluß ist Namensgeber für den ursprünglichen Iffgau, an dessen Ostrand sich die Höhen des Bullenheimer Waldes aufbauen, dem das »Bullenheimer Paradies« vorgelagert ist – hervorragende Reblagen, durch die ein Weinlehrpfad führt. Die Bezeichnung »Iffgau« geht auf die karolingische Zeit zurück.

In Urkunden wird **Ippesheim** erstmals 820 genannt. Der Ort ist im Güterverzeichnis des Klosters Fulda aufgeführt. Dominierend im Herrschaftsbereich von Ippesheim waren die Herren von Hutten auf Schloß Vorderfrankenberg. Für Bullenheim waren es die Fürsten von Schwarzenberg und für das ebenfalls zur Gemeinde gehörige Herrnberchtheim die Markgrafen von Ansbach. Das Marktrecht hat Ippesheim seit 1756. Es ist die größte Weinbaugemeinde Mittelfrankens.

Im nördlich gelegenen **Bullenheim** dominiert die evangelische Pfarrkirche St. Leonhard, deren Chorturm um 1300 gebaut wurde. Das Langhaus ist frühgotisch. Über den Weinlagen im Osten erhebt sich der Kunigundenwald mit dem Kapellberg in den Bullenheimer Bergen. Vom Aussichtsturm kann man weit ins Land schauen. Die Kunigundenkapelle ist eine Kirchenruine, ein spätgotischer Bau, Mitte des 15. Jahrhunderts entstanden.

Eindrucksvoll am Rand der südlichen Waldhöhen ragt die **Burg Frankenberg** empor. Die Hauptburg, eine Vierecksanlage mit den runden Ecktürmen, ist um 1530 entstan-

den. An Stelle des einstigen Nordwestturmes erhebt sich die Bastei. Die Vorburg wurde um 1590 gebaut. Auch die Burgkapelle und die Stallungen entstanden in dieser Zeit. Das Verwalterhaus im Vorhof geht auf das Jahr 1759 zurück. Der Burginnenhof mit dem restaurierten Amtshaus und der alte Friedhof der Herren von Frankenberg sind zu besichtigen. Ebenso kann man zu den naheliegenden Burgruinen Hinterfrankenberg wandern, von denen noch Reste der Außenmauer und eines Doppelturmes aus dem 13. und 15. Jahrhundert existieren.

Die Höhen über dem Ifftal waren schon vor 3000 Jahren besiedelt: in der Urnenfelderzeit und später in der Kupfer- und Bronzezeit, in der Hallstatt- und La-Tène-Zeit, bis die Römer ins Land kamen und danach die Merowinger im 5. Jahrhundert n. Chr. die Herrschaft übernahmen.

Der 473 Meter hohe **Schwanberg** im äußersten Südwesten des Steigerwaldgebietes trägt Spuren von Befestigungsanlagen, die zu den größten ihrer Art in Süddeutschland gehören und als Fliehburgen eine Rolle gespielt haben. Im 8. Jahrhundert hat man hier einen mächtigen, vier Meter hohen Abschnittswall aufgeschüttet. Die Sage erzählt, daß die Anlage Pippin dem Jüngeren (714 bis 768) als Burg gedient haben soll. Das Schloß Schwanberg, das man besuchen kann, wurde 1230 erstmals erwähnt. Erhalten sind allerdings nur Wohngebäude aus dem 16. bis 18. Jahrhundert und einige ältere Mauern und Türme.

Wenn seit alters her diese geschichtsträchtige Region vom Weinbau geprägt wird, so hat man das erst in jüngster Zeit augenfällig zu demonstrieren verstanden, beispielsweise durch die Anlage der Mittelfränkischen Bocksbeutelstraße, die auf 50 Kilometer Länge zwischen den Städten Bad Windsheim, Neustadt/Aisch und Uffenheim verläuft und den Naturpark Steigerwald und die Frankenhöhe berührt, vor allen Dingen aber eine Fülle von Sehenswürdigkeiten bietet.

Das ehemalige Ippesheimer Schloß wird übrigens jetzt als Kindergarten und als Rathaus benutzt. Es ist ein Walmdachbau aus dem Jahre 1753. Daneben steht die ehemalige Zehntscheune aus dem 16. Jahrhundert.

Die Burg Frankenberg besteht aus einer Viereckanlage mit runden Ecktürmen und ist um 1530 entstanden, die Vorburg, die Kapelle und die Stallungen um 1590.

Der Wegverlauf

Die Iff ist ein mühlenreicher Fluß. Namen wie Doktormühle, Jackenmühle, Rothmühle, Gemeindemühle, Winkelmühle, Gehrenmühle, Lungenmühle, Backofenmühle sind Namen von Mühlen, die früher die Wasserkraft nutzten, um Getreide zu mahlen.

Wir verlassen *Ippesheim* in nördlicher Richtung, um bei der Kreuzung kurz vor Ortsende links abzuzweigen, westwärts zunächst zum Fluß hin, dem wir, vorbei an der *Doktormühle* und der *Jackenmühle* folgen. Bald mündet das *Beckental* ein. Wir kommen zur *Rothmühle*, und bei der *Gemeindemühle von Bullenheim* steuern wir rechts, ostwärts, auf den Ort zu. Die Orte hier, auch Ippesheim und Bullenheim, haben keine Straßennamen, sondern nur Hausnummern. Haus

Nr. 132 in Bullenheim ist das *Fachwerkrathaus* aus dem Jahre 1583. Die *St.-Leonhards-Kirche* bleibt links liegen.

Wir durchqueren den Ort und halten uns am Ortsende ein paar Schritte rechts, um dann genau nach Osten auf die Weinberge zuzugehen, auf das *»Bullenheimer Paradies«*, das wir bergauf zum Waldrand durchwandern. Wir tauchen in den Wald ein und erreichen die Ruine von *St. Kunigund* und den *Aussichtsturm am Kapellberg*. Hier gibt es auch *Hügelgräber*. Wir bleiben im wesentlichen in östlicher Richtung, stoßen auf einen *Hohlweg*, wo mehrere Wege zusammenlaufen, und biegen rechts, südwärts, ab. Nun halten wir uns am Hang des *Bullenheimer Berges* und nahe dem Waldrand, laufen den Wegbogen nach Osten zu aus und treffen auf eine *Forststraße*, die von Nenzenheim her-

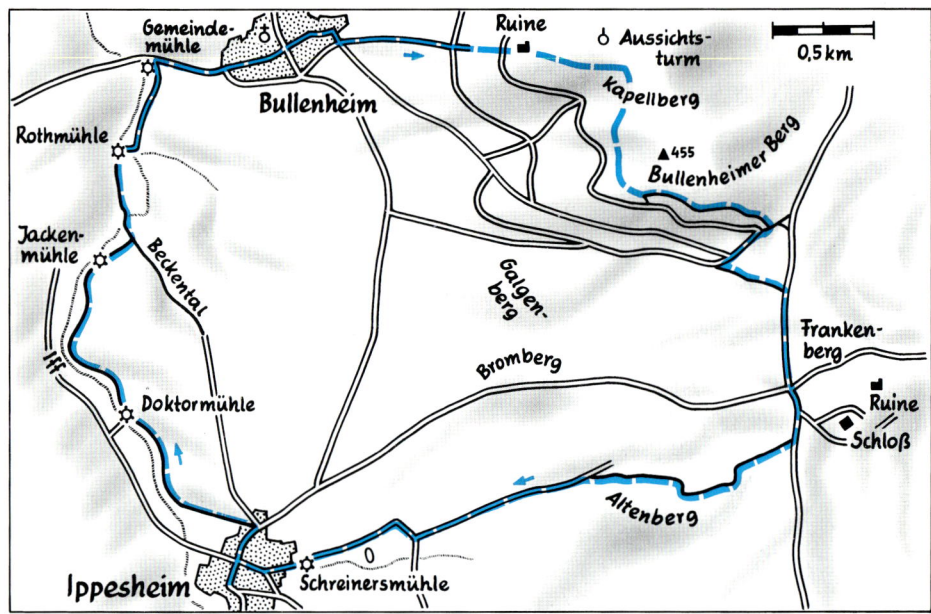

kommt und den Bullenheimer Berg überquert. Ihr folgen wir südwärts zum *Frankenberg*, wo wir das Schloß und dahinter die
Burgruine bewundern.

Danach gehen wir wieder zur Fahrstraße
hinaus und bewegen uns auf dieser ein Stück
südwärts in Richtung *Reusch*, um bei erster
Gelegenheit rechts abzuzweigen. Wir passieren ein Waldstück am *Altenberg*, wandern
dann westwärts durch das Weinbaugebiet,
das im Süden von der »Hölle« begrenzt wird,
im Norden von Bromberg und Galgenberg,
und spazieren auf *Ippesheim* zu, das wir
beim Sportplatz erreichen. Am *Ensbach* entlang, welcher der Iff zufließt, kehren wir zum
Ortszentrum zurück.

Nützliche Informationen

Ausgangsort und Zufahrt: Ippesheim liegt
am südwestlichen Rand des Naturparks Steigerwald, nördlich von Uffenheim und westlich der Kreisstadt Neustadt/Aisch. Über
Herrnberchtheim kann man die Bundesstraße 13 und die Autobahnausfahrt der A 7,
Gollhofen, erreichen.
Ausgangspunkt: Parkplätze im Ortszentrum.
Gehzeiten: Ca. 3 Std.; ³/₄ Std. bis Bullen-

heim, eine weitere ¹/₂ Std. bis zur Ruine
St. Kunigund und zum Aussichtsturm, eine
knappe Std. bis Frankenberg und eine ¹/₂ Std.
zurück nach Ippesheim.
Unterkunft und Verpflegung: Gasthaus zur
Traube, Heckenwirtschaft Kistner, Weinstu-
be Schmidt, Schloßkeller Ippesheim, Gast-
haus Goldenes Faß, Gasthaus Eisenbahn,
Gasthaus Säman in Herrnberchtheim.
Einkehr unterwegs: Bullenheim, beim
Schloß Frankenberg.
Auskünfte: Marktgemeinde Ippesheim, 8701
Ippesheim, Tel. 09339/1444.
Sehenswürdigkeiten: Pfarrkirche Heilig-
Kreuz; das ehemalige Schloß; Brechhaus aus
Bruchsteinmauerwerk aus dem Jahre 1822;
Pferdeschwemme, ein Tränkbrunnen mit
zwei Trögen aus dem Jahre 1718.
Sehenswürdigkeiten der Umgebung: In Bul-
lenheim die St.-Leonhards-Kirche und das
Fachwerkrathaus; die Kirchenruine St. Kuni-
gund; das Schloß Frankenberg; die Burgruine
Altfrankenberg; das Heimatmuseum in
Uffenheim; das Freilandmuseum in Bad
Windsheim; Rothenburg ob der Tauber.
Wanderkarten: Topographische Karte
1:25000 des Landesvermessungsamtes, Blatt
6327; Fritsch Wanderkarte, Nr. 67.

Burg Schwarzenberg über Scheinfeld ist der Stammsitz des gleichnamigen Fürstengeschlechtes. 1518 wurde die Burg im Renaissancestil erneuert. Im Hochschloß sind heute zwei Schulen untergebracht.

40 Wo Goethes »Götz von Berlichingen« beginnt

Von Schloß und Kloster Schwarzenberg zur Einsiedelei

Tourencharakter: Hervorragende Weganlagen und ein gut ausgebauter Steig.
Beste Jahreszeit: Vom späten Frühjahr bis in den späten Herbst gut begehbar.
Reine Gehzeit: 3 Stunden.

Am Anfang von Goethes Ritterschauspiel »Götz von Berlichingen« steht die Ortsbezeichnung »Schwarzenberg in Franken, Herberge«. In dieser Herberge sitzen die Bauern Süvers und Metzler bei einem Glas Branntwein und räsonieren über den Bamberger Bischof. Sie geraten dadurch mit den anwesenden Bamberger Reitern in Streit. Die Reiter sind Begleiter des Herren von Weislingen, der als Gesandter des Bischofs von Bamberg

schon seit zwei Tagen oben auf dem Schloß mit dem Grafen verhandelt. Im Lande herrscht Aufruhr. Die Bauern sammeln sich zum Kampf gegen Unfreiheit und Unterdrückung. Als Herr von Weislingen mit seinen Reitern wieder heimwärts gegen Bamberg zieht, wird er von Götz von Berlichingen im Haslacher Wald niedergeworfen und gefangen nach Jaxthausen geführt. Als »Herberge« des Schauspiels wird im Volksmund ein Bauernhaus bezeichnet, das in unmittelbarer Nähe des **Franziskanerklosters Schwarzenberg** steht. Schwarzenberg war zu jener Zeit ein strategisch bedeutender Punkt, denn es bewachte die wichtige Heerstraße Bamberg–Windsheim–Rothenburg.

Das **Schloß Schwarzenberg** über Scheinfeld ist der Stammsitz des Fürstengeschlechts von Schwarzenberg. Ahnherr dieser Familie, Erkinger I. von Seinsheim, war kaiserlicher Feldherr in den Hussitenkriegen und Gefolgsmann des Kaisers Sigismund, mit dem er am Konzil von Konstanz im Jahre 1417 teilnahm. Er hat vom Kaiser für den Markt Scheinfeld im Jahre 1415 das Stadtrecht er-

wirkt und 1405 und 1421 die Burg Schwarzenberg von den Rittern Vestenberg und dem Bischof Johannes von Würzburg erworben. Erkinger war der erste Freiherr zu Schwarzenberg. Die Burg selbst ist 1258 erstmals in einer Urkunde erwähnt und war im 13. und 14. Jahrhundert im Besitz der Grafen von Castell. Der Starke Hans, das war Freiherr Johann von Schwarzenberg, hat 1518 die Burg von Grund auf erneuert. Daran erinnern heute noch drei Sandsteintafeln im Laubengang des Hochschlosses.

Zu den bedeutendsten Persönlichkeiten des Fürstengeschlechts gehörte Johann der Starke. Er wird als Urbild des deutschen Ritters angesehen. Körperliche und geistige Kraft zeichneten ihn aus. Er konnte Hufeisen zerbrechen und schwere Ketten zerreißen, und seine literarischen Arbeiten haben sowohl zur Entwicklung des Schriftdeutschen beigetragen wie zur Rechtsprechung der damaligen Zeit. Die von ihm verfaßte bambergische Halsgerichtsordnung diente als Grundlage für das 1533 erschienene Reichsstrafgesetz Kaiser Karls V. Sein jüngster Sohn, Friedrich der Unglückliche, nahm als Protestant im Gefolge des Kurfürsten Johann von Sachsen am Schmalkaldischen Krieg gegen den Kaiser teil. Über ihn wurde 1546 die Reichsacht verhängt, und er mußte Schloß Schwarzenberg verlassen. Seine Nachfolger machten sich wieder verdient und wurden

1566 in den Reichsgrafenstand erhoben. 1607 vernichtete ein Brand beinahe die gesamte Burganlage. Nach Plänen von Elias Holl, dem berühmten Augsburger Stadtbaumeister, begann der Wiederaufbau. Die schwedischen Truppen haben im Dreißigjährigen Krieg das Schloß besetzt und geplündert. 1670 wurde Johann Adolf I. Graf zu Schwarzenberg in den erblichen Reichsfürstenstand erhoben. Schwarzenberg bekam das Münzrecht verliehen. Der letzte reichsständisch regierende Fürst zu Schwarzenberg war Joseph II. In den Napoleonischen Kriegen verlor das Fürstentum die Souveränität. 1940 wurde das schwarzenbergische Vermögen beschlagnahmt. Wenn auch im Hochschloß ein evangelisches Landschulheim mit Gymnasium untergebracht ist und seit 1967 die Realschule der Mathilde-Zimmer-Stiftung aus Berlin, so gehört der Besitz doch heute noch den Fürsten zu Schwarzenberg. Der jetzige Eigentümer ist Fürst Karl Johannes.

Die Geschichte der **Stadt Scheinfeld** ist eng mit dem Schloß Schwarzenberg verbunden. Sie reicht aber in Urkunden in die Jahre 776 bis 796 zurück. Damals hat der Mattonengraf Egilolf einen Teil seiner Besitzungen dem Kloster Fulda geschenkt. In dieser Zeit ist auch bereits vom Weinbau in Scheinfeld die Rede. Der allerdings verfiel im Dreißigjährigen Krieg allmählich.

Am östlichen Hang des Schloßberges liegt das *Klosterdorf*. 1735 übergab der damalige Würzburger Weihbischof Johann Bernhard die Wallfahrtskirche Maria Hilf zu Schwarzenberg ihrer Bestimmung. Das Kloster verdankt seine Entstehung der alten Marien-Gnadenstätte hier, deren Anfänge sich allerdings nicht mehr belegen lassen.

Die jetzige steinerne Marienfigur hat Gräfin Maria Justina in Passau erworben und aufgestellt. Sie ließ auch 1670 eine Holzkapelle errichten. Franziskaner aus Fulda baten 1668 den Grafen Schwarzenberg, in Scheinfeld ein Kloster gründen zu dürfen. Mehrere Patres zogen daraufhin in Scheinfeld ein, und 1701 fand die Grundsteinlegung für ein Franziskanerkloster statt. 1807 fiel das Kloster an den bayerischen Staat und wurde aufgehoben. König Ludwig I. von Bayern sorgte 1835 für eine Neubelebung des Klosters, doch 1866 mußten die Franziskaner das Kloster endgültig räumen. Die Pfarrei Scheinfeld hat daraufhin das Kloster gekauft und den Würzburger Franziskaner-Minoriten geschenkt, die 1867 einzogen. 1960 wurden Kloster und Kirche bei einem Großfeuer teilweise zerstört. Die Gebäude mußten abgerissen und neu gebaut werden.

Der Wegverlauf

Unser Rundweg ist mit dem Zeichen *Fuchs* markiert. Ausgangsort und Zielpunkt ist das *Schloß Schwarzenberg*. Der Weg führt über den Wolfsee und den Prinzensteig zur Einsiedelei. Wir gehen also vom Schloß in nördlicher Richtung zum *Wolfsee*, biegen nordwestwärts ab und gelangen zu einer Kreuzung. Von hier aus wandern wir nördlich über den *Schneckenberg*. In leichtem Bogen nach rechts folgen wir der Höhe des Schwarzenberger Waldes und kommen bergab zur *Einsiedelei*. Nun laufen wir ostwärts über den *Kohlgraben* an den *Brunnenstuben* der Stadt Scheinfeld vorbei. Im Steinachtal schwenken wir nach Südosten und erreichen über den Rohrsee *Kornhöfstadt*. Die Kornhöfe, die dem Ort den Namen gaben, sind bei den Häusern Nr. 16, 16½ und 17 zu finden. Es sind zweigeschossige Satteldachbauten aus dem 17. Jahrhundert.

Von Kornhöfstadt bringt uns der Weg südlich bergan und am Waldrand entlang nach *Thierberg*. Hier sind einige Bildstöcke sehenswert, beispielsweise einer aus dem 18. Jahrhundert an der Straße nach Klosterdorf. Es gibt einen Brunnen mit einem Gehäuse aus dem 18. Jahrhundert. Das Haus Nr. 28 hat ein Relief der Marienkrönung aus dem Jahre 1812.

Jetzt wenden wir uns in Richtung Westen und bewegen uns auf dem *Kirchenweg* zum Klosterdorf, also zum *Kloster Schwarzenberg*. Von hier zum Ausgangspunkt sind es nur noch 250 Meter.

Wer sich in *Scheinfeld* umschauen will, kommt über die *Schwarzenberger Straße*, eine Lindenallee, ans *Obere Tor* und in die *Innenstadt*. Auf dem *Äußeren Wachweg* oder der Wachgasse kann man die Stadt umrunden.

Nützliche Informationen

Ausgangsort und Zufahrt: Scheinfeld liegt nordwestlich von Neustadt an der Aisch, wenige Kilometer von der Bundesstraße 8 entfernt. Parallel zu dieser Bundesstraße verläuft auch die Bahnlinie Nürnberg–Würzburg. Der nächste Bahnhof ist Markt Bibart.

Ausgangspunkt: Parkplätze am Schloß, am Kloster und im Stadtzentrum, am Festplatz, am Friedhof.

Gehzeit: 3 Std.

Unterkunft und Verpflegung: Schloßgasthof, Gasthaus Krone, Hotel-Restaurant Posthorn, insgesamt zehn Gasthäuser in Scheinfeld.

Einkehr unterwegs: In Kornhöfstadt zwei Gasthöfe; in Thierberg ein Gasthaus.

Auskünfte: Verkehrsverein Scheinfeld, Hauptstraße 1, 8533 Scheinfeld, Tel. 09162/498.

Sehenswürdigkeiten: Schloß Schwarzenberg (Schloßführung); Stadtpfarrkirche Maria Himmelfahrt, 1770 nach Plänen des Würzburger Hofbaudirektors Geigel erbaut. Das gotische Kruzifix aus der Schule von Veit Stoß an der linken Seitenwand des Kirchenschiffs wird bereits 1484 erwähnt. Der Hochaltar und die Seitenaltäre im Rokokostil sind Werke des fränkischen Bildhauers J. M. Mutschelle aus Bamberg (bis 1778); die Klosterkirche Maria Hilf in Schwarzenberg, um 1730 nach Plänen von Balthasar Neumann gebaut; daneben die Marienkapelle; die Schloßkirche in Schwarzenberg mit wertvollen Gemälden; das Rathaus in Scheinfeld; das ehemalige Antonius-Spital; der Hebammenturm; das Obere Tor mit der Heimatstube (Heimatstubenführung).

Wanderkarten: Topographische Karte 1:25000 des Landesvermessungsamtes, Blatt 6328 und Blatt 6329; Heimatkarte von Scheinfeld und Umgebung.

41 An den Dechsendorfer Seen

Weiherlandschaft zwischen Forst
und Aisch

Tourencharakter: Rundkurs auf guten
Wegen.
Beste Jahreszeit: Das ganze Jahr über.
Reine Gehzeit: 2½ Stunden.

Der Landschaftsname »Rangau« geht auf historische Wurzeln zurück. Vor eineinhalbtausend Jahren hatten die Franken im oberen Aischgrund Fuß gefaßt und einen Königshof an der Rannach errichtet. Das war die Urzelle des Rannachgau. Als die Franken nach Osten vordrangen, bekam das gesamte neu gewonnene Land den Namen »Rangau«. Im Norden grenzt der Naturpark Steigerwald an diese eigentümliche Landschaft, im Osten die Fränkische Schweiz, die Frankenalb und das Oberpfälzer Land. Im Süden liegt der Naturpark Altmühltal, im Westen der Naturpark Frankenhöhe. Am nordöstlichen Rand dominieren die riesigen Wälder des Staatsforstes Mark. Von hier nach Westen zwischen dem Aischgrund im Süden und dem Reuther Wald mit der Auracher Höhe im Norden breitet sich eine ausgedehnte Seenlandschaft mit Hunderten von kleinen und großen Weihern aus.

43 Hektar groß ist das **Dechsendorfer Weihergebiet,** seit Jahrzehnten Eldorado für Wassersportler aus dem nahen Nürnberg und Erlangen. Hier ist das Zentrum der bayerischen Karpfenteichwirtschaft. Aischgründer Spiegelkarpfen sind weit über die Landesgrenzen hinaus bekannt. Die charakteristischen, meist in Kettenform angeordneten Weiheranlagen bieten seltenen Tier- und Pflanzenarten Lebensraum.

Vor den großen Weihern um Dechsendorf, durch die Autobahn getrennt, liegt die Gemeinde **Heßdorf** – ein bäuerlicher Ort mit ein paar älteren Anwesen, darunter die sogenannte Schmiede aus dem 18. Jahrhundert am Seebach. Hier stehen auch ein eingeschossiger Sandsteinquaderbau mit Satteldach aus dem Jahre 1845 und ein Bauernhof

Der Große Bischofsweiher ist ein Teil der Seenplatte um Dechsendorf, die sich bis Neustadt an der Aisch hinzieht und Deutschlands größter Lieferant für Spiegelkarpfen ist. Die Seen sind wichtige Biotope für Wasservögel, und nicht zuletzt dienen sie der Naherholung.

mit verputztem Fachwerk aus dem 19. Jahrhundert. An der Straße nach Untermembach, also südlich von Heßdorf, finden wir eine Sandsteinmarter aus dem Jahre 1743, und uralt ist die Sandsteinmarter an der Kreuzung nach Höchstadt und Neustadt an der Aisch; sie geht auf das 15./16. Jahrhundert zurück.

Im nordwestlich benachbarten **Hannberg** ist die Kirchenburg sehenswert, ein rechteckiger Bering mit fünf Türmen aus Buckelquadermauerwerk, wohl um 1500 entstanden und vielleicht von Hans Behaim d. Ä. errichtet. Hier steht die Pfarrkirche Mariä Geburt und St. Katharina, deren Chorturm aus der zweiten Hälfte des 15. Jahrhunderts stammt. Am östlichen Ortsende finden sich Kellereingänge aus dem 17. bis 19. Jahrhundert. Interessant sind auch einige Bildstöcke,

Steinkreuze und Martersäulen. Der Bildstock am Hauptplatz vor dem Eingang zur Kirchenburg ist mit der Jahreszahl 1575 bezeichnet. Auch in Röhrach, das an unserem Wanderweg liegt, gibt es einen Bildstock aus dem 17. Jahrhundert und eine Martersäule aus dem Jahre 1850 am nördlichen Ortsausgang nach Röttenbach. Ganz im Norden der Gemeinde, zwischen den Ortsteilen Hesselberg und Buch, ist auf dem Schloßberg ein Burgstall nachgewiesen.

Bei unserer Wanderung entdecken wir eine wunderbare Naturlandschaft mit dem Kleinen und Großen Bischofsweiher und dem Staatsforst Mark – ein Gebiet, das als Naherholungsbereich erschlossen ist und außergewöhnliche landschaftliche Schönheiten zu bieten hat: blau glänzende Wasserspiegel, Schilffelder und Kiefernwälder auf sandigem Boden. Es wird das ganze Jahr über besucht: im Winter von den Langläufern, im Sommer von den Badegästen und Wassersportlern, aber auch von Wanderern, im Herbst von Spaziergängern und Pilzsuchern und im Frühling von den Wintermüden, die das erste Grün und den Sonnenschein suchen.

Der Wegverlauf

Von der *Raiffeisenbank Heßdorf* gehen wir westwärts auf der *Erlanger Straße* hinaus, zweigen nordwestlich in die Hannberger Straße ab und wandern nach *Hannberg,* wo wir die Wehrkirche besichtigen. Dann biegen wir über den Kellerweg in die *Röhracher Straße* ein. Wir überqueren die Autobahn und kommen, an Teichen vorbei, nach *Röhrach.* Wir halten uns hier am Ortsrand nach Osten und stoßen auf die *Dechsendorfer Straße,* der wir nach rechts (Südosten) folgen.

Wir überwinden dabei den bewaldeten *Eichelberg* und schwenken nahe dem Waldrand nach Osten. Eine *Brücke* führt uns über die Enge zwischen *Kleinem Bischofsweiher* und *Dornweiher.* Am jenseitigen Ufer folgen wir dem Rand des *Großen Bischofsweihers.* Hier überqueren wir die Wasserverbindung zum *Großen Rothweiher,* bleiben also in

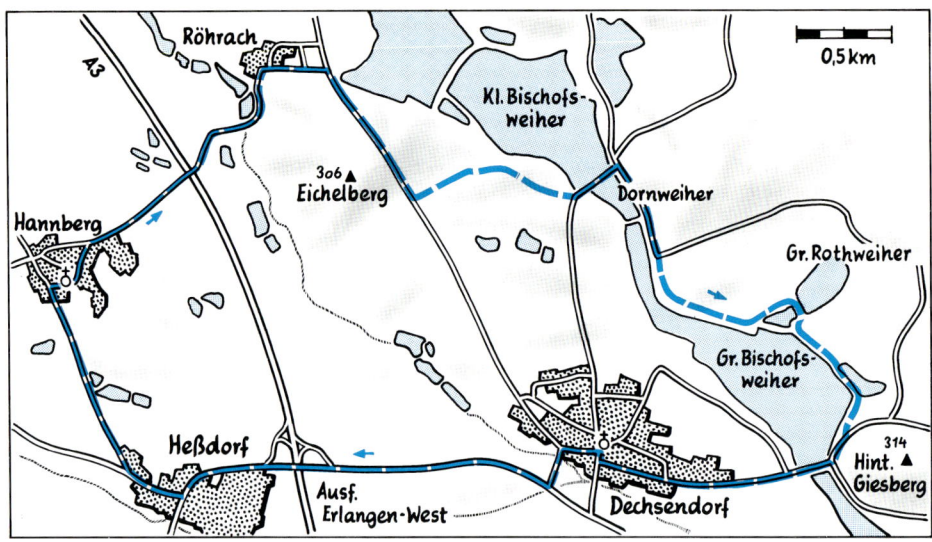

südöstlicher Richtung, kommen erneut über einen *Damm,* der eine Bucht vom *Bischofsweiher* trennt, und erreichen eine *Fahrstraße* unter dem Hinteren Giesberg.

Nun halten wir uns rechts, erst südwärts, dann über die *Brücke,* welche den Großen Bischofsweiher von der Oberndorfer Weiherkette trennt, und gelangen nach *Dechsendorf.* Der Ort gehört zur Stadt Erlangen. Die Pfarrkirche »Unsere Liebe Frau« ist im älteren Teil aus Sandsteinquadern errichtet. Weitere Sandsteinquaderbauten, teilweise mit Fachwerkgiebeln, können hier besichtigt werden. In der *Naturwartstraße* gibt es einen Backofen aus der Zeit um 1800 zu sehen. Das Gasthaus im *Brühl 25* stammt übrigens aus dem Jahre 1717. Wir wandern an der *Kirche von Dechsendorf* vorbei und bleiben in westlicher Richtung, bis die Straße links, südwärts, über den *Seebach* leitet und auf die Fahrstraße von Erlangen her stößt. Es geht rechts, westwärts, weiter. Bei der *Ausfahrt Erlangen-West* überqueren wir die Autobahn und kommen zurück nach *Heßdorf.*

Nützliche Informationen

Ausgangsort und Zufahrt: Heßdorf liegt direkt an der gleichnamigen Autobahnausfahrt der A 3, 5 km westlich von Erlangen, westlich des Rhein-Main-Donau-Kanals und am Südrand der großen Seenplatte, die sich bis zum Aischgrund nach Norden hinzieht.

Ausgangspunkt: Parkmöglichkeiten bei der Raiffeisenbank bzw. am Gemeindezentrum, Hannberger Straße.

Gehzeiten: 2¹/₂ Std.; über Hannberg bis Röhrach und zur Seenplatte 1 Std., am Kleinen und Großen Bischofsweiher entlang bis nach Dechsendorf 1 Std. und zurück nach Heßdorf ¹/₂ Std.

Unterkunft und Verpflegung: Hotel-Restaurant Post; Gasthaus Linde; Gasthaus Jägerheim im Ortsteil Röhrach.

Einkehr unterwegs: In Hannberg, Röhrach und Dechsendorf.

Auskünfte: Verwaltungsgemeinschaft Heßdorf, Hannberger Straße 5, 8521 Heßdorf, Tel. 091 35/9 01.

Sehenswürdigkeiten: Kirchenplatz in Hannberg mit katholischer Pfarrkirche Mariä Geburt und St. Katharina, Chorturm aus der zweiten Hälfte des 15. Jahrhunderts, Langhaus aus dem Jahre 1721, rechteckiger Bering mit fünf Türmen aus Buckelquadern, um 1500 erbaut; Torbau; Pfarrhaus, ein Satteldachbau mit reichem Fachwerkobergeschoß, Anfang 18. Jahrhundert, innerhalb der Kirchenburganlage.

Wanderkarte: Topographische Karte 1:25 000 des Landesvermessungsamtes, Blatt 6331.

42 Maximiliansgrotte und Veldenstein

Neuhaus an der Pegnitz in der Frankenalb

Tourencharakter: Sehr vielseitige, reichlich markierte Wanderung auf überwiegend guten Wegen.
Beste Jahreszeit: Das ganze Jahr über, soweit es die Witterungsverhältnisse zulassen.
Reine Gehzeit: 3 Stunden.

Der Veldensteiner Forst ist eines der größten zusammenhängenden Waldgebiete Bayerns. An seinem Südrand liegt **Neuhaus** im Tal der Pegnitz, die hier die Hochfläche der Alb verläßt und sich durch ein enges Tal schlängelt. Malerisch überragt die Bamberger Bischofsburg **Veldenstein,** eine der eindrucksvollsten Schöpfungen spätmittelalterlicher Wehrarchitektur, den Markt. Wann die Burg erbaut wurde, ist nicht bekannt. Als Kaiser Heinrich II. 1007 das Bistum Bamberg gründete, schenkte er ihm auch große Ländereien und den Forst zu beiden Seiten der oberen Pegnitz. 1269 wird die Burg erstmals als das Neue Haus, »*Novum Castrum*«, erwähnt. Fränkische Adelige verwalteten von hier aus als fürstbischöfliche Amtmänner das Oberamt Veldenstein. Bischof Philipp Graf von Henneberg ließ ab 1468 von dem Baumeister Erhart Bornatz den Amtssitz zu einer Residenzburg ausbauen und zur heutigen Größe erweitern. Der Bergfried stammt noch aus frühester Zeit. In den Hussiten-, Bauern- und Markgrafenkriegen trotzte die Burg den Feinden. Im Dreißigjährigen Krieg wurde sie 1632 von den Schweden und 1635 von den Bayern erobert. Ein Blitzschlag in den Pulverturm machte im April 1708 die Burg zur Ruine.
Mit dem Hochstift Bamberg wurde die Burg 1803 bayerisch und 1807 versteigert. Nach mehreren Besitzern kaufte sie 1897 der Stabsarzt Dr. Hermann von Epenstein. Dieser ließ sie in den folgenden zwölf Jahren von dem Nürnberger Architekten Göschel vollständig restaurieren. Von 1898 bis 1912

wohnte Epensteins Freund Heinrich Göring mit Familie auf der Burg. 1938 kaufte Hermann Göring die Burg und ließ sie in den folgenden Jahren erneut restaurieren. Der bombensichere Bunker war zum Glück für Neuhaus nicht notwendig. Heute ist die Burg im Besitz des Freistaates Bayern und an eine Brauerei verpachtet. Das einstige Herrenhaus wurde zu einem Hotel umgebaut.
Der Ort, der sich ab dem 12. Jahrhundert am Burgberg entwickelte, wurde Neuhaus genannt und hatte 1470 38 Anwesen. 1476 wurde die Pfarrei gegründet. Die erste Kirche war 1497 fertig. Die heutige spätbarocke Pfarrkirche entstand 1765. Von der Innenausstattung ist eine spätgotische Madonna im Rosenkranz erhalten.
In den Nachbarorten von Neuhaus, in Hammerschrott und Rothenbruck, hat man im Mittelalter Eisenhämmer betrieben. Zu den besonderen Sehenswürdigkeiten der Umgebung von Neuhaus gehört die **Maximiliansgrotte**. Diese große Höhle bei Krottensee ist nach dem bayerischen König Maximilian II. benannt. In sechs Etagen liegen hier Höhlenräume übereinander. Eindrucksvoll sind die Tropfsteinbildungen und der unterirdische See. Die Höhlenanlage wurde zu einer der vier großen Schauhöhlen der Fränkischen und Hersbrucker Schweiz erschlossen und ausgebaut. Entdeckt wurde die Höhle erstmals 1596 und auf Befehl des Kurfürsten Friedrich IV. von der Pfalz erforscht. Da sich keine Schätze fanden, geriet sie wieder in Vergessenheit. Ab 1852 wurde sie erneut erforscht und der Öffentlichkeit zugänglich gemacht. Die 60 Meter tiefe Anlage enthält Deutschlands größten Tropfstein, den Eisberg. In der Nähe der 1200 Meter langen Grotte gibt es eindrucksvolle Felspartien, zahlreiche Dolinen und Karsthöhlen, wie die Vogelherdgrotte, die Mysteriengrotte und das Gunzenloch. Von Wanderern und Freunden des Klettersports werden gerne die verschiedenen Felswände der »Steinernen Stadt« besucht.

Der Wegverlauf

Ein beliebter Ausgangsort für Wanderungen ist der *Bahnhof* und der Parkplatz daneben.

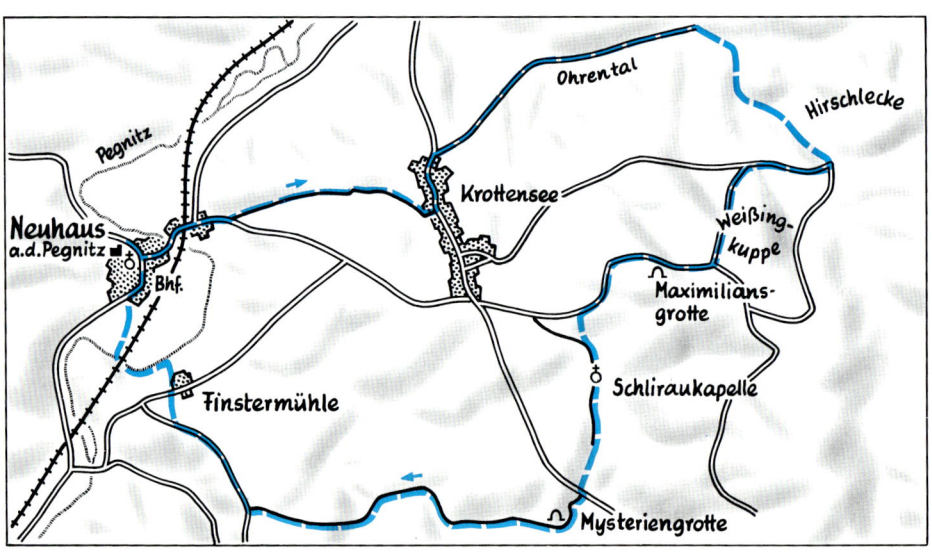

Malerisch überragt Burg Veldenstein den Markt Neuhaus. Zur Residenzburg der Bamberger Bischöfe wurde sie im 15. Jahrhundert ausgebaut, wobei der Bergfried erhalten blieb.

Wir folgen der *Bahnhofstraße* in östlicher Richtung, überqueren die Pegnitz und gehen am Ende der *Brücke* die Treppe abwärts die *Pegnitz* entlang. Gleich nach der *Eisenbahnbrücke* führt der Weg links weiter. Beim *Fernsehgeschäft* treffen wir auf die *Hauptstraße* und folgen dieser nach rechts in Richtung *Königstein*. Nach etwa 500 Metern bewegen wir uns nach der *IVV-Markierung* auf dem *Krottenseer Weg*. Etwa 100 Meter nach dem letzten Siedlungshaus gabelt sich der Weg. Wir wandern, wie *IVV 9*, auf dem linken

Weg weiter. Wenn wir im *Dorf Krottensee* auf die Teerstraße stoßen, halten wir uns links und am Dorfende auf dem Feldweg rechts weiter. Bergab kommen wir ins *Ohrental* (Ahorntal) und gehen geradeaus auf dem Feldweg im Tal ostwärts. Wenn wir auf eine *Schotterstraße* treffen, folgen wir dieser nach rechts, wo uns nach etwa 300 Metern rechts ein Forststräßchen aufnimmt. Nach weiteren 500 Metern stoßen wir auf die Markierung »*grüner Punkt*«. Wenn wir dieser nach links folgen, kommen wir in das Felslabyrinth »*Hirschlecke*«. Wir gehen dem »grünen Punkt« nach, überqueren zweimal eine Schotterstraße und steigen zur *Weißingkuppe* hinauf. Auf schattigem Weg führt uns die Markierung zur *Maximiliansgrotte* und weiter zur *Schliraukapelle*.

Wer nicht so gut zu Fuß ist, kann von der Maximiliansgrotte aus westwärts auf dem Fahrweg zum südlichen Ortsende von Krottensee gehen, dann in gleicher Richtung auf der Fahrstraße bis zu einem Abzweig nach Südwesten zur Finstermühle.

Ab der Schliraukapelle leiten uns der »grüne Punkt« und die IVV-4-Markierung zur *Mysteriengrotte*. Im Tal halten wir uns dann in Richtung *Finstermühle* weiter. Wenn wir auf die Teerstraße treffen, bewegen wir uns nach links zwischen die Häuser. Beim *Gasthof zur Linde* überqueren wir die *Pegnitz*. Der Fußweg bringt uns nach *Neuhaus*. Am Rathaus vorbei folgen wir der Straße »*Oberer Markt*«. Bald liegen Kirche und Burg vor uns.

Nützliche Informationen

Ausgangsort und Zufahrt: Neuhaus an der Pegnitz ist Station an der Bundesbahnlinie Nürnberg – Bayreuth. Der Pendolino RSB hält im Stundentakt. Der Bahnhof ist außerdem Haltepunkt der Nahzüge aus Nürnberg.
Ausgangspunkt: Parkplätze am Bahnhof.
Gehzeiten: 3 Std.; 1½ Std. durch das Ohrental über die Vogelherdgrotte zur Maximiliansgrotte, 1½ Std. über Finstermühle zur Burg Veldenstein.
Unterkunft und Verpflegung: Gasthaus Wolfsberg, Gasthof Bayerischer Hof, Gasthof zur Fränkischen Schweiz.
Einkehr unterwegs: Gasthof zur Linde in

Krottensee; Gasthof Grottenhof; Gasthaus zur Waldschänke; Gasthof zur Linde in Finstermühle; Hotel Burg Veldenstein.
Auskünfte: Markt Neuhaus an der Pegnitz, Verkehrsamt, Postfach 9, 8574 Neuhaus an der Pegnitz, Tel. 091 56/6 27.
Sehenswürdigkeiten: Burg Veldenstein; Pfarrkirche St. Peter und Paul; am Marktplatz der ehemalige Kastnerhof.
Sehenswürdigkeiten der Umgebung: Maximiliansgrotte; Asamkirche in Michelfeld.
Wanderkarten: Topographische Karte 1:25 000 des Landesvermessungsamtes, Blatt 6335; Fritsch Wanderkarte »Frankenalb, Pegnitz, Hirschbachtal, Hersbrucker Land«, 1:35 000, mit den Wanderrouten des Fränkischen-Alb-Vereins.

43 Auf dem Steinpilzweg durch den Naturpark Frankenhöhe

Von Schillingsfürst über Dohmbühl und Kloster Sulz

Tourencharakter: Lange, etwas anstrengende, aber abwechslungsreiche Rundwanderung.
Beste Jahreszeit: Frühsommer bis Herbst.
Reine Gehzeit: 6 Stunden.

Schillingsfürst liegt mitten im Naturpark Frankenhöhe, einem kleinen, bis zu 550 Meter hohen Mittelgebirge, an der Romantischen Straße, unweit der weltberühmten Städte Rothenburg und Dinkelsbühl. Wo die Frankenhöhe steil abfällt, überragt auf einem Bergsporn das **Barockschloß der Fürsten Hohenlohe-Schillingsfürst** die Stadt. Die Anlage war schon zu Zeiten Kaiser Ottos III. um das Jahr 1000 eine mächtige Burg. Über Jahrhunderte saßen hier die Grafen und Fürsten zu Hohenlohe-Schillingsfürst. Oftmals berannt, erobert und zerstört, so 1316, 1525 und 1632, entstand zwischen 1705 und 1740 anstelle der Feste eine der glanzvollsten Barockanlagen Süddeutschlands, im wesentlichen von Louis Remy de la Fosse entworfen, mit doppelter Wallgrabenanlage, innerer

Grabenbrücke, fünfbogigem Quaderbau, Parkanlage mit Vorhof, als Residenz einer der bekanntesten Linien des Fürstenhauses Hohenlohe. So hat Fürst Clodwig zu Hohenlohe-Schillingsfürst als Reichskanzler die deutsche Politik des ausgehenden 19. Jahrhunderts maßgeblich mitbestimmt.

Das Schloß, reich an Repräsentationsräumen mit Stuckwerk, Deckengemälden, Gobelins, Möbeln, Porzellan und Bildern, bietet Erinnerungen an die Geschichte des 18. und 19. Jahrhunderts.

Wer das Schloß besichtigt und von den wehrhaften Mauern über die Frankenhöhe hinweg über die Hohenloher Ebene schaut, dem wird das Kaiserreich, wie es die Väter und Großväter schilderten, lebendig.

Im Hofgarten östlich des Schlosses, der im frühen 18. Jahrhundert entstand und später im englischen Stil umgewandelt wurde, befinden sich das Mausoleum mit Grabdenkmälern, das Phönix-Denkmal und das Denkmal von Franz Liszt. Der berühmte Komponist hat das Schloß oft besucht und hier musiziert.

Dem Schloß zu Füßen liegt die Stadt am Höhenrücken der Frankenhöhe. Durch den staatlich anerkannten Erholungsort Schillingsfürst verläuft die Wasserscheide zwischen Rhein und Donau. Und hier entspringt auch die Wörnitz.

Der Wegverlauf

Vom *Schloß* gehen wir ostwärts hinunter in die Stadt, um bald nach Süden abzuzweigen, nicht ohne »*Am Wall*« die alten Häuser zu betrachten: die ehemalige Zehntscheune (Wall 2), den Gasthof zur Traube (Haus Nr. 6), die ehemalige Hofbäckerei (Haus Nr. 7), den Gutshof des Schlosses (Haus Nr. 10–12). Am Anton-Roth-Weg sehen wir den Saalbau der Pfarrkirche Kreuzerhöhung aus der Zeit nach dem Dreißigjährigen Krieg und das Rathaus; das ist die ehemalige Villa Roth, 1880 von Anton Roth gebaut.

Wer sich im Hofgarten und im anschließenden Kardinalsgarten umgeschaut hat, findet am *Kardinalsweg* den Gärtnersturm, der als Wasserturm gebaut wurde. Ein Abstecher in die *Neue Gasse* lohnt sich. Hier stehen das ehemalige Amtsgericht, das Gasthaus zum

wilden Mann, ein weiterer Wasserturm und bei den Hausnummern 16 und 18 zwei zweigeschossige Wohnhäuser aus dem 18./19. Jahrhundert, die durch einen erdgeschossigen Ladenbau, der von einer Balustrade gekrönt ist, verbunden sind. Wir verlassen auf jeden Fall die Stadt nach Süden und kommen über den Galgenberg zum *Freibad am Fischhaus;* das ist eine Gaststätte. Hier ist auch der Campingplatz zu finden. Wir bewegen uns nun auf der Fahrstraße in Richtung Dombühl, bis wir am *Vetschenberg* rechts abbiegen und dort in den *ersten Weg links* abzweigen.

Vom Schloß der Fürsten Hohenlohe-Schillingsfürst bietet sich ein umfassender Blick auf die Stadt Schillingsfürst und den Naturpark Frankenhöhe.

Dieser Waldweg ist immer gut begehbar. Kurz vor der Ortsstraße Höfstettermühle–Bersbronn verlassen wir den Wald in ein Tal hinein und steuern hier auf die *Ebertsmühle* zu. Wir gehen, an den Häusern vorbei, südöstlich auf eine Anhöhe. Der Weg schwenkt nach Süden. Wir überqueren den *Kellerberg*

Zur Zeit Kaiser Ottos III. (um 1000 n. Chr.) war Schillingsfürst bereits eine mächtige Burg. In der ersten Hälfte des 18. Jahrhunderts entstand hier anstelle der zerstörten Festung eine der glanzvollsten Barockanlagen Süddeutschlands. Durch das kunstvoll geschmiedete Tor gelangt man in den Innenhof.

und befinden uns dabei in einem reizvollen Waldgebiet, bis wir nach *Mittelstetten* hinunterkommen, einem kleinen Ort an der Bundesstraße 25.

Über den Markt Dohmbühl zum Kloster Sulz: Unser Weiterweg führt von der Bundesstraße weg nach Osten unterhalb der Waldhöhe des *Kellerberges*. Kurz vor dem Markt stoßen wir auf eine Fahrstraße, die uns nach *Dombühl* hineinleitet. Interessant im Ort ist die *Chorturmkirche St. Veit* aus dem 14. Jahr-

hundert, die umrahmt wird von einem Friedhof mit einer Befestigungsmauer aus dem 13. Jahrhundert. Beeindruckend die Rundtürme und das Tor. Nach der Kirche wenden wir uns nach Osten und folgen der Fahrstraße zum *Bahnhof Dombühl*. In der Bahnhofsgaststätte können wir einkehren. An den Bahngleisen geht es weiter entlang in Richtung *Kloster Sulz*. Das ehemalige Prämonstratenser-Frauenkloster hat eine gotische Kirche aus dem 14. Jahrhundert. In der ummauerten Friedhofsanlage fällt ein Steinkreuz mit einem großen Kruzifix aus dem Jahre 1892 auf. Sehenswert ist auch die ehemalige *Klostermühle*, entstanden im 15./16. Jahrhundert. Die Klostergebäude gehen auf das 14. Jahrhundert zurück, sie wurden später verändert.

Nun wendet sich unser Weg nach Norden zum *Klosterberg* und in das *Klosterholz*. Hier verlaufen auch der Main-Donau-Weitwanderweg und der Waldohreulenweg. Wir verlassen den Wald. Durch den kleinen Ort *Leipoldsberg* kommen wir nach *Schorndorf,* wo ein Gasthaus zur Einkehr lädt. Wir müssen aber zurück zum *Main-Donau-Weg* und zum *Roßkopf* wandern, wo wir uns westwärts nach *Ziegelhütte* halten. Am Haus Nr. 5 sollte man sich im Garten das Taufsteinbecken aus dem frühen 16. Jahrhundert anschauen. Ein Stück folgen wir der Verbindungsstraße Schorndorf – Schillingsfürst, um dann in Richtung *Marienhof* und *Krankenhaus* abzuzweigen und ins Stadtinnere zurückzukehren.

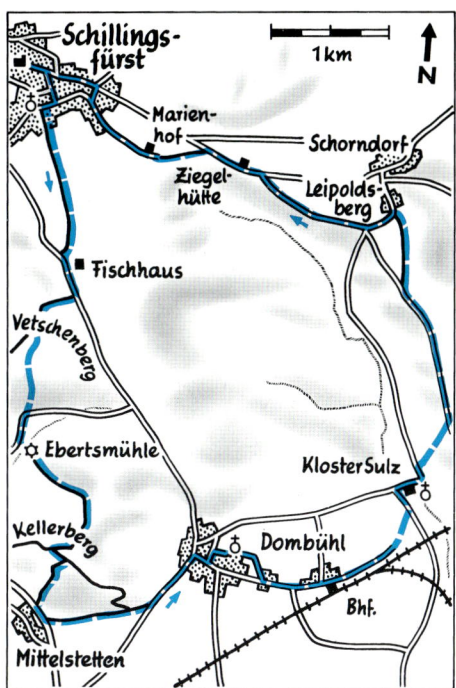

Nützliche Informationen

Ausgangsort und Zufahrt: Schillingsfürst liegt an der Romantischen Straße, in der Nähe der E 43 (A 7), der Autobahnverbindung Ulm – Würzburg, Ausfahrt Wörnitz. Südlich der Stadt verläuft die A 6 Stuttgart – Nürnberg und die Bundesbahn, die bei Crailsheim einen Kreuzungspunkt hat, wo man nach Ansbach umsteigen kann. Busverbindungen gibt es in Richtung Dombühl (4 km) und Rothenburg ob der Tauber (15 km). Bahnstation ist Dohmbühl an der Strecke Nürnberg – Stuttgart.
Ausgangspunkt: Schloß Hohenlohe-Schillingsfürst. Hier gibt es Parkplätze. Schloßbesichtigung von Ostern bis 31. Mai und vom 1. Oktober bis 31. Oktober nur an Samstagen, Sonn- und Feiertagen, sonst von 9 bis 11.30 Uhr und von 14 bis 17.30 Uhr.
Gehzeiten: Bis zum Markt Dohmbühl 3 Std. Von hier aus kann abgekürzt werden. Sonst weitere 3 Std.
Unterkunft und Verpflegung: Hotel Die Post, Rothenburger Straße 1; Hotel Zapf an der Wörnitzquelle, Dombühler Straße 7/9.
Auskünfte: Verkehrsamt Schillingsfürst, Anton-Roth-Weg 9, 8813 Schillingsfürst, Tel.

0 89 68/8 00; Kreisverkehrsamt des Landkreises Ansbach, Crailsheimstraße 1, Postfach 15 02, 8800 Ansbach; Gebietsausschuß »Der Rangau«, Rathaus, Postfach 17 41, 8800 Ansbach.
Sehenswürdigkeiten: 1723 bis 1750 erbautes Barockschloß der Fürsten zu Hohenlohe-Schillingsfürst. Schloßmuseum mit kostbarem Interieur. Im alten Brunnenhaus befindet sich die einmalige Ochsentretanlage der fürstlichen Wasserversorgung aus dem Anfang des 18. Jahrhunderts. Heimatmuseum mit einer interessanten bäuerlichen Sammlung und der Wohnkultur dieser Zeit.
Sehenswürdigkeiten der Umgebung: Dombühl: befestigte Bergkirche; Kloster Sulz: Prämonstratenser-Frauenkloster und Klosterkirche; romanische Kirche in Faulenberg mit gotischen Fenstern als bauhistorisches Kleinod.
Wanderkarten: Topographische Karte 1 : 25 000 des Landesvermessungsamtes, Blatt 6727, und Fritsch Rad- und Wanderkarte »Bayrisch Franken, Landkreis Ansbach«, Blatt Nord, 1 : 50 000.

44 Durch das Schwabachtal bei Heilsbronn

Heilsbronn–Schwabachtal–
Weißenbronn

Tourencharakter: Bequeme Wanderung
auf guten Wegen, weitgehend in Talschaf-
ten, ohne große Höhenunterschiede.
Beste Jahreszeit: Das ganze Jahr über.
Reine Gehzeit: 3$\frac{1}{2}$ Stunden.
Markierung: Weiße »8« auf grünem
Rechteck (Rundwanderweg-Markierung).

Der mittelalterliche Klosterstaat mit der befestigten Hauptstadt **Heilsbronn** hatte beträcht-
lichen Streubesitz in Franken. Er war ein
Wirtschaftszentrum auf landwirtschaftlicher
Basis. Und weil hier bedeutende adlige Stif-
terfamilien, darunter die Grafen von Abenberg, die Herren von Heideck und die Hohenzollern, begraben waren, nannte man
den Klosterort »Christliche Schlafkammer
Frankens«. Gegründet wurde Heilsbronn
wohl im 8. Jahrhundert durch einen fränkischen Gundherrn. 1132 stiftete Bischof Otto
von Bamberg das Kloster, dessen Zisterzien-
sermönche es in staufischer Zeit zu einem
»Bronnen des Heils« für das Frankenland
werden ließen, zum Reichskloster. Es geriet
im 13. Jahrhundert aus der Schutzvogtei der
Grafen von Abenberg in die der Nürnberger
Burggrafen und wurde schließlich Teil der
Markgrafschaft Ansbach. Damit gehörte es
bis 1806 zum Königreich Preußen. Nach der
Reformation war es seit Abt Schopper 50 Jahre lang ein evangelisches Kloster und in der
Zeit zwischen 1582 und 1736 markgräfliche
Fürstenschule. Die ehemaligen Klostergüter
blieben bis zum Ende der Hohenzollernherr-
schaft unter einer eigenen markgräflichen
Klosteramtsverwaltung mit Sitz in Heilsbronn.
»Münsterstadt« nennt sich Heilsbronn, das
1932 anläßlich der 800-Jahr-Feier zur Stadt
erhoben wurde. Die ehemalige Klosterkirche
der Zisterzienser ist heute evangelisch-lutherische Pfarrkirche. Die dreischiffige Basilika
entstand zwischen 1132 und 1139. Die romanische Westvorhalle stammt aus der Zeit
um 1200. Im 14. Jahrhundert wurde sie als
Westchor ausgebaut. Die Ostchorerweite-
rung fand 1263 bis 1284 statt. Die Hohenzol-
lerngruft datiert von 1297, das zweischiffige
gotische Mortuarium von 1427 bis 1433.

Wertvolle Werke des Nürnberger Künstler-
kreises um Michael Wolgemut, Albrecht Dürer, Adam Krafft, Veit Stoß, Peter Vischer und
des Eichstätter Meisters Loy Hering zieren
das Münster, das im 18. Jahrhundert als
evangelische Predigtkirche umgestaltet wurde, und zwar durch Gabriel de Gabrieli und
Karl Friedrich von Zocher. Die Klosterstadt
war durch eine einfache Bruchsteinquader-
mauer mit Graben befestigt, die im 12. und
13. Jahrhundert angelegt wurde. Torbauten
sind leider nicht erhalten, wohl aber Teile
des Mauerzuges.

Es gab eine eigene Klosterstadt und eine
Laienstadt. Teile von beiden sind noch vorhanden. Die Säkularisation setzte in Heilsbronn bereits 1578 ein. Sie führte zum Ver-
kauf der Bauten an das handwerkliche Bür-
gertum. In der Klosterstadt selber hat es keine
freien Bürger gegeben.

Bevor wir unsere Wanderung in das
Schwabachtal beginnen, lohnt es sich, einen
Stadtrundgang zu machen, der am *Marktplatz* mit dem Klosteramtsverwalterhaus von
1621 beginnt. Wir passieren die Nordgiebel
des Refektoriums und des Dormitoriums
(Schlafhaus der Mönche) sowie die Neue Abtei. Nach einem Abstecher zur *Klostermühle*
kommen wir zur *Heidecker Kapelle* und
schließlich zum *Münster*. Durch den Kreuzgang erreichen wir das Refektorium, das
Speisehaus der Mönche, und stoßen auf den
sogenannten »*Heilbrunnen*«. Er wurde 1730
von Markgraf Carl Wilhelm Friedrich aufgrund einer Fehldeutung des Ortsnamens errichtet. Hier gab es im 18. Jahrhundert einen
regen Bade- und Kurbetrieb.

In der Folge passieren wir das alte *Konventshaus* auf dem Weg zur Spitalkapelle,
um dann zum ehemaligen *Jagdschloß* der
Grafen von Abenberg zu gelangen. Es war ab
1199 hohenzollernsches Burggrafenhaus
und markgräfliches Absteigequartier. Seit
1747 ist es evangelisches Pfarrhaus. Der im
Pfarrgarten stehende *Achelesturm* ist ein Bestandteil des ehemaligen Windsbacher To-

In der dreischiffigen, 1149 von den Zisterziensern geweihten Basilika in Heilsbronn befinden sich prunkvolle Grabmäler der Hohenzollern. Im Vordergrund das Hochgrab der Kurfürstin Anna († 1512), vermutlich ein Werk des »Meisters der Ansbacher Schwanenritter«.

res. Vor dem Rathaus steht das Luitpolddenkmal. Der *Katharinenturm* entstand 1771 an der Stelle der Katharinenkirche. Wir kommen zum Ansbacher Tor. Dann bestaunen wir das *älteste Gasthaus Heilsbronns* (früher »Steinhof«, jetzt Gasthof »Adler«), das auf das 12. Jahrhundert zurückgeht und ab 1689 bis 1705 Reichsposthalterei war. Der Lindenplatz war früher Zimmererplatz. Schließlich stoßen wir auf einen Teil der *Klostermauer* und auf den ehemaligen *Abenberger Hof*, den späteren Viehhof des Klosters, bis 1927 Postamt.

Der Wegverlauf

Vom *Marktplatz* gehen wir über den *Münsterplatz* und verlassen, nachdem wir die *Bundesstraße 14* unterquert haben, den Stadtbereich. Wir wandern auf schmalem Pfad am Schwabachufer weiter. Über die *Brücke* kommen wir rechts zur alten Schwabacher Straße hinauf, wo wir uns ostwärts halten. Der *Butzenhof,* den wir passieren, gehört zu Weiterndorf, wo die ehemalige Wassermühle des Klosters Heilsbronn aus dem 16./17. Jahrhundert und der ehemalige Schafstall des Klosters aus der gleichen Zeit stehen, aber auch das ehemalige Forsthaus aus dem 17./18. Jahrhundert. Nachdem wir am Butzenhof die historische Ortstafel bewundert haben, gehen wir an der *Kläranlage* vorbei. Wir folgen dem Lauf der Schwabach und einem Waldstreifen, bis wir die Fischweiher vor *Göddeldorf* erreichen. Beim letzten Weiher biegen wir rechts in die Fahrstraße Göddeldorf–Weißenbronn ab, die uns am Rande des Prünstbühlholzes nach Süden leitet. Wir sind nun von der Schwabach weggeschwenkt und bewegen uns am *Weißenbronner Bächlein* entlang, bis wir links nach *Seitendorf* abzweigen können. Hier halten

wir uns beim Häuschen mit dem Glockenturm nach rechts und verlassen das Dorf, rechts abbiegend, nach Westen.

Der Wald wird erreicht. Wir durchqueren den Ortsteil »Hölle« und kommen bei *Fischweihern* heraus, wo es meist am Waldrand aufwärts nach *Weißenbronn* geht.

Die Pfarrkirche St. Michael ist ein Saalbau aus dem Jahre 1337. Eine Glocke geht sogar auf das Jahr 1295 zurück. 1716 wurde die Kirche umgebaut. In der Sonnenstraße steht das ehemalige Forsthaus. Nach der Kreuzung im Ort, beim Haus Heilsbronner Straße 1, wenden wir uns nach Südwesten (es ist anfangs der Aicher Kirchenweg) und gelangen links in die Waldabteilung »Hinterer Grubenberg« des Weißenbronner Waldes. Am aufgefüllten Fröschlachweiher halten wir uns rechts. Nun wandern wir fast 2 Kilometer am Waldrand bei den Waldabteilungen »Fröschlach« und »Binsendickung« weiter. Vor uns sehen wir bereits wieder Heilsbronn. Am Mausendorfer Weg erreichen wir den Parkplatz der Firma Kupfer. Auf der Neuendettelsauer Straße und am Schönau-Parkplatz vorbei gehen wir stadteinwärts.

Nützliche Informationen

Ausgangsort und Zufahrt: Die Stadt Heilsbronn sieht sich im geographischen Zentrum Mittelfrankens, zwischen Nürnberg und Ansbach, an der Bundesstraße 14 Nürnberg – Stuttgart. Die A 6/E 12 Nürnberg – Heilsbronn verläuft südlich. Die nächstgelegene Ausfahrt (4 km) heißt Neuendettelsau. Die Bahnlinie 785 (Nürnberg – Stuttgart) führt durch Heilsbronn.

Ausgangspunkt: Marktplatz.

Gehzeit: 3½ Std.

Unterkunft und Verpflegung: Klosterhof, Goldener Stern, Zum Löwen, Weißes Roß, Schützenhof, Klosterbräu, Zur Eisenbahn.

Auskünfte: Stadtverwaltung Heilsbronn, Kammereckerplatz 1, 8807 Heilsbronn; Kreisverkehrsamt des Landkreises Ansbach, Crailsheimstraße 1, Postfach 15 02, 8800 Ansbach; Gebietsausschuß »Der Rangau«, Rathaus, Postfach 17 41, 8800 Ansbach.

Sehenswürdigkeiten: Das Münster, das auch »Grablege des fränkischen Adels« genannt wird, die Neue Abtei, deren Haupttrakt Ende des 13. Jahrhunderts gebaut wurde, das ehemalige Jagdschloß der Grafen von Abenberg (seit 1747 evangelisches Pfarrhaus), die Heidecker Kapelle, die übrigen Klostergebäude, die Spitalkapelle, der Achelesturm und der Katharinenturm, das Luitpolddenkmal sowie zahlreiche andere Gebäude der ehemaligen Klosterstadt und der Laienstadt.

Wanderkarten: Topographische Karte 1:25 000 des Landesvermessungsamtes, Blatt 6630 und Blatt 6631; Fritsch Rad- und Wanderkarte »Bayrisch Franken, Landkreis Ansbach«, Blatt Nord, 1:50 000; Wanderkarte »Rund um Heilsbronn«, 1:25 000.

45 Hohenzollernschloß und Dillenburg

Von Cadolzburg zur Hammerschmiede

Tourencharakter: Der erste Teil der Wanderung führt auf guten Wegen, der zweite Teil über die Waldhöhen des Dillenbergs und ist witterungsabhängig.
Beste Jahreszeit: Frühjahr bis Spätherbst.
Reine Gehzeit: 4 Stunden.

Ein Buntsandsteinrücken zieht sich vom 420 Meter hohen, sagenumwobenen Dillenberg zwischen Bibert- und Farrnbachtal nach Osten über den Höhenmarkt **Cadolzburg** mit dem **Hohenzollernschloß** und endet schließlich bei der Nürnberger Burg. 1157 ist ein Ministeriale der Abenberger Rangaugrafen, ein Helmericu de Kadoldesburc, als Vogt der Markt Erlbacher Kirche genannt. Die Entstehung des Ortes wird auf einen fränkischen Grundherrn des 8./9. Jahrhunderts zurückgeführt. Vielleicht war es der Gründer des 793 entstandenen Klosters Herrieden. Auf der Burg residierten ab Mitte des 13. Jahrhunderts die Burggrafen von Nürnberg, und bis in das Jahr 1791, als die fränkischen Fürstentümer an Preußen kamen, blieb die Burg ununterbrochen im Besitz der Burggrafen bzw. der späteren Markgrafen von Ansbach. 1945 brannte sie aus.

Diese Burg auf dem felsigen Bergsporn prägte den Markt. Südlich liegt die Vorburg mit Bauten des 18./19. Jahrhunderts – aus der Zeit, als Cadolzburg als Oberamts- und Rentamtsverwaltungssitz diente. Wie ein zweites Vorwerk erstreckt sich der Markt, der ab 1443 zunächst mit einem Palisadenzaun befestigt war. Im Markgrafenkrieg 1449 wurde die Befestigung aber stadtmäßig ausgebaut. Und der Markgraf Albert Achilles war es, der 1475 den Torturm am oberen Markt hat erbauen lassen. Er hat ihn in die Stadtbefestigung eingebunden.

Das Auf und Ab der Straßen unter der Ruine bildet ein anmutiges Bild. Treppen verbinden den Talort mit dem Höhenort. Der Wehrgraben um den Ortskern ist teilweise noch erhalten. Er wurde nach seiner letzten Zerstörung im Dreißigjährigen Krieg (1631) später unter Mitwirkung österreichischer Exulanten, die ca. 1648 bis 1652 aus dem »Ländlein ob der Enns« kamen, neu errichtet. Malerisch sind die Tor- und Fachwerkbauten, die sich um Binnenhöfe gruppieren.

Die abseitige Lage hat Cadolzburg in seiner Vergangenheit behindert. Der ursprüngliche Stützpunkt der edelfreien Grundherren der Karolingerzeit existierte an einer wichtigen alten Handelsstraße, aber die wirtschaftlichen Schwerpunkte lagen woanders. Nürnberg hatte schon im 12. Jahrhundert die Handelswege an sich gezogen. Auch das nahe Fürth entwickelte sich rasch zu einer wirtschaftlichen Blüte, der Cadolzburg nichts entgegenzusetzen hatte. Im 19. Jahrhundert entstand ein Kleinhandwerk. Leinenweber, Sockenschuster und Brillengestellmacher belieferten die Fürther Unternehmen. Die nahen Steinbrüche gewannen überregionale Bedeutung. Als 1892 eine Bahnanbindung kam, wurde Cadolzburg zum Zentrum des Kirschen- und Erdbeeranbaus und im Zuge des wachsenden Fremdenverkehrs ein lohnendes Ausflugsziel. Nach dem Ersten Weltkrieg wurden zahlreiche Steinbrüche stillgelegt. Erst allmählich konnte die größte Not überwunden werden.

Die Burg, im Zweiten Weltkrieg zur Ruine geworden, wird vom bayerischen Staat als Besitzer wieder aufgebaut. Geplant ist ein Burgmuseum, das auch die Geschichte der beiden zollerischen Markgrafenschaften Ansbach und Kulmbach-Bayreuth dokumentieren soll. Hier soll ein kulturelles Zentrum des Rangaus entstehen.

Der Wegverlauf

Vom *Marktplatz*, wo noch ein Torturm der Marktbefestigung steht, gehen wir nordwestwärts zum *Burghof*, wo uns die langgestreckte Burganlage mit altem Bau, Folterturm und Burgküche, Kapellenflügel, neuem Schloß, westlichem Wehrgang und Brunnenhof aus dem 13. bis 15. Jahrhundert beeindruckt, und, am Weiher vorbei, in die *Gonnersdorfer Straße*. Auf der gewonnenen Anhöhe bietet sich ein hübscher Blick zurück auf die wehrhafte Cadolzburg. Wir bleiben auf dieser

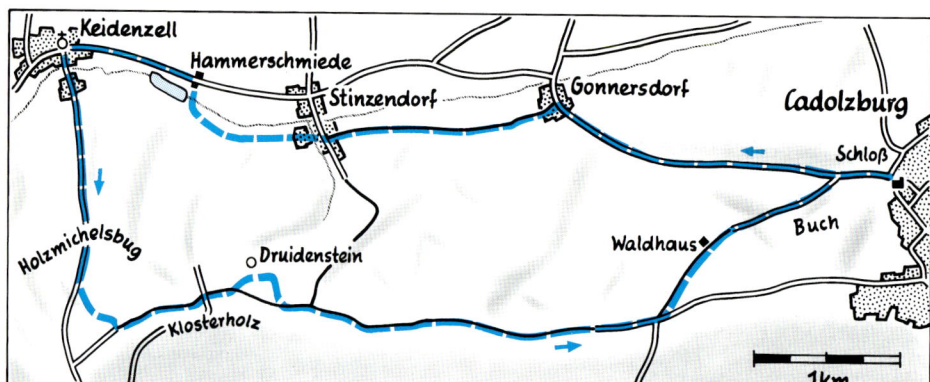

Straße bis *Gonnersdorf.* Haus Nr. 15 ist die ehemalige Mühle aus der Zeit um 1700. Wir bewegen uns über dem Farrnbachtal. Am Bach sind zahlreiche Weiher aufgestaut.

Westwärts verlassen wir den Ort und kommen zur »Brunnleite«. Ein Fußweg nimmt uns über den Weihern auf, und wir stoßen auf die *Hammerschmiede.* Hier wechseln wir zwischen den *Weihern* hindurch nach Norden zur Fahrstraße, der wir links, westwärts, nach *Keidenzell* folgen. Der Ort gehört, wie auch die hinter uns liegende Hammerschmiede und das Dorf *Stinzendorf,* zum nahen Städtchen Langenzenn. Bei der Kapelle biegen wir nach Süden ab. Es ist der Fahrweg nach *Deberndorf.*

Wir erreichen den Waldrand und wandern am *Holzmichelsbug* hoch bis fast zum höchsten Punkt. Hier schwenken wir links in den Waldweg und treffen, an einem Steinbruch vorbei, auf einen querverlaufenden Weg, auf dem wir links weitergehen. Wir kommen in das *Klosterholz.* Hier gibt es einen Grabhügel und etwas abseits einen Gedenkstein, der auf den im 19. Jahrhundert abgetragenen mächtigen *Druidenstein* hinweist. Unser Weg auf der Höhe des *Dillenbergs* führt nach Osten, bis wir in der Nähe des Waldrands auf einen Fahrweg stoßen, auf dem wir den Wald verlassen. Ein Stück bewegen wir uns am Waldrand entlang. Noch vor Ende des Waldes geht es dann links, nordöstlich, durch einen Waldvorsprung zum *Waldhaus.* Am Weiher vorbei und durch das Waldstück *Buch* spazieren wir zurück zur Gonnersdorfer Straße und zum *Marktplatz.*

Nützliche Informationen

Ausgangsort und Zufahrt: Cadolzburg liegt wenige Kilometer westlich von Fürth, südlich der Bundesstraße 8 und am Endpunkt der Bahnnebenstrecke Fürth-Cadolzburg.
Ausgangspunkt: Parkplätze am Marktplatz, am Rangau-Heimathaus, auf dem Höhbuck.
Gehzeit: 4 Std.
Unterkunft und Verpflegung: Zahlreiche Gasthöfe und Restaurants in Cadolzburg und in den Dörfern entlang des Wegs.
Einkehr unterwegs: Gaststätte Hammerschmiede.
Auskünfte: Gemeindeverwaltung Markt Cadolzburg, Verkehrsamt, 8501 Cadolzburg, Tel. 09103/50936.
Sehenswürdigkeiten: Die Burg der fränkischen Hohenzollern; der mauerbewehrte Markt als erweiterte Vorburg; der langgestreckte Marktplatz mit Fachwerk- und Sandsteinbauten und dem Brestlesbrunnen; das Markttor Brusela aus dem Jahre 1475; das ehemalige Fachwerkrathaus zwischen Tal- und Höhenmarkt aus dem Jahre 1670.
Wanderkarten: Topographische Karte 1:25000 des Landesvermessungsamtes, Blatt 6530 und Blatt 6531.

Das Stadttor, von Markgraf Albert Achilles 1475 in Auftrag gegeben, ist in die Stadtbefestigung von Cadolzburg eingebunden. Auf der Burg über der Stadt residierten ab dem 13. Jahrhundert bis 1791 ununterbrochen die Burggrafen von Nürnberg.

46 Nürnberg zwischen Burg und Germanischem Nationalmuseum

Durch des »Deutschen Reiches Schatzkästlein«

Am Anfang war die Burg. Sie wurde auf einem Sandsteinrücken am Nordufer der Pegnitz inmitten einer weiten, wenig fruchtbaren, sandigen und großenteils von Wald bedeckten Ebene errichtet. Die Geschichte der Reichsstadt läßt sich bis zu ihrer ersten urkundlichen Erwähnung in der Sigena-Urkunde vom 16. Juni 1050 zurückverfolgen. 1219 wurde des »Deutschen Reiches Schatzkästlein« zur freien Reichsstadt erhoben, und seit 1356 hielt jeder neu gewählte Kaiser seinen ersten Reichstag zu Nürnberg ab. Die Stadt entwickelte sich im Schnittpunkt europäischer Handels- und Verkehrslinien von West nach Ost und von Nord nach Süd zu einem europäischen Handelszentrum. Nürnberger Tand ging nach Böhmen, Italien, Frankfurt, der damals größten Messestadt Deutschlands, Wien und später auch nach Schlesien und Polen.

Es entwickelte sich ein wissenschaftliches und künstlerisches Leben wie nur selten in einer Stadt der damaligen Zeit: Veit Stoß, der Holzschnitzer, lebte hier von ca. 1447 bis 1553, Peter Vischer, der Erzgießer, von ca. 1460 bis 1529, Adam Kraft, der Bildhauer, von ca. 1455 bis 1508, Martin Behaim, der Weltfahrer und Konstrukteur des ersten Globus, von 1459 bis 1507, Willibald Pirckheimer, der Humanist und Ratsherr, von 1470 bis 1530, Albrecht Dürer, der universale Künstler, von 1471 bis 1528, Peter Henlein, der Erfinder der Taschenuhr, von ca. 1485 bis 1552. Vieles mehr fällt bei dem Namen »Nürnberg« ein: neben den Nürnberger Reichstagen Parteitage und Bratwürste, Gotik und Nürnberger Trichter, Lebkuchen und Nürnberger Prozesse oder auch die Meistersinger und eine Fülle von Waren und Werten, die an nahezu alle Geschichtsepochen bis ins Mittelalter zurückerinnern.

Der Ort am felsigen Berg (»Nourenberc«) entwickelte sich rasch zur Weltgeltung, seit Kaiser Heinrich III. (1039 bis 1056) ihn als Stützpunkt für seine Feldzüge gegen den Böhmenherzog benötigte. Glänzender Aufschwung kam durch die staufischen Kaiser im 13. Jahrhundert. 1219 stellte Kaiser Friedrich II. der damals königlichen Stadt den großen Freiheitsbrief aus. 1256 wird erstmals ein Nürnberger Rat erwähnt. 1356 erließ Kaiser Karl IV. die Goldene Bulle, mit der die Reichstage in Nürnberg begannen. Während der Reformation bekannten sich Nürnberger Bürger zur lutherischen Lehre. Nach dem Religionsfrieden von 1532 galt eine gemeinsame brandenburgisch-nürnbergische Kirchenordnung.

Nach Auflösung des alten Reiches kam die Stadt 1806 zum Königreich Bayern. 1835 wurde die erste Eisenbahnlinie zwischen Nürnberg und Fürth eröffnet. Inzwischen hatte Sigmund Schuckert die erste elektrische Straßenlaterne gebastelt. Heute ist das Gemeinwesen als Spielzeug- und Lebkuchenstadt, als Zentrum elektronischer Industrie, des Maschinenbaus, des Druckereigewerbes, der chemischen Industrie sowie der Metallwaren- und Kurzwarenherstellung bekannt.

Nach den Zerstörungen des Zweiten Weltkrieges haben Burg und Altstadt ihr historisches Gesicht wiedergefunden: rechts der Pegnitz die frühere Sebaldus-Altstadt, links der Pegnitz die etwas jüngere Lorenzer Stadt, ursprünglich eine staufische Plangründung. Das Altstadtbild insgesamt wird trotz der Zerstörungen bestimmt von den spätmittelalterlichen Bauten, vor allem dem Nürnberger Bürgerhaus, das seit dem 15. Jahrhundert als Folge einer strengen Baugesetzgebung eine Reihe von Bedingungen erfüllen mußte, und im Rahmen dieser Normen, die auch die Firsthöhe und die Ziegeldeckung der Dächer vorschrieben, hat sich die Gestaltung der Details vollzogen, zu denen Erker, Ziergiebel, Aufzugsluken und Gauben gehörten.

Stadtrundgang

Ein guter Ausgangspunkt für einen Stadtrundgang in Nürnberg ist der *Bahnhof.* Man kann aber auch »*Am Plärrer*« beginnen und muß dann am Frauentorgraben, also ostwärts, entlang der Stadtmauer spazieren, vorbei am Jakobstor, am Färbertor, am Kartäusertor und am Sterntor, ehe man zum Hauptbahnhof kommt und, am Frauentor vorbei, zum *Königstor* geht. Wir halten uns also vom Bahnhofsplatz rechts, in nordöstlicher Richtung. Gegenüber dem Bahnhof befindet sich der *Handwerkerhof Nürnberg* (1), also am Königstor. Der Handwerkerhof ist vom 24. Dezember bis 19. März geschlossen, sonst aber von 10 bis 18.30 Uhr, Samstag von 10 bis 14.30 Uhr, an langen Samstagen bis 18.30 Uhr geöffnet. Hier am Königstor kann man in mittelalterlichen Handwerkergassen Geschichte erleben. Die Gaststätten sind übrigens von 10.30 bis 22 Uhr geöffnet.

Unser Weg setzt sich in nordwestlicher Richtung in der Königstraße fort, und das Erlebnis »Altstadt« führt von Höhepunkt zu Höhepunkt. Linker Hand steht die *St.-Klara-Kirche*. Es ist das ehemalige Gotteshaus des Klarissenklosters. Werkleute der Sebalder Bauhütte haben es in den Jahren 1270 bis 1274 gebaut. Von den ehemaligen Klostergebäuden ist noch der sogenannte *Silberturm* erhalten. Er entstand Anfang des 16. Jahrhunderts. Wir kommen zum *Hallplatz* (3). Wer hier einbiegt und die Pfannenschmiedgasse überquert, gelangt zum ehemaligen *Zeughaus* (2). Stadtwerkmeister Hans Dietmeier hat es 1588 gebaut. Wir aber gehen an der *Mauthalle* (3) am Hallplatz vorbei. Hans Behaim d. Ä. errichtete sie in den Jahren 1498 bis 1502. Die Königstraße stößt auf den Lorenzer Platz mit der *St.-Lorenz-Kirche*. Über 200 Jahre betrug ihre Bauzeit: von 1250 bis 1477, eine lange Zeit. Das Sakramentshaus stammt von Adam Kraft, der »Engelsgruß« von Veit Stoß. Am Platz kann man auch das Teufelsbrünnlein am Nordturm der Lorenzkirche bewundern und den Tugendbrunnen, der 1584 errichtet wurde. Das Sandsteinbekken stammt aber aus dem 19. Jahrhundert.

Gegenüber der Kirche, am Ausgang der Karolinenstraße, steht das *Nassauer Haus* (4), das einst ein Ministerialensitz war. Das Turmhaus ist romanisch, datiert also in die Zeit Ende des 12. Jahrhunderts. Heute kann man im Restaurant hier einkehren. Auf dem Weiterweg in nördlicher Richtung erreichen wir die Pegnitz und überqueren sie auf der *Museumsbrücke*.

Unser nächstes Ziel ist der *Hauptmarkt*. Hier stehen das *Neue Rathaus*, der *Schöne Brunnen* und die *Frauenkirche*. Letztere hat einen Tucher-Altar aus dem Jahre 1440 und Epitaphe von Adam Kraft aus den Jahren 1499 und 1500. Täglich um 12 Uhr findet hier das »Männleinlaufen« statt. Über der Vorhalle des Michaelschörleins umschreiten, angetrieben von einem alten Uhrwerk, die sieben Kurfürsten Karl IV. Das ist eine Erinnerung an den Erlaß der Goldenen Bulle im Jahre 1356. Der *Schöne Brunnen* wurde zwischen 1835 und 1892 errichtet. Beim *Alten Rathaus* (5) ist der um 1555 entstandene *Gänsemännchenbrunnen* sehenswert. Er zeigt einen fränkischen Bauern, der zwei Gänse unter dem Arm hat. Aus ihren Schnäbeln fließt Wasser. Unter dem Alten Rathaus sind noch die *Lochgefängnisse* zu besichtigen, ein mittelalterliches Untersuchungsgefängnis mit Folterkammer.

Wir sind nun am *Rathausplatz* (5) und halten uns von hier nach Norden. Wo die Burgstraße beginnt, schwenken wir rechts in die Theresienstraße. In der Burgstraße steht übrigens außer dem ehemaligen Dominikanerkloster das sogenannte *Fembohaus,* das jetzt Stadtmuseum (6) ist. Hier fällt der Spätrenaissancegiebel auf. Als Entstehungszeit wird 1591 bis 1597 genannt. Im Haus werden Altnürnberger Entwicklungsgeschichte und Wohnkultur gezeigt. Das Museum ist von März bis Oktober und während des Christkindlesmarktes geöffnet.

Am Ende des Theresienplatzes biegen wir nordwärts in den *Egidienplatz*, wo die evangelische *Egidienkirche* steht, die unter Verwendung eines romanischen Querschiffs, des gotischen Chors und der Sakristei aus den Jahren 1429/33 zwischen 1711 und 1718 von Gottlieb Trost neu gebaut wurde. Am gleichen Platz sind ein ehemaliges Adelspalais und das Melanchthon-Gymnasium zu sehen. In der Fortsetzung kommen wir zur *Stadtbibliothek* (7), die im ehemaligen *Pellerhaus* untergebracht ist. Erhalten ist hier ein Teil der Hofarchitektur aus den Jahren 1602 bis 1607. Im Hof steht der *Apollobrunnen* mit einer Bronzestatue des Apollo. Hans Vischer hat ihn 1532 errichtet. Natürlich muß man am Egidienplatz auch das

Denkmal Philipp Melanchthons besichtigen, der nach Luthers Tod die Führung der Protestanten übernahm. Wir wandern weiter, überqueren die Tetzelgasse und schwenken in die Schildgasse ein, um gleich rechts, nordwestwärts, abzubiegen. Über den *Paniersplatz* gelangen wir in die Söldnergasse und zum Stadtjugendhaus an der Stadtmauer, schließlich zur *Burg*, einer der bedeutendsten Wehranlagen Europas.

Sie entstand in drei Perioden: Die salische Königsburg entwickelte sich gegen Mitte des 11. Jahrhunderts, die staufische Kaiserburg ab Mitte des 12. Jahrhunderts, der Palasumbau und die städtischen Wehrbauten entstanden im 15. und 16. Jahrhundert. Im wesentlichen umfaßt die Burg folgende Bauteile: den Palas, die Kemenate, das innere Burgtor, die Doppelkapelle, den Heidenturm, den tiefen Brunnen, das Kastellansgebäude, das Sekretariatsgebäude, den Finanzstadel, den Sintwellturm, das Himmelstor, die Hasenburg, den Himmelsgarten, den heimlichen Wächtergang, die Freiung- und Burgamtmannswohnung, den fünfeckigen Turm, die Walpurgiskapelle, den Lug ins Land, die Kaiserstallung, die Bastion, den Schwedenhof, die große Bastei mit dem Burggarten, das Vestnertor.

Unter dem Burgberg befindet sich übrigens ein mittelalterliches Wasserleitungssystem. Von 1050 bis 1571 haben so ziemlich alle anerkannten deutschen Könige und Kaiser auf dieser Burg geweilt. Zahlreiche Reichs-, Hof- und Gerichtstage wurden hier abgehalten. Die Kaiserstallung der insgesamt 220 Meter langen und 50 Meter breiten Anlage ist jetzt Jugendherberge. Dieses Gebäude war 1495 als Kornhaus errichtet worden.

Wir verlassen die Burg und gehen südwärts zur Bergstraße, wo wir in der Nähe des Tiergärtnertors das *Zinnfigurenkabinett* (8) besichtigen können. Unser nächstes Ziel ist der Sebaldusplatz. Hier steht die ursprünglich romanische, später im hochgotischen Stil umgebaute *St.-Sebaldus-Kirche* mit dem *Sebaldusgrab* (1508–1519) von Peter Vischer und mit Werken von Veit Stoß (Kreuzigung 1520; Passionsrelief, 1499) und Adam Kraft (Schreyer-Landauer Epitaph, 1490/92; Tympanonrelief am rechten Turmportal).

Im Zentrum Nürnbergs findet man immer wieder alte Bürgerhäuser als Zeugen der Vergangenheit.

Vom Gotteshaus wenden wir uns nach Südwesten und gelangen zum *Spielzeugmuseum* (9) in der Karlstraße, geöffnet Dienstag bis Sonntag von 10 bis 17 Uhr, Mittwoch bis 21 Uhr, Montag geschlossen.

Weiter in südwestlicher Richtung erreichen wir den *Maxplatz*, an dessen westlichem Ende das *Hallertor* steht. Am Platz selber finden wir den sogenannten Wasserspeicher, den Tritonbrunnen und den Dürer-

Pirckheimer-Brunnen. Vom Maxplatz aus führt der *Kettensteg,* als erste freischwebende Flußbrücke Deutschlands 1824 von Georg Kuppler montiert, über die Pegnitz. Die eigentliche *Maxbrücke* wurde erstmals 1457 errichtet. Der heutige Bau stammt aus dem Jahre 1852.

Nach der Maxbrücke stoßen wir auf den *Unschlittplatz* mit dem sogenannten *Unschlitthaus,* erbaut 1490/91 von Hans Behaim d. Ä. Über die Karl-Grillenberger-Straße oder die Mühlengasse erreichen wir den sogenannten *Weißen Turm* (10). Das Bauwerk stammt im Kern aus dem 13. Jahrhundert und war ein Teil der vorletzten Stadtmauer. Unser nächstes Ziel im Süden ist

St. Jakob, die ehemalige Deutschordenskirche, deren Bausubstanz auf die erste Hälfte des 14. Jahrhunderts zurückgeht. Von der Deutschordenskommende ist in der Ludwigstraße noch das *Kornhaus* aus dem Jahre 1516 erhalten. Der Bau wird ebenfalls Hans Behaim d. Ä. zugeschrieben.

Über die Jakobstraße streben wir in östlicher Richtung dem *Kornmarkt* zu. Im ehemaligen *Kartäuserkloster* ist jetzt das *Germanische Nationalmuseum* untergebracht. Von dem 1380 gestifteten Kloster ist noch die gotische Klosterkirche erhalten. Interessant sind der große Kreuzgang, ferner drei Mönchshäuser und Teile des kleinen Kreuzganges.

Es war das Jahr 1852, als der fränkische

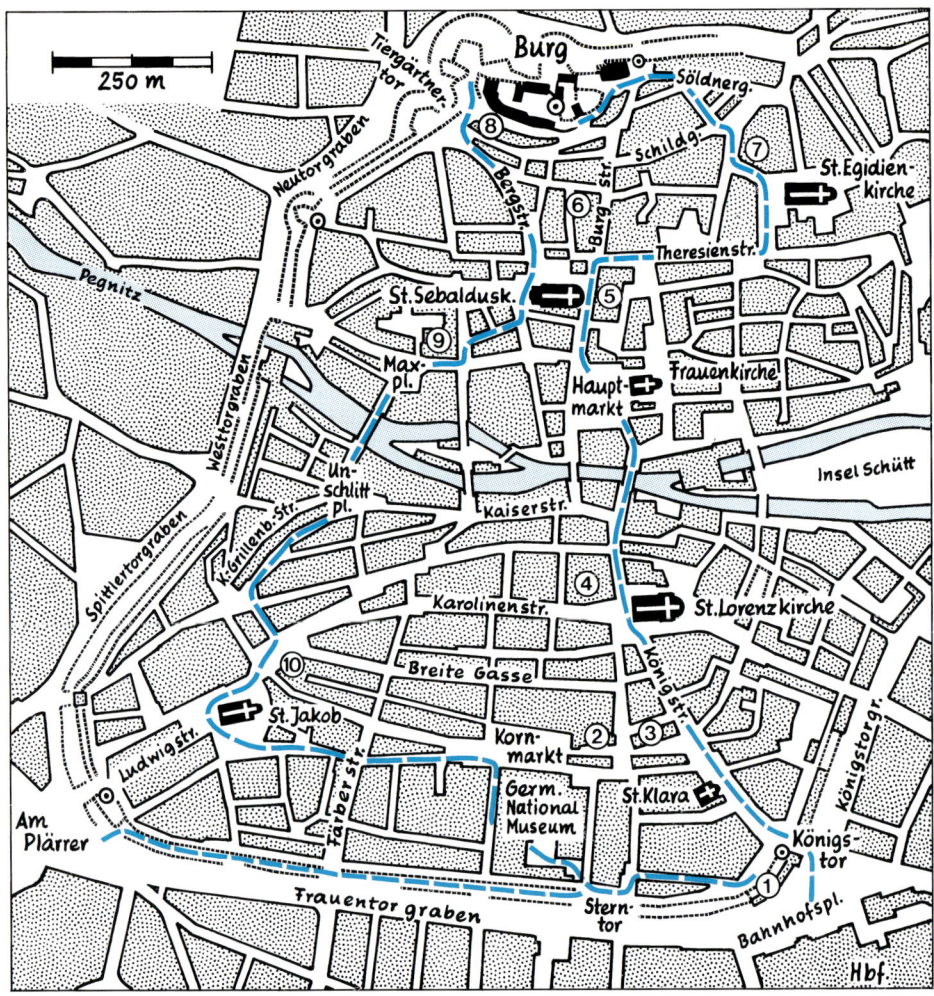

Stadtplan von Nürnberg: (1) Handwerkerhof, (2) Zeughaus, (3) Mauthalle, (4) Nassauer Haus,
(5) Altes Rathaus, (6) Fembo-Haus, (7) ehemaliges Peller-Haus, (8) Zinnfigurenkabinett, (9) Spielzeug-
museum, (10) Weißer Turm.

Landadelige Hans Freiherr von und zu Aufseß die Versammlung deutscher Geschichts-
und Altertumsforscher in Dresden dazu bewog, das Germanische Nationalmuseum als
Gemeingut des deutschen Volkes zu gründen. In den Sammlungen des Museums werden rund 1,2 Millionen Objekte zur Kunst-
und Kulturgeschichte des deutschen Sprachraums von 30000 v.Chr. bis zur Gegenwart
aufbewahrt. Die Themen sind Vor- und Frühgeschichte, Gemälde, Skulpturen, Kunsthandwerk, Möbel, Textilien, Spielzeug und
Puppenhäuser, historische Musikinstrumente, wissenschaftliche Instrumente, Waffen und Jagdgeräte, Apotheken- und pharmazeutische Geräte, Zeugnisse des Handwerks
und der Zünfte, Volkskunde mit Trachtensammlung und Bauernstuben und manches
mehr – das kennenzulernen der Führung bedarf. Solche Führungen zum Kennenlernen

finden Dienstag bis Samstag um 10 und 15 Uhr und am Sonntag um 15 Uhr statt. Daneben gibt es Themenführungen. Laufend werden Sonderveranstaltungen durchgeführt.

Nach dem Besuch des Museums schließt sich der Kreis. Über die Grassergasse erreichen wir das Sterntor und ostwärts den *Bahnhofsplatz* bzw. in westlicher Richtung über den Frauentorgraben den *»Plärrer«*.

Manches in der Nürnberger Altstadt wäre noch einer Besichtigung wert: der Altstadthof mit der Museumsbrauerei und den Felsengängen, das Museum Industriekultur, das Tucher-Schlößchen, das Naturhistorische Museum, das Schulmuseum der Universität, die Kunsthalle, das Verkehrsmuseum, Schloß Neuenhof, das Spielzeugmuseum, das Albrecht-Dürer-Haus.

Nützliche Informationen

Ausgangsort und Zufahrt: Nürnberg ist über die Autobahn A 9 oder mit der Bundesbahn bestens zu erreichen.
Ausgangspunkt: Bahnhof oder Plärrer.
Gehzeiten: Hängen vom Aufenthalt bei den Sehenswürdigkeiten ab. Es ist ein ganzer Tag zu veranschlagen.
Unterkunft und Verpflegung: Zahlreiche Hotels und Restaurants sowie Imbißstände in dichter Folge.
Auskünfte: Congress- und Tourismus-Zentrale, Frauentorgraben 3, 8500 Nürnberg 80, Tel. 09 11/2 33 60.
Sehenswürdigkeiten: Mittelalterliche Befestigungsanlage, Kaiserburg, Handwerkerhof Alt Nürnberg, Albrecht-Dürer-Haus, Rathaus, Lochgefängnisse, Heilig-Geist-Spital, Mauthalle, Weinstadel, Henkersteg, Unschlitthaus, Germanisches Nationalmuseum, Verkehrsmuseum, Spielzeugmuseum, Stadtmuseum Fembo-Haus, Schulmuseum, Museum Natur und Mensch, Gewerbemuseum, Museum Industriekultur, Felsengänge und Museumsbrauerei, Kunsthalle und Norishalle, St.-Sebald-Kirche, St.-Lorenz-Kirche, Frauenkirche, Wehrkirche Kraftshof, Barockgärten, Tucherschlößchen, Schloß Neunhof, Copernicus-Planetarium, Tiergarten und anderes mehr.
Wanderkarte: Stadtplan von Nürnberg.

47 Zur Vogelinsel im Stausee

Naturschutzgebiet am Altmühlsee

Tourencharakter: Einfache Wanderung auf guten Wegen.
Beste Jahreszeit: Das ganze Jahr über, soweit es die Witterung zuläßt.
Reine Gehzeit: 1 ½ Stunden.

Vor 1200 Jahren hatte Kaiser Karl der Große bereits die Überleitung von Altmühl- und Donauwasser in das Regnitz-/Maingebiet geplant. Ein Stück dieses Karlsgrabens kann man heute noch bei Treuchtlingen besichtigen. Die Wasserbauer des 20. Jahrhunderts haben die Verbindung verwirklicht. Im neuen fränkischen Seeland wird per Knopfdruck das Wasser anstatt dem Schwarzen Meer der Nordsee zugeführt. Bestandteile des Projektes sind ein 5 Kilometer langer und 60 Meter breiter Zuleiter von Ornbau zum Altmühlsee, der insgesamt 450 Hektar Fläche bedeckt, und ein 9 Kilometer langer Überleiter, davon 2,7 Kilometer unterirdisch, sowie der Brombachsee mit 1270 Hektar Größe.

Der Westteil des **Altmühlsees** wurde als Naturschutzgebiet ausgewiesen. Eine 120 Hektar große Vogelinsel darin hat sich zu einem bedeutenden Lebensraum für viele Tiere und Pflanzen entwickelt. Im Frühjahr ist die Insel Rastplatz für viele Enten- und Taucherarten, deren Brutgebiete weiter nördlich liegen. Neben Vögeln gibt es Amphibien, wie Erdkröten, Laubfrösche und Kreuzkröten, und eine Vielzahl von Libellen- und Schmetterlingsarten. Auch viele Zugvögel nutzen im Herbst die Insel als Rastplatz. Betreut wird sie vom Landesbund für Vogelschutz, der regelmäßig naturkundliche Führungen durchführt.

Durch das Entstehen des Altmühlsees ist die Gemeinde Muhr am nördlichen Ufer Seeuferort geworden und nennt sich **Muhr am See.** Die Gemeinde, voller ehrwürdiger Bauten, hat ein besonderes Flair. In der Schloßstraße können wir das Le Suirésche Schloß, ein ehemaliges Wasserschloß, aus dem 12. und 15. Jahrhundert, umgebaut im 18. Jahrhundert, bewundern. Ein paar Häuser

entfernt finden wir die ehemalige Schloßbrauerei und das ehemalige Judenhaus. Auch im Judenhof gibt es ein Judenhaus und eine ehemalige Judenschule. In der Hauptstraße steht das Haus Julienberg, ehemaliger Witwensitz des Schlosses Altenmuhr. Am Eingang zum alten Ortskern, der einst mauerbewehrt war, ist noch ein Torhaus zu sehen. Der Fachwerkbau trägt die Jahreszahl 1757. Daneben finden wir das ehemalige Gemeindehaus.

Der Wegverlauf

Man kann die Wanderung beim *Schloß* am Nordwestrand des Ortes Muhr am See beginnen, auf eine der beiden Kirchen des Ortes zusteuern und, linkshaltend, nach Osten durch den Ortskern gehen, bis bei einer Wegkreuzung – sie ist zur *Vogelinsel* beschildert – unser Weg nach Süden verläuft und aus dem Ort hinaus auf das Ufer des *Altmühlsees* zuführt. Ein paar Schritte bewegen wir uns nach rechts, nach Westen, und wir sind am Zugang zur *Vogelinsel.* Teilweise holzbeplankte Wege mit Treppchen, Aussichtsbuchten und einer Aussichtswarte, mit Abzweigen zu Tümpeln und Sumpfinseln kennzeichnen dieses für Naturfreunde geradezu unerschöpfliche Naturparadies, in das der Vogelschutzbund, der am Eingang der Insel eine Hütte hat, Führungen veranstaltet. Die Insel ist mit einer Holzbrücke verbunden. Holz ist bei den Anlagen der Vogelinsel das bevorzugte Baumaterial. Von hier bietet sich ein großartiger Ausblick in die naturnahe Landschaft des Stausees, ein Beweis, daß man solche Kunstseen durchaus geschickt in die Landschaft einpassen kann. Die Sonne, die Wolken und der Wind zaubern hier Stimmungen, die vor allem Fotografen begeistern werden.

Der »Schöne Brunnen« in Nürnberg, 1385 von Meister Heinrich, dem »Parler«, erbaut. 19,5 Meter ist die mit farbigen Figuren verzierte Brunnensäule hoch. Besonders auffallend sind die vier Evangelisten und ganz oben Moses und die sieben Propheten. Dahinter die Frauenkirche. (Zu Tour 46)

Nach dem Besuch der Vogelinsel – wir müssen über die Holzbrücke zurück – wandern wir links, westwärts, am Seeufer entlang. Eine Brücke bringt uns über einen *Zuleiter,* der von Nesselbach und Heglauer Mühlbach gebildet wird, aber auch von einigen anderen Bächen in diesem von Wasserläufen zerfurchten Gebiet. Nun folgen wir südwärts dem Ufer und schwenken beim *Altmühlzuleiter* nach Westen; dieser Zuleiter ist nicht identisch mit dem ursprünglichen Verlauf der Altmühl. Bei einer Straßenbrücke überqueren wir den Wasserarm und erreichen nach wenigen Metern den kleinen Ort *Streudorf,* wo wir uns ein wenig umsehen und im Gasthof Frankenhof einkehren können. Interessant vor allen Dingen ist das Gemeinde- und Spritzenhaus mit dem neugotischen Glockenturm. Es wurde 1876 gebaut.

Wir gehen auf der Fahrstraße zurück, erst über den *Altmühlzuleiter,* dann über die Brücken von *Stecklegraben, Kaltenbachgraben* und *Flüßlein,* schließlich über den *zweiten Zuleiter.* Wir kommen nach *Muhr,* wo wir am westlichen Ortsbeginn den ursprünglichen Lauf der Altmühl queren. Nach ein paar Schritten sind wir zurück bei Kirche und Schloß.

Nützliche Informationen

Ausgangsort und Zufahrt: Muhr am See liegt wenige Kilometer nordwestlich von Gunzenhausen und hat einen eigenen Bahnhof. Auch die Bundesstraße 13 führt hindurch. Zum nächsten Anschluß der Bundesautobahn sind es 16 km.
Ausgangspunkt: Parkplätze gibt es südlich des Ortes am »Seezentrum Muhr am See«.
Gehzeit: 1½ Std. bei einer Entfernung von 6 km.
Unterkunft und Verpflegung: Pension zum Schwan; Pension Goldener Adler; Jägerluck; Zur Eisenbahn.
Einkehr unterwegs: Gasthof Frankenhof in Streudorf.
Auskünfte: Gemeindeverwaltung Muhr am See, 8823 Muhr am See, Tel. 09831/2209; Kreisverkehrsamt, Hafnermarkt 13, 8820 Gunzenhausen, Tel. 09831/4191.
Sehenswürdigkeiten: Vogelinsel: regelmäßi-

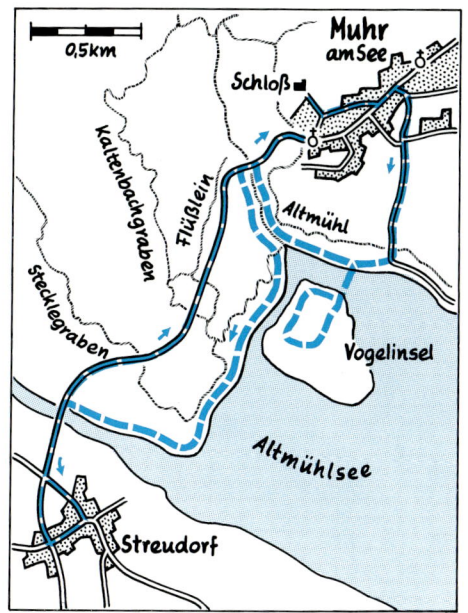

48 Im Banne von Weißenburg und Wülzburg

Historischer Spaziergang aus der Römer-zeit in das 16. Jahrhundert

Tourencharakter: Der Weg zur Wülzburg verläuft zum Teil auf befestigten Straßen. Die übrigen Wege sind ebenfalls gut. **Beste Jahreszeit:** Das ganze Jahr über, so-weit es die Witterung zuläßt. **Reine Gehzeit:** 2 Stunden.

Die ehemals freie Reichsstadt **Weißenburg** im östlichen Teil des mittelfränkischen Land-kreises Weißenburg-Gunzenhausen ist für sich schon ein Erlebnis: Siedlungsplatz schon zur Keltenzeit, bedeutendes Römerkastell zur Zeit der Eroberer aus dem Süden und ge-schichtsträchtig weiterhin vom Mittelalter bis zur Neuzeit. Im ersten Jahrhundert n. Chr. legten die Römer hier das Kastell Biriciana an, das unter Kaiser Hadrian in den Limes einbezogen wurde und dessen große Bäder-anlage heute noch Staunen erweckt. Die Ausgrabungen am Platz der Garnison, einer bevorzugten Reitertruppe Roms, können samt der großen Therme am Westrand der Stadt, jenseits des Bahnhofs, besichtigt wer-den. Wer sich in die römische Geschichte vertiefen will, findet nahe der Andreas-Kir-che das Römermuseum.

Nach dem Rückzug der Römer, ein paar Jahrhunderte später, war Weißenburg karo-lingischer Königshof. Freie Reichsstadt wur-de der Ort 1534. Aber der feste Mauerring entstand bereits im 14. Jahrhundert. Das El-linger Tor, das mit seinen Mauern und Türm-chen und dem großen Wappen fast wie eine kleine Burg wirkt, empfängt den Besucher, der dahinter eines der am vollständigsten er-haltenen Reichsstadtbilder in Franken ent-deckt. Meist aus dem 17. und 18. Jahrhun-dert stammen die Bürgerhäuser rund um den Marktplatz und entlang dem langgezogenen Holzmarkt. Im Schnittpunkt steht das stolze Rathaus aus dem 15. Jahrhundert.

Die **Wülzburg** überragt das Stadtgebiet. Die fünfeckige Festungsanlage mit Bastionen wurde auf 630 Meter Höhe in den Jahren

ge Führungen donnerstags 16 Uhr sowie samstags und sonntags 9 und 16 Uhr. Treff-punkt am Parkplatz beim Informationshaus des Landesbundes für Vogelschutz in der Nä-he der Vogelinsel. Informationen: Landes-bund für Vogelschutz in Bayern e. V., Kir-chenstraße 8, 8543 Hilpoltstein, Tel. 09174/ 9085, oder LBV-Geschäftsstelle, 8823 Muhr am See, Tel. 09831/4820; Muhr am See: ehemaliger Brauereigasthof in der Ansbacher Straße; Julienberg, Witwensitz des Schlosses Altenmuhr, in der Hauptstraße; ehemaliges Wasserschloß in der Schloßstraße und die ehemalige Schloßbrauerei; die Bierkelleran-lagen am Wehlenberger Weg; das Torhaus in der Rosenau; der Judenhof mit Judenschule und Judenhaus.
Wanderkarten: Topographische Karte 1:25000 des Landesvermessungsamtes, Blatt 6830; Wanderkarte 1:50000 »Neues Fränki-sches Seenland, Naturpark Altmühltal, west-licher Teil«.

Im neuen fränkischen Seengebiet bei Gunzen-hausen gehört die Vogelinsel im Altmühlsee mit Lehrpfad und Aussichtsturm zu den Besucher-attraktionen.

nach 1588 erbaut. Markgraf Georg Friedrich von Ansbach war der Auftraggeber. Das Schloß, im Innern mit Arkadenwänden, ist Ende des 16. Jahrhunderts entstanden. Die Burg beherbergt mit 166 Meter Tiefe die tiefste Zisterne Deutschlands. Das ehemalige Pfarrhaus inmitten der Burg ist heute Wirtshaus. Es wird vom Missionsdienst Christi e. V. betrieben. Die Burggebäude werden als Seminar genutzt, und zwar für christlich-soziale Frauenberufe. Führungen durch das Schloß geben Einblick in diesen imposanten Bau, in dem Charles de Gaulle, der spätere französische Ministerpräsident, 1918 als Captain der französischen Armee gefangengehalten wurde.

Der Wegverlauf

Von der *Römertherme,* deren ausgegrabene Reste unter Dach sind und die zuerst ausführlich besichtigt werden sollte, wandern wir stadtwärts durch das ehemalige Römerlager. Das *Römerkastell Biriciana,* dessen Gründung 89/90 n. Chr. erfolgte, war einer der wichtigsten Stützpunkte der Römer in der Nähe des rätischen Limes. Die Ausgrabungen der letzten hundert Jahre, insbesondere die Funde seit 1977, haben gezeigt, daß das Militärkastell von einer Zivilsiedlung mit ca. 4000 Bewohnern umgeben war. Namhafte Fachleute haben das Nordtor dieses Kastells rekonstruiert.

Wenn wir das Römerlager durchschritten haben, geht es weiter zur *Bahnlinie,* wo wir uns links halten. Durch die Unterführung steuern wir auf der Lehenwiesenstraße den *Martin-Luther-Platz* an. Hier wurde nach Abriß einer zu klein gewordenen Kapelle bereits 1327 ein größerer Bau, die *St. Andreas-Kirche,* errichtet. 1465 wurde der 1440 begonnene große spätgotische Hallenchor geweiht. Am Platz stehen auch die 1580 erbaute Lateinschule und das *Römermuseum.* Hier

Der Mauerring um Weißenburg mit gedeckten Wehrgängen, drei Toren und vierzig Türmen war im 15. Jahrhundert vollendet. Ein großer Teil davon blieb erhalten und prägt heute das Stadtbild.

Die römische Bronzestatue des Herkules gehört zum großen Schatzfund von Weißenburg, der 1979 zur Entdeckung zahlreicher Gegenstände und Kultfiguren aus dem 2. bis 3. Jahrhundert n. Chr. führte.

kann man den 1979 gefundenen Römerschatz besichtigen.

Wir spazieren in der Rosenstraße weiter. Der Name »Am Hof«, vermutlich der älteste Teil dieser Stadt, soll auf den fränkischen Königshof verweisen, dessen Anfänge bis ins 7. und 8. Jahrhundert zurückreichen. Den Marktplatz lassen wir rechts liegen. Bemerkenswert das gotische *Rathaus* und der sogenannte *Schweppermannsbrunnen* nach dem sagenhaften Feldhauptmann Seyfried Schweppermann, bereits 1685 errichtet. Wir bewegen uns jetzt auf der *Luitpoldstraße* und erreichen den ehemaligen *Holzmarkt,* wo früher das Holz für die Handwerker gelagert wurde. Hier steht die *Karmeliterkirche,* eine Bettelordenkirche, die später evangelische Kirche wurde und heute als Kulturzentrum genutzt wird. Nun biegen wir rechts in die

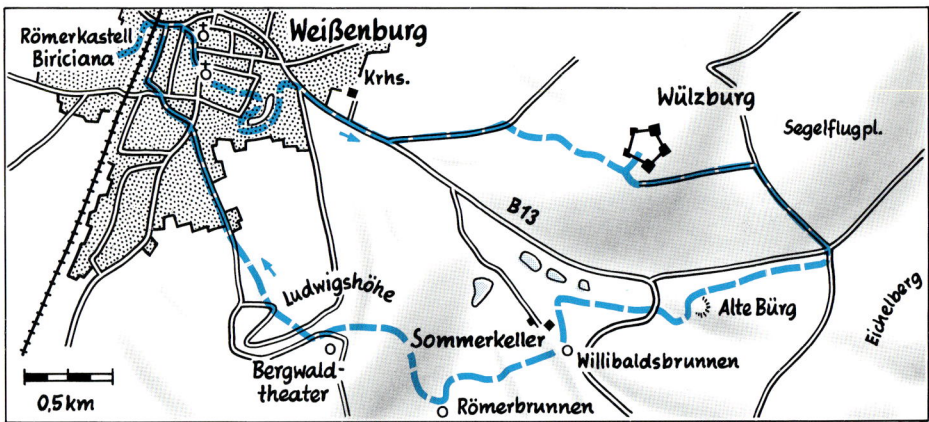

Judengasse ab, dann gleich links in die *Wild-badstraße.* Wir kommen zur Stadtmauer, halten uns rechts, schwenken vom Mauerring weg und spazieren links am *Seeweiher* entlang, dem wohl malerischsten Teil der Stadtmauer.

Am Ende des Weihers, bei einem steinernen Denkmal, gehen wir rechts durch den Park zur *Eichstätter Straße* und auf dieser rechts in die *Vorstadt.* Hier wurde im *Haus Nr. 15* Hans Hofmann am 21. März 1886 geboren. Er war Wegbereiter der abstrakten Malerei in den USA, wo er auch am 18. Februar 1966 in New York verstarb.

Wo unser Fußweg von der Straße wegzieht, und zwar nach der Krankenhauszufahrt, wandern wir links auf dem *Wülzburger Weg.* Eine Allee führt uns stetig bergauf bis zum *Wasserhaus.* Hier lohnt sich ein Rückblick ins weite Rezattal und auf Weißenburg. Von diesem Punkt schwingt sich der Burgweg vom Teersträßchen weg. Bei einem Privatgrundstück bewegen wir uns geradeaus an der Baumreihe entlang auf den Waldrand zu. Treppauf geht es nun durch einen Waldstreifen und unter der Kuppe am Rand des Waldes bis zur Burgzufahrt.

Zum Willibaldsbrunnen: In der Wülzburg hat man viel Gelegenheit zum Rasten und Schauen. Es gibt durch Schloß und Burg Führungen. Danach wandern wir zum Burgtor hinaus und links den Burgberg hinunter, vorbei an einem kleinen *Friedhof,* bis wir weiter unten das Gebiet des *Segelflugplatzes* errei-

chen. Jetzt steuern wir rechts auf den Wald zu. Hier beginnt ein Geländeeinschnitt, der sich zu einer *Schlucht* auswächst.

An der *Straßenkreuzung am Eichelberg* gibt es einen *Wanderparkplatz.* Wir überqueren die *Thalmässinger Straße* und biegen *vor dem Parkplatz* rechts in einen *Waldweg.* Das ist auch der *Main-Donau-Weg.* Er führt über einen Pfad in das Gelände der *Alten Bürg* am Rand eines Steilhanges.

Wir halten uns bei unserem Weiterweg nach links, nicht ohne die Aussicht auf das Rezattal und auf Weißenburg genossen zu haben. Nun steigen wir auf *Weg Nr. 2* in Serpentinen steil in eine Schlucht hinunter. Dann wandern wir halbrechts bis vor das *Gasthaus Sigwart.* Wir kommen zur *Bundesstraße 13* hinaus, überqueren sie und bewegen uns innerhalb des Waldes am Rand entlang. Schließlich folgen wir Weg Nr. 2 in eine Talmulde, wo wir über Stufen auf den *Willibaldsbrunnen* beim sogenannten *Sommerkeller* treffen. Stufen führen uns wieder aufwärts über eine Kreuzung und, am monumentalen Kriegerdenkmal der Stadt vorbei, über zwei Buckel zum *Römerbrunnen.* Er ist zwar schlicht gefaßt, aber ringsum wurde eine großartige Anlage eingerichtet mit Pavillon, Grillplätzen, Bänken und Tischen.

Auf einem wunderschönen Mischwaldweg, der in eine Allee am Hang mündet, spazieren wir weiter. Vor den Häusern *Weißenburgs* halten wir uns links hinauf, erneut zum Waldrand hin, wo uns noch einmal ein großartiges Panorama beschert wird. Bald ist die *Ludwigshöhe* mit dem Gasthaus erreicht. Stufen leiten uns links zum *Bergwaldtheater,* einer berühmten Freilichtbühne (Aufführungen Juli/August). Auf Stufen steigen wir wieder hinunter. Vom Gasthaus verläuft ein Fußweg steil bergab direkt auf die Stadt zu, wo wir links zur Bahnlinie und zum Ausgangspunkt zurückkommen.

Nützliche Informationen

Ausgangsort und Zufahrt: Weißenburg liegt an der Kreuzung der Bundesstraßen 2 und 13 Augsburg–Weißenburg–Nürnberg und München–Weißenburg–Würzburg. Es ist Eilzugstation an der Bundesbahnstrecke München–Augsburg–Nürnberg. Es gibt Anschlüsse an die Bundesautobahnen A 3 Nürnberg–Frankfurt und A 9 Nürnberg–München.
Ausgangspunkt: Parkmöglichkeiten bieten sich kostenlos im Parkhaus am Wallgraben und im Schulzentrum.
Gehzeiten: Stadtrundgang 1 1/2 Std.; Wülzburg–Willibaldsbrunnen 2 Std.
Unterkunft und Verpflegung: In den örtlichen Hotels und Gaststätten. Ein Unterkunftsverzeichnis ist im Verkehrsamt im Römermuseum erhältlich. Jugendherberge Weißenburg; Campingplatz am alten Badeweiher.
Einkehr unterwegs: Burggaststätte Wülzburg; Schneiderskeller; Arraunerskeller; an den Sommerkellern; Sigwartskeller.
Auskünfte: Städtisches Verkehrsamt im Römermuseum; Martin-Luther-Platz 3, 8832 Weißenburg, Tel. 0 94 41/90 71 24.
Sehenswürdigkeiten im Gemeindebereich: St. Andreasturm (Schlüssel im Verkehrsamt); Apothekenmuseum; Römische Thermen; Römermuseum; Kaadener Heimatstuben; Festung Wülzburg, im Festungsgraben Burggaststätte; Kastell Biriciana mit rekonstruiertem Nordtor.
Sehenswürdigkeiten der Umgebung: Deutschordensschloß Ellingen; Limeskastell Sablonetum.
Wanderkarten: Topographische Karte 1:25000 des Landesvermessungsamtes, Blatt 6931/6932; Wanderkarte »Wandern um Weißenburg«, 1:50000; Waldführer mit Wanderkarte »Wandern um Weißenburg«.

49 Ausflug in die Geschichte

Von Thalmässing zu den Spuren der Vorzeit

Tourencharakter: Der Archäologische Wanderweg Thalmässing ist gut angelegt und instand gehalten.
Beste Jahreszeit: Von Frühjahr bis Spätherbst bei guter Witterung.
Reine Gehzeit: 3 1/2 bis 4 1/2 Stunden.

Am Rand der Jurahöhen und im Naturpark Altmühltal wurde von **Thalmässing** aus ein **archäologischer Wanderweg** mit zehn Stationen angelegt, eine für Bayern einmalige Anlage. Aus der Fülle der Siedlungsspuren, Wohnplätze, Kultstätten, Friedhöfe und Befestigungsanlagen aus vorgeschichtlicher Zeit wurden vom Vor- und frühgeschichtlichen Museum in Thalmässing zehn Bodendenkmäler erschlossen und auf Schautafeln erläutert. Die ältesten Funde gehen in die mittlere Steinzeit zurück; das ist die Epoche zwischen 8000 und 5000 v. Chr. Damals haben Jäger und Sammler die Gegend durchstreift, deren Geräte man an verschiedenen Orten gefunden hat. Aus der Jungsteinzeit, zwischen 5000 und 2000 v. Chr., sind Steinbeile, Feuersteingeräte und Tongefäße als Zeugnisse der ersten seßhaften Bauern ausgegraben worden. Bei Landersdorf wurde sogar ein Hockergrab geborgen.

Vorwiegend in Grabhügeln zeigen sich die Funde aus der Bronzezeit, der Zeit zwischen 2000 und 1200 v. Chr. Seltener werden die Funde aus der Urnenfelderzeit, 1200 bis 750 v. Chr. Aber östlich von Landersdorf hat man ein Grabhügelfeld der Hallstattzeit (750 bis 450 v. Chr.) freigelegt und erforscht. Auf der Göllersreuther Platte gab es eine Höhensiedlung. Kultplätze der Kelten aus der La-Tène-Zeit (450 bis 50 v. Chr.) wurden in Form von Viereckschanzen unter anderem westlich von Thalmässing gefunden. Zu einer Grenzsiedlung der Bajuwaren, die das Gebiet im 6. bis 8. Jahrhundert n. Chr. von Südosten her besiedelt haben, gehört das frühmittelalterliche Reihengräberfeld.

Im Vor- und frühgeschichtlichen Museum am Marktplatz von Thalmässing sind die Funde gesammelt und geordnet. So zeigt der Nachbau einer hallstattzeitlichen Grabkammer die Bestattung einer keltischen Frau, die vor 2500 Jahren hier gelebt haben mag.

Der Ort **Thalmässing** selber ist erst im Jahre 900 in einer Urkunde nachweisbar. Das Marktrecht wurde am 3. Mai 1700 verliehen. Aber aufgrund von Archivunterlagen wurde rekonstruiert, daß schon Jahrhunderte vorher in Thalmässing Märkte abgehalten wurden. Thalmässing ist übrigens Endstation der *Gredlbahn*. Sie schlängelt sich in vielen Kurven vom Rother Sand die Thalach entlang bis zum Juraanstieg und überwindet auf einer Länge von 27,4 Kilometern einen Höhenunterschied von 127,7 Metern.

Zwischen Eysölden und Alfershausen überquert sie die europäische Wasserscheide und erreicht mit 461,5 Metern hier ihren höchsten Streckenpunkt. 1988 hatte die Dampfbahn ihr hundertjähriges Jubiläum.

Der Wegverlauf

Vom *Vor- und frühgeschichtlichen Museum* am Marktplatz wandern wir in westlicher Richtung zur Hauptstraße am *Gasthof Alte Post* vorbei. Bei der Straßenkreuzung biegen wir links, südwärts, in die *Merleinsgasse ein.* Beim *Wasserbehälter* steuern wir südöstlich auf den Wald zu, den wir in gleicher Richtung steil ansteigend durchqueren. In etwa 450 Meter Höhe geht es im spitzen Winkel rechts weg, nun westwärts. Wir verlassen den Wald und kommen in leichtem Bogen zu einer vorgeschichtlichen Abschnittsbefestigung. Dieser nordöstliche Abschnitt des einstigen Waizenhofer Siedlungsplatzes war in vorgeschichtlicher Zeit durch einen Wall vom Hinterland abgetrennt. Er war wohl 400 Meter lang und etwa 350 Meter breit und entstand vermutlich im Zusammenhang mit dem bronze- und hallstattzeitlichen Grabhügelfeld im Südteil der Siedlung.

Unser Weg schwenkt nach Süden. Wir erreichen ein Grabhügelfeld der Bronze- und Hallstattzeit. Es ist das größte in Mittelfranken. Mehr als 35 Grabhügel mit bis zu 15 Meter Durchmesser sind zum Teil noch sichtbar. Einer der Hügel wurde erforscht. Er stammt aus dem 15. Jahrhundert v. Chr. und war das Grab einer etwa dreißigjährigen Frau. Man fand Reste von Bekleidung und Tongefäße für Speise- und Trankbeigaben. In der Hallstattzeit hat man solche Grabhügel für weitere Bestattungen geöffnet.

Unser Weg setzt sich südwärts fort und wir gelangen nach *Waizenhofen.* Gleich am Ortsanfang biegen wir südöstlich und bei der Kapelle nordöstlich ab, am Waldrand entlang. In östlicher Richtung tauchen wir in den Forst ein, wo wir auf eine vorgeschichtliche Siedlung und eine Abschnittsbefestigung treffen. Der langgezogene Bergsporn des hinteren Berges wird durch drei Wälle von der Hochfläche abgetrennt. Der mittlere Wall ist von einem Tor durchbrochen. Die Befestigungsfläche hat eine Ausdehnung von etwa 190 Meter Länge und 120 Meter Breite. Bei Ausgrabungen fand man Reste einer Kalksteintrockenmauer, offenbar die Verblendung einer Holz-/Erdekonstruktion.

Wir schwenken wieder aus dem Wald hinaus, wandern südwärts bis zum Waldvorsprung und halten uns weiter am Waldrand nach Osten. Hier wurde Bohnerz abgebaut. Dieses knollenförmige Eisenerzgestein befindet sich dicht unter der Erdoberfläche. Den Abbau hat man bis ins 19. Jahrhundert betrieben. Aber schon die Kelten haben hier in Rennöfen Eisen geschmolzen, wie Schlakenfunde an mehreren Plätzen belegen. Diese Rennöfen waren schornsteinförmige Bauwerke aus Lehm, die abwechselnd mit Holzkohle und Eisenerz beschickt wurden. Mit Hilfe von Blasebälgen hat man dann die erforderliche Hitze von weit über tausend Grad erzeugt.

Wir kommen nach *Landersdorf,* gehen an der evangelischen Kirche vorbei und ostwärts aus dem Ort. Hier finden wir ein *Grabhügelfeld der Hallstattzeit,* also aus der Periode um 500 v. Chr. Freigelegt wurden in 35 Grabhügeln 95 Einzelbestattungen. Ein von einem Steinkreis umgebener Hügel enthielt eine Grabkammer aus Holz, die mit Kalksteinen abgedeckt war. In der Hallstattzeit war Körper-, aber auch Brandbestattung üblich. Tongefäße wurden den Toten mitgegeben, Schmuckringe, Fibeln und Messer bei Frau-

Grabhügel aus der Hallstattzeit (um 500 v. Chr.) am »archäologischen Wanderweg«, der in Thalmässing beginnt. Der von einem Steinkreis umgebene Grabhügel enthielt eine Grabkammer aus Holz, die mit Kalksteinen gedeckt war.

en, Waffen und Pferdezaumzeug bei Männern. Nachbestattungen erfolgten in der frühen La-Tène-Zeit (450 bis 350 v. Chr.). Die zum Gräberfeld gehörige Siedlung befand sich nördlich auf der Göllersreuther Platte.

Bei unserem Weiterweg wenden wir uns, zwischen zwei Waldstücken hindurch, erst nach Osten, dann nach Norden und besteigen die 531,4 Meter hohe Reuther Platte, die ein Siedlungsplatz der späten Hallstatt- und der frühen La-Tène-Zeit war. Reste eines Ringwalls sind erhalten. Das keltische Dorf bestand vom 6. bis ins 4. Jahrhundert v. Chr., und mindestens 30 Menschen haben hier gleichzeitig in Blockhütten gelebt.

Wir wandern von der Platte hinunter nach *Göllersreuth*, halten uns im Ort nach Westen und erreichen den *Schreinergraben*. Hier gehen wir rechter Hand entlang und gelangen direkt an die Straße, die von Thalmässing nach Hagenich führt. Wir halten uns nun links und kommen in die Ortschaft *Hagenich*. Der Weiterweg bringt uns zum Westrand des Ortes und zu einem mittelalterlichen *Turmhügel*. Er war vermutlich von einem Wassergraben umgeben und trug eine Turmburg aus Holz oder Stein. Dieser Turm

diente wohl zur Kontrolle und Sicherung der Straße von Thalmässing nach Greding und eines abzweigenden Weges nach Weißenburg. Die Anlage stammt vermutlich aus dem 10. bzw. 13. Jahrhundert. Westwärts verlassen wir den Ort, steuern auf den Wald zu und steigen hier zum *Burgstall* hinauf, wo sich eine großartige Aussicht ins Umland bietet. Es finden sich Grabhügel, die am Ende der Hallstattzeit errichtet wurden.

Unsere Hauptrichtung ist nun Norden. Wir kommen den Hang der Leite hinunter und aus dem Wald. Vor der Fahrstraße wenden wir uns nach links, nach Westen, und stoßen auf die *Becklinde*. Hier fand man beim Bau der Eisenbahnlinie Roth–Greding im Jahre 1887 ein bajuwarisches Reihengräberfeld aus dem 6. und 7. Jahrhundert n. Chr. Es wurden insgesamt 111 Bestattungen freigelegt. Die Männer waren mit Waffen begraben, also Schild, Schwert, Pfeil und Bogen. Die Frauen hatten Schmuck und Trachtzubehör dabei. Die zum Friedhof gehörende Siedlung lag vermutlich im Ortsbereich von Thalmässing. Wir sind auch bereits in *Thalmässing* angelangt und laufen nordwärts über die Lindenstraße zurück zum *Marktplatz*.

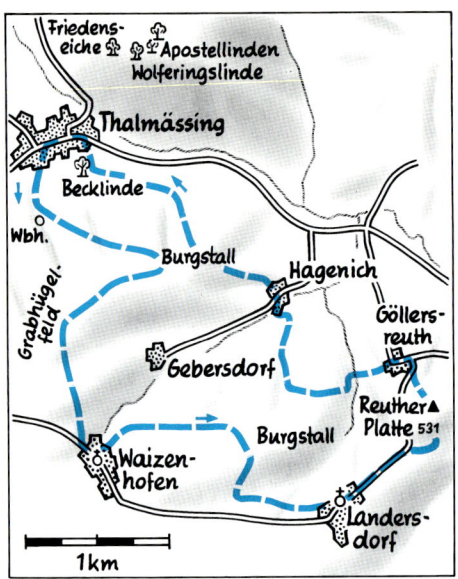

mässing; Vor- und frühgeschichtliches Museum in Thalmässing; Archäologischer Wanderweg mit zehn Stationen auf 16 km; Dampfzugsonderfahrten von Nürnberg und Roth aus nach Thalmässing; Wolferingslinde, Apostellinden und Friedenseiche auf dem Burgstall Landeck; St.-Lorenz-Kirche in Schwimbach mit Flügelaltar aus der Schule Wolgemuts; Heilig-Geist-Saal in Schwimbach (Gasthaus Rusam), ein mittelalterlicher Giebelbau, der Sitzungen der Dorfherrschaft diente; Keltenschanze bei Ohlangen; Burgruine in Stauf; Schloß Eysölden. Thalmässing hat vier traditionelle Jahrmärkte: Ostermarkt, Pfingstmarkt, Michaelimarkt und Martinimarkt.

Wanderkarten: Topographische Karte 1:25000 des Landesvermessungsamtes, Blatt 6933 sowie eigene Wanderkarte »Archäologischer Wanderweg Thalmässing«.

Nützliche Informationen

Ausgangsort und Zufahrt: Thalmässing, zu dem 38 Ortsteile gehören und das 5400 Einwohner hat, liegt im Tal des Fränkischen Jura, im Naturpark Altmühltal, etwa 50 km südlich von Nürnberg. Der Ort ist erreichbar mit dem Bahnbus oder über die Autobahn Berlin–München, Anschlußstelle Greding oder Hilpoltstein.

Ausgangspunkt: Parkplätze befinden sich am südlichen Ortsausgang an der Merleinsgasse und am Marktplatz.

Gehzeiten: 3¹/₂ bis 4¹/₂ Std., je nach Laufgeschwindigkeit; ca. 1¹/₂ bis 2 Std. bis Waizenhofen, 1 Std. bis Landersdorf, ¹/₂ bis ³/₄ Std. bis Göllersreuth, 1¹/₂ Std. zurück excl. Zeit für Besichtigungen.

Unterkunft und Verpflegung: Verschiedene Gasthöfe in Thalmässing und Landgasthöfe. Jugendtagungshaus in Thalmässing (Auskunft über Kreisjugendring Roth, Tel. 09171/1234); Zeltlagerplatz in Reinwarzhofen.

Einkehr unterwegs: Gasthaus Weglehner, Landersdorf.

Auskünfte: Markt Thalmässing, Stettener Straße 26, 8546 Thalmässing, Tel. 09173/90913; Landratsamt Roth, Weinbergweg 1, 8542 Roth, Tel. 09171/81329.

Sehenswürdigkeiten: Judenfriedhof in Thal-

50 Rund um die Bischofsstadt Eichstätt

Beiderseits der Altmühl

Tourencharakter: Lang und anstrengend, zum Teil mit starken Steigungen, für den geübten Wanderer problemlos.
Beste Jahreszeit: Das ganze Jahr über.
Reine Gehzeit: 5 Stunden.

An der Rückseite des Willibaldaltars im Dom von **Eichstätt** hat Loyhering das Wirken des ersten Bischofs von Eichstätt, des heiligen Willibald, der von 740 bis 787 hier tätig war, dargestellt. 908 bekam Eichstätt bereits Münz-, Zoll- und Marktrechte durch den ostfränkischen König Ludwig das Kind. Ein Eichstätter Bischof hat 1055 den Papstthron in Rom bestiegen. Es war Gebhard I., der als Papst unter dem Namen Victor II. wirkte. 1042 ist Eichstätt erstmals als Stadt erwähnt. Im Dreißigjährigen Krieg wurde das Gemeinwesen fast völlig zerstört. Unter den Fürstbischöfen erlebte danach die Stadt einen glanzvollen Wiederaufbau. Zu den prägenden Baumeistern gehörten Gabriel de Gabrieli aus Graubünden und Maurizio Pedetti.

Zu den besonderen Sehenswürdigkeiten gehören der Dom mit seiner reichen Innenausstattung, das benachbarte Diözesanmuseum, die Kapuzinerkirche mit einer Nachbildung des Heiligen Grabes aus dem 12. Jahrhundert, die Abtei St. Walburg, die Schutzengelkirche am Leonrodplatz, die frühere Kirche Notre Dame und vor allen Dingen die ehemalige Fürstbischöfliche Residenz, die Willibaldsburg, die heute das Juramuseum sowie das Ur- und frühgeschichtliche Museum beherbergt.

1802 wurde das Fürstbistum säkularisiert und dem Königreich Bayern zugesprochen. Von 1817 bis 1824 hat der Stiefsohn Napoleons, Eugène Beauharnais, als Herzog von Leuchtenberg und Fürst von Eichstätt in der Domstadt residiert.

Eichstätt ist Universitätsstadt und trotz mancher Modernisierung und des starken Zustroms von Studenten ein ländliches barockes Kleinod mit heiterem Flair inmitten des größten deutschen Naturparks, des Naturparks Altmühltal.

Der Wegverlauf

Vom *Marktplatz* gehen wir in die *Pedettistraße,* es sei denn, wir haben in der Tiefgarage der Pedettistraße geparkt, und halten uns rechts, ostwärts, zur *Luitpoldstraße,* nun nordöstlich zu der Kreuzung *Am Zwinger/Buchtal* und hier im Buchtal gegenüber dem Gasthaus »Weißes Roß« zum Aufgang »Neuer Weg«. Er ist beschildert.

Zunächst wandern wir leicht bergauf bis zum *letzten Haus,* wo wir links abbiegen. In Serpentinen steigen wir den Berg oberhalb der Stadmauer hinauf. Die erste Aussicht auf die Domtürme und die Stadt bis zur Frauenbergkapelle wird frei. Ein Stück bewegen wir uns eben weiter. Dann beginnen wieder Serpentinen. Wir überqueren den *Ulrichsteig.* Das schwarze Kreuz, an dem wir vorbeikommen, erinnert an die Pestzeit. Wir haben einen großartigen Ausblick auf die gegenüberliegende Willibaldsburg und die Westvorstadt mit Marienstein und Blumenberg. In Richtung *Wintershof* geht es weiter. Am Orts-

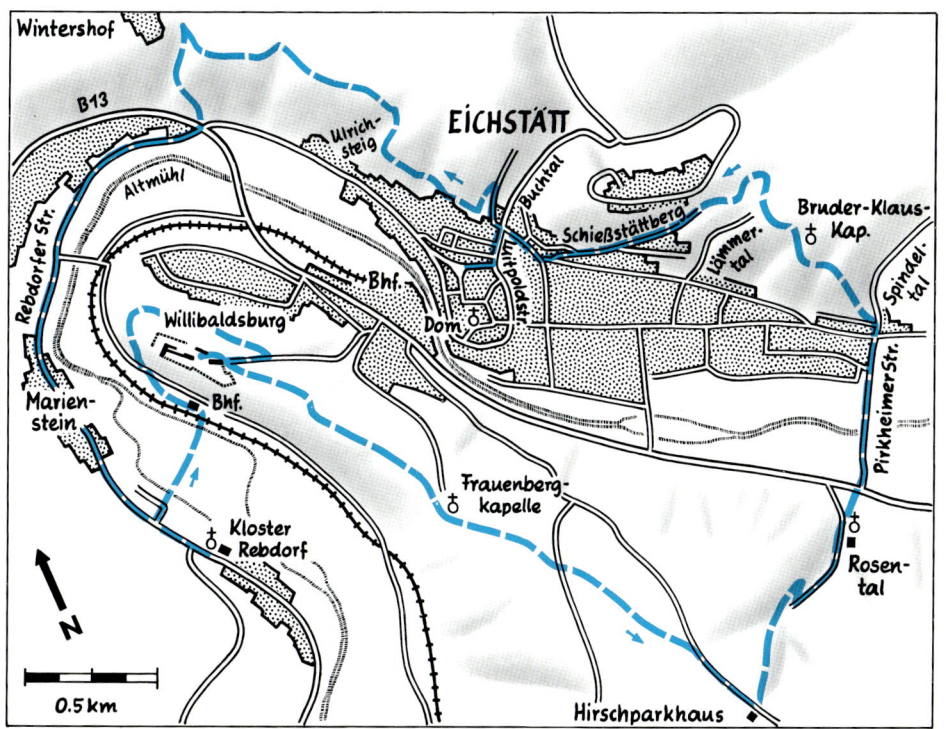

beginn überqueren wir die Wolfsdrosselstra-
ße und erreichen, leicht ansteigend bis oberhalb der ehemaligen Thingstätte, den höchsten Punkt. Hier steht das Hohe Kreuz zur
Erinnerung an die Cholerazeit aus dem Jahre
1854.

Über Stufen steigen wir hinunter zur *Bundesstraße 13,* überqueren sie und kommen
durch das Tiefe Tal zur *Rebdorfer Straße.*
Durch die Vororte *Marienstein* und *Rebdorf*
gelangen wir zum ehemaligen *Augustinerchorherrenstift Rebdorf.* Der Innenhof des
Klosters gehört zu den schönsten Arkadenhö-
fen Bayerns. Das Chorherrenstift wurde 1156
gegründet.

Auf unserem Weiterweg biegen wir nach
links in den *Weiherweg* und gehen über
die *Brücke,* in Fortsetzung auf dem *Hofmühl-
weg* über die Altmühl zur *Eisenbahnhalte-
stelle Rebdorf-Hofmühl* und zur *Brauerei
Hofmühle,* die 1492 durch den Bischof von
Reichenau gegründet wurde. Durch den Hof
der Brauerei stoßen wir auf die *Wasser-
zeller Straße* und bewegen uns, die Hofmühl-

straße überquerend, auf dem *Mondschein-
weg* weiter.

Am Ende dieser schönen Kastanienallee
führt ein Treppenaufgang zur *Willibaldsburg.*
Diese langgestrecke Befestigungsanlage auf
der Bergzunge wurde 1355 durch Fürstbischof Berthold gegründet. Die erste Anlage
entstand Ende des 14. Jahrhunderts. Es erfolgten im Laufe der Jahrhunderte Aus- und Um-
bauten. 1784 errichtete Maurizio Pedetti hier
ein Zuchthaus. Der mittlere Teil der Burg ist
der Schaumbergbau. Der Gemmingenbau,
der Westteil der Burg, ist eine Hochrenais-
sanceanlage nach Plänen des Augsburger
Baumeisters Elias Holl und nach 1609 entstanden. In der Burg befindet sich eine Burgschänke. Wir können auch das Juramuseum
und das Ur- und frühgeschichtliche Museum,
das täglich, außer Montag, geöffnet ist, besuchen.

Nach der Burgbesichtigung spazieren wir
auf der Hochfläche des *Frauenberges,* vorbei
am tausendjährigen Stein, der die Stadterhebung Eichstätts bezeugt, zur *Frauenbergka-*

*Zu den besonderen Sehenswürdigkeiten von Eichstätt gehört der Dom. Dem Ostchor wurde an der
Südseite im 15. Jahrhundert ein gotischer Kreuzgang angegliedert.*

Die fürstbischöfliche Residenz in Eichstätt wurde von Jakob Engel und Gabriel de Gabrieli von 1702 bis 1727 im barocken Stil umgestaltet.

pelle. Sie wurde 1720 durch den Hofbaumeister Gabriel de Gabrieli gebaut. Ein Kreuzweg nimmt uns auf. Wir wandern zum Tontaubenschießstand beim *Hirschparkhaus.* Durch das Auwäldchen kommen wir in ein Tal. Hier folgen wir zum Teil dem Waldlehrpfad bis zum *Salesianerkloster im Rosental.* Wir bewegen uns auf der *Pirckheimer Straße* weiter und durch das *Spindeltal.* Beim letzten Haus biegen wir links ab. Nun geht es auf einem Wiesenweg bergauf, der uns, an Hekken vorbei, zum *Adamsberg* führt. Auf der Hochfläche steht die *Bruder-Klaus-Kapelle,* die 1979 von Mitgliedern der katholischen Arbeitnehmerbewegung Eichstätt und von Studenten der Technischen Universität München zu Ehren des heiligen Bruder Klaus von der Flüe erbaut wurde.

Westwärts durchqueren wir das *Lämmertal* und kommen zum *Schießstättberg.* Von hier bietet sich nochmals ein großartiger Ausblick auf Eichstätt. Der *Schießstättbergstraße* folgen wir talwärts und kehren, durch die Straße *Am Graben* vorbei, zurück zum Ausgangspunkt.

Nützliche Informationen

Ausgangsort und Zufahrt: Eichstätt liegt an der Bundesstraße 13. Auf halber Strecke der Bahnverbindung Ingolstadt-Treuchtlingen zweigt vom Bahnhof Eichstätt ein Gleis in die Innenstadt ab, an dem zwei Haltepunkte vorgesehen sind. Über die Jurahochstraße kann man die Autobahn München–Nürnberg (A 9) bei dem Anschluß Altmühltal erreichen.

Ausgangspunkt: Ecke Buchtal/Am Graben. Parken: Tiefgarage Pedettistraße oder Parkplatz Waisenhaus in der Ostenstraße.

Gehzeit: 5 Std. (17 km).

Unterkunft und Verpflegung: Zahlreiche Hotels und Restaurants in Eichstätt und entlang des Wegs.

Auskünfte: Fremdenverkehrsbüro, Kardinal-Preysing-Platz 14, 8078 Eichstätt, Tel. 08421/7977.

Sehenswürdigkeiten: Dom mit Kreuzgang und Mortuarium, fürstbischöfliche Residenz mit Spiegelsaal, Abteikirche St. Walburg, Schutzengelkirche, die ehemalige Jesuitenkirche, Juramuseum, Fossilienmuseum (mit dem Archaeopteryx) in der Willibaldsburg, Diözesanmuseum am Dom, Kapuzinerkirche mit einer Nachbildung des Heiligen Grabes in Jerusalem.

Wanderkarte: Topographische Karte 1:25 000 des Landesvermessungsamtes, Blatt 7033 und 7133.

Kontaktadressen von A–Z

Ansbach
Kreisverkehrsamt
Crailsheimstr. 1
8800 Ansbach
Tel. 0981/68232

Aub
Verwaltungsgemeinschaft
Marktplatz 1
8701 Aub
Tel. 09335/258

Bad Alexandersbad
Kurverwaltung
Am Kurpark
8591 Bad Alexandersbad
Tel. 09232/2634

Bad Brückenau
Kur- und Fremdenver-
kehrsamt
8788 Bad Brückenau
Tel. 09741/804

Staatliche Kurverwaltung
8788 Bad Brückenau-
Staatsbad
Tel. 09741/8020

Bamberg
Städtisches Verkehrsamt
Geyerswörthstr. 3
8600 Bamberg
Tel. 0951/871161

Bischofsgrün
Verkehrsamt
8583 Bischofsgrün
Tel. 09276/1292

Burgbernheim
Touristinformation
Rathausplatz 1
8801 Burgbernheim
Tel. 09843/30934

Burgsinn
Fremdenverkehrsverein
Fellener Str. 6
8784 Burgsinn
Tel. 09351/1293

Cadolzburg
Verkehrsamt
8501 Cadolzburg
Tel. 09103/50936

Ebermannstadt
Städtisches Verkehrsamt
Bahnhofstr.
8553 Ebermannstadt
Tel. 09194/50640

Eichstätt
Fremdenverkehrsbüro
Kardinal-Preysing-Platz 14
8078 Eichstätt
Tel. 08421/7977

Fladungen
Stadtverwaltung
8741 Fladungen
Tel. 09778/8024

Frankenwald
Touristinformation
Amtsgerichtsstr. 21
8640 Kronach
Tel. 09261/5748

Gemünden
Verkehrsamt
8780 Gemünden
Tel. 09351/3830

Gunzenhausen
Kreisverkehrsamt
Hafnermarkt 13
8820 Gunzenhausen
Tel. 09831/4191

Hammelburg
Touristinformation
Kirchgasse 4
8783 Hammelburg
Tel. 09732/80249

Heilsbronn
Stadtverwaltung
Kammereckerplatz 1
8807 Heilsbronn
Tel. 09872/8060

Heßdorf
Verwaltungsgemeinschaft
Hannbergstr. 5
8521 Heßdorf
Tel. 09135/901

Iphofen
Verkehrsbüro
Geräthengasse 13
8715 Iphofen
Tel. 09323/3030

Ippesheim
Marktgemeinde
8701 Ippesheim
Tel. 09339/1444

Kasendorf
Marktverwaltung
Marktplatz 8
8658 Kasendorf
Tel. 09228/616

Kirchenlamitz
Fremdenverkehrsamt
Marktplatz 3
8686 Kirchenlamitz
Tel. 09285/1246

Köditz
Hauptstr. 21
8671 Köditz
Tel. 09281/66444

Köditz
Verkehrsverein Auenthal
Hirschbergerstr. 16
8671 Joditz-Köditz
Tel. 09295/252

Küps
Marktgemeindeamt
Bahnhofstr. 1
8643 Küps
Tel. 09264/680

Lauenstein
Verkehrsamt
Marktplatz 1
8642 Ludwigstadt
Tel. 09263/636

Lichtenfels
Städtisches Verkehrsamt
Marktplatz 1
8620 Lichtenfels
Tel. 09571/7950

Maroldsweisach
Fremdenverkehrsverein
Altenstein
Leo-Enser-/Wilhelm-von-
Stein-Str. 2
8617 Maroldsweisach
Tel. 09535/391

Mespelbrunn
Fremdenverkehrsverein
8751 Mespelbrunn
Tel. 06092/319

Muggendorf
Verkehrsamt Muggendorf
8551 Wiesenthal
Tel. 09196/717

Muhr am See
Gemeindeverwaltung
8823 Muhr am See
Tel. 09831/2209

Münchberg
Fremdenverkehrsamt
Ludwigstr. 15
8660 Münchberg
Tel. 09251/87412

Neuhaus an der Pegnitz
Verkehrsamt
8574 Neuhaus Pegnitz
Tel. 09156/627

Neustadt bei Coburg
Fremdenverkehrsamt
Georg-Langbein-Str. 1
8632 Neustadt bei
Coburg
Tel. 09568/81132

Nürnberg
Congress- und
Tourismus-Zentrale
Frauentorgraben 3
8500 Nürnberg 70
Tel. 0911/23360

Ochsenfurt
Fremdenverkehrsbüro
Hauptstraße 39
8703 Ochsenfurt
Tel. 09331/5855

Plech
Gemeindeamt
8571 Plech
Tel. 09244/360

Pottenstein
Städtisches Verkehrsbüro
8573 Pottenstein
Tel. 09243/833

Rhön
Touristinformation
Obere Marktstr. 6
8730 Bad Kissingen
Tel. 0971/801119

Rödental
Stadtverwaltung
Bürgerplatz 1
8633 Rödental
Tel. 09563/9600

Roth-Schwabach
Landratsamt Roth
Weinbergweg 1
8542 Roth
Tel. 09171/81329

Sand
Gemeindeverwaltung
Am Kirchplatz
8729 Sand am Main
Tel. 09521/1636

Scheinfeld
Verkehrsverein
Hauptstr. 1
8533 Scheinfeld
Tel. 09162/498

Scheßlitz
Stadtverwaltung
Hauptstraße
8604 Scheßlitz
Tel. 09542/266

Schillingsfürst
Verkehrsamt
Anton-Roth-Weg 9
8813 Schillingsfürst
Tel. 09868/800

Literatur   ## Register

Schöllkrippen
Verwaltungsgemeinschaft
Marktstr. 1
8752 Schöllkrippen
Tel. 06 24/30 90

Sommerach
Gemeindeverwaltung
Kirchplatz 3
8711 Sommerach
Tel. 0 93 81/12 29

Stadtlauringen
Marktverwaltung
8721 Stadtlauringen
Tel. 0 97 24/20 25

Staffelstein
Verkehrsamt
Marktplatz 1
8623 Staffelstein
Tel. 0 95 73/4 10

Steigerwald
Touristinformation
Rathausplatz 2–4
8612 Ebrach
Tel. 0 95 53/2 17

Thalmässing
Marktverwaltung
Stettener Str. 26
8546 Thalmässing
Tel. 0 91 73/9 09 13

Volkach
Verkehrsamt
8712 Volkach
Tel. 0 93 81/40 1 12

Weißenburg
Städtisches Verkehrsamt
Martin-Luther-Platz 3
8832 Weißenburg
Tel. 0 94 41/9 07 24

Weißenstadt
Fremdenverkehrsamt
Kirchplatz 1
8687 Weißenstadt
Tel. 0 92 53/7 14

Wiesenthau
Gemeindeverwaltung
8551 Wiesenthau

Wonsees
Gemeindeverwaltung
8601 Wonsees
Tel. 0 92 74/2 13

Würzburg
Fremdenverkehrsamt
Am Congresszentrum
8700 Würzburg
Tel. 09 31/3 73 35

Bauer, Hans (Hrsg.):
Kunst- und Kulturführer
durch den Landkreis Kit-
zingen. Hrsg. vom Land-
kreis Kitzingen, 1986

Büttner, Heinz: Sagen aus
der Fränkischen Schweiz.
Schriftenreihe des Fränki-
sche-Schweiz-Vereins.
Verlag Palm und Enke,
Erlangen 1990

Fleischmann, Konrad:
Das Franken-Wander-
buch. Zwischen Saale
und Donau, zwischen
Naab und Main. BLV Ver-
lagsgesellschaft, Mün-
chen 1988

Messarius, Gernot: Fränkische Schweiz. Gold-
stadt-Reiseführer, Band
319. Goldstadt-Verlag,
Pforzheim 1990

Pfistermeister, Ursula:
Franken sehen und erle-
ben. Süddeutscher Ver-
lag, München 1991

Pfistermeister, Ursula:
Fränkische Schweiz –
Hersbrucker Schweiz.
Verlag Hans Carl, Nürn-
berg 1989

Schiller, Heribert: Wanderführer Fränkische
Schweiz – Frankenalb
Nord. Kompass-Wander-
führer. Deutscher Wan-
derverlag, Stuttgart 1992

Schiller, Heribert: Frankenwald. Kompass-Wan-
derführer. Deutscher
Wanderverlag, Stuttgart
1990

Voit G./Rüfer, W.: Eine
Burgenreise durch die
Fränkische Schweiz.
Schriftenreihe des Fränki-
sche-Schweiz-Vereins.
Verlag Palm und Enke,
Erlangen 1991

Die Ziffern verweisen
auf die Seitenzahlen.

Achelesturm 164
Adamsfelshöhe 137
Adlerstein 126
Altes Schloß 67
Altenbanz 54, 57
Altenberg 150
Altenburg 16, 20,
116–118
Altenmünster 38
Altenmuhr 177
Altenstein 44, 46
Altmühlsee 175, 179
Altstadt 30 f.
Apostellinden 186
Archäologischer Wander-
weg 102, 185 f.
Aschaffenburg 20
Asenturm 138
Aub 101–103
Augustinerchorherrenstift
Rebdorf 188
Bad Alexandersbad 90,
92
Bad Brückenau 26 f., 29
Baldersheim 104
Bamberg 116, 118
Banz 56, 141
Banzberg 56
Banzer Klosterschule 56
Benediktinerkloster
Mönchröden 48
Bergmühle 53
Bergschloß 59, 62
Bettlersruh 22, 24,
Biengarten 81 f.
Binghöhle 130, 133
Birkenfeld 44, 46
Birkenreuth 132
Birnfeld 38, 40
Bischofsgrün 138, 140
Bullenheim 148–150
Burg Feuerstein 133
Burg Frankenberg 148
Burg Lauenstein 63, 65
Burg Veldenstein 159
Burg Wildenberg 66
Burg Zwernitz 71, 73, 75
Burgbernheim 144–146
Burgruine Reichels-
berg 102, 104
Burgsinn 20, 22
Burgstall Landeck 186
Cadolzburg 167 f.
Darstadt 100
Dechsendorf 156
Dechsendorfer Seen 154
Dianaquelle 91
Dietelmühle 80

Dillenburg 167
Ditterswind 44, 46
Dohmbühl 162
Dürrnhof 46
Ebermannstadt 130–133
Ebersdorf 53
Egerquelle 83 f.
Ehrenbürg 123
Eichelberg 124
Eichstätt 186–189
Elbersbergkapelle 137
Engelhardsberg 128 f.
Engländerhaus 18–20
Englischer Garten 108
Epprechtstein 84, 86, 88
Ermershausen 46
Eselsweg 16
Fattigsmühle 75, 77
Fichtelgebirge 12, 90
Finstermühle 159
Fladungen 34, 36, 37
Flößermuseum 65
Fränkische Saale 23
Fränkische Schweiz 141
Fränkisches Freilandmu-
seum Fladungen 34
Fränkisches Wunder-
land 142
Frankenwarte 95
Franziskanerkloster
Schwarzenberg 151
Frauenbergkapelle 189
Friedenseiche 186
Fritz-Hornschuch-Natur-
pfad 68
Fröbershammer 138
Galgenberg 46
Gegelsbach 21
Gemünden 23 f.
Giechburg 120, 122
Glasermühle 19
Gonnersdorf 168
Goßmannsdorf 100
Greifenstein 33
Großer Berg 142
Großlosnitz 80
Grünes Tal 53
Gügel 120, 122
Hafenpreppach 44, 46
Hallburg 106
Hammelburg 30, 32 f.
Hammerschmiede 168
Hannberg 154, 156
Haßberge 38
Heidecker Kapelle 164
Heigenbrücken 16
Heiligenkreuz 29
Heilsbronn 164, 166
Heimatblick 34
Heldburg 46
Hermannsberg 41

Hesselbacher Wald-
land 38
Hessenthal 13
Heßdorf 154–156
Himmelfahrtsberg 144 f.
Hochspessart 12
Hofmannskapelle 137
Hohe Straße 69
Hollfeld 75
Huflar 36
Iphofen 111 f., 114
Ippesheim 148–150
Jean-Paul-Felsen 75–77
Jean-Paul-Haus 77
Joditz 75–77
Judenberg 131
Julius-Echter-Berg 112
Käppele 92–95
Kahlgrund 15
Kaltenhof 98
Kapellberg 149
Karches 138, 140
Kasendorf 68, 70
Katzenkopf 106
Keidenzell 168
Kirchenlamitz 84, 87
Kleingemünden 23
Kleinlosnitz 78
Kleinwendern 92
Kloster Banz 54, 57
Kloster Langheim 62
Kloster Schönau 23
Kloster Sulz 160, 162 f.
Klosterberg 27
Klostermühle 164
Ködeltalsperre 65
Köditz 75
Königstein 159
Kösseine 88, 92
Konstitutionssäule 108
Konventshaus 164
Kornhöfstadt 153
Kronach 63
Kronberg 42
Krottensee 159
Kuchenmühle 129
Küps 65 f., 68
Kunigundenkapelle 101,
104
Kunigundenstein 102
Kunigundenweg 101
Lämmertal 189
Lambertusberg 98
Landersdorf 184
Laudenberg 18
Lauenstein 65
Lauterburg 47
Lichtenfels 58 f.
Lichtenstein 44, 46
Ludwigsstadt 65
Luisenburg 88, 90
Lukat 75
Magnusturm 68 f.
Maria Limbach 41 f.

Marienberg 92, 94 f.
Marienthal 137
Maroldsweisach 44, 46
Maximiliansgrotte 157,
159
Mespelbrunn 12–15
Mönchröden 50
Mönchsmühle 98
Mönchsondheim 114
Mühlenmuseum 65
Münchberg 80
Muggendorf 126,
128–130
Muhr am See 175, 177
Muppberg 51, 54
Museum der deutschen
Spielzeugindu-
strie 51, 54
Naturpark Altmühltal 12
Naturpark Bayerische
Rhön 10
Naturpark Bayerischer
Odenwald 10
Naturpark Fränkische
Schweiz/Veldensteiner
Forst 11, 126
Naturpark Franken-
höhe 11, 161
Naturpark Franken-
wald 11, 63
Naturpark Haßberge 38,
42
Naturpark Steiger-
wald 11, 42, 148
Nedensdorf 57
Neideck 132
Neues Schloß 48, 66
Neuhaus an der Peg-
nitz 157, 159
Neustadt bei Coburg 51,
53 f.
Nordheim 105 f.
Nürnberg 170–177
Oberau 56
Oberfladungen 36
Oberfränkisches Bauern-
hofmuseum 78, 82
Oberlangenstadt 67
Oberlauringen 38, 40
Oberwohlsbach 48
Ochsenfurt 97, 101
Ochsenkopf 138, 140
Oeslau 48, 50
Oswaldhöhle 126, 128
Pegnitz 159
Petersgrat 75, 77
Pfaffendorf 46
Pfarrweisach 46
Plech 141 f.
Pottenstein 134, 136 f.
Prinzregententurm 53
Püttlachtal 133
Quäckenschloß 128
Querenbach 80

Rabelsdorf 46
Rangau 154
Reichenbuch 24
Rhönmuseum 34, 37
Rieneck 22
Riesenburg 126, 128 f.
Rodach 68
Rodenstein 124
Rödelsee 111 f., 114
Rödental 47–50
Röderhof 16
Rohenloch 142
Rolandeiche 146
Rothof 56
Rudolfstein 82, 84
Ruhberg 18
Saaleck 30, f.
Saalequelle 82, 84
Salesianerkloster Rosen-
tal 189
Sand am Main 41 f.
Sanspareil 71 f., 73, 75
Schafbachtal 97, 100 f.
Schafholz 57
Schaubenmühle 109
Scheckenmühle 100
Scheffel 54
Scheinfeld 152 f.
Scherenburg 23 f.
Scheßlitz 120–122
Schiefermuseum 65
Schillingsfürst 160 f., 163
Schleichersmühle 69
Schlötzmühle 75
Schloß Aub 103
Schloß Craheim 38, 40
Schloß Frankenberg 150
Schloß Rosenau 47 f., 50
Schloß Schmölz 67
Schloß Schwanberg 112
Schloß Schwarzen-
berg 151, 153
Schloß Wiesenthau 123
Schloßmühle 100
Schöllkrippen 15 f., 20
Schönbornhöhe 108
Schönbornsches
Schloß 108
Schondra 20
Schondratal 21
Schüttersmühle 137
Schwabach 165
Schwabachtal 164
Schwanberg 111, 148
Schwarzenberg 151
Seitendorf 165
Simonskapellberg 46
Sinn 20
Sommerach 104, 106 f.
Sommeracher Rebsorten-
lehrpfad 105
Sommerkahl 16
Sonnentempel 69
Sophienhöhe 141

Speckkahl 19
Spitalkapelle 164
Springelhof 63
Staatsbad Brückenau 29
Stadt Brückenau 26
Stadtlauringen 39
Staffelberg 55
Staffelstein 54, 56–58
Stettenburg 109
Stettenmühle 109
Stinzendorf 168
Straas 81
Teufelshöhle 133–137
Thalmässing 183–186
Theisenort 67
Thierbachtal 97, 101
Thüringer Warte 63, 65
Trachtenpuppensamm-
lung 54
Trimburg 33
Tüchersfeld 133 f.
Tüchersfelder Burg 134
Unnersdorf 57
Unterwohlsbach 48
Veldenstein 157
Veldensteiner Forst 141
Vierzehnheiligen 58–60,
62, 141
Vogelinsel 175, 177,
179
Vogelsburg 106
Volkach 107–109
Volkersbrunn 15
Vor dem Mühltor 24
Waizenhofen 184
Walberla 123 f.
Wallerwarte 132
Walpurgisberg 123
Walpurgiskapelle 124
Waltersdorf 50
Weinsortenlehrpfad 105
Weiterndorf 165
Weißenburg 179, 181,
183
Weißenstadt 83
Weißenstädter See 83 f.
Weißmainfelsen 138
Weißmainquelle 140
Weißmainursprung 140
Wetzhausen 38, 40
Wetzhauser Schloß 38
Wiesen 16
Wiesenthau 123 f.
Wildbad 144–146
Willibaldsbrunn 182
Willibaldsburg 187 f.
Wolferingslinde 186
Wonsees 71, 73, 75
Würzburg 179, 182
Würzburg 92–97
Wundershöhle 128
Zoolithenhöhle 126
Zschokkefelsen 73
Zweckersgraben 128